W0108724

## Zu diesem Buch

«‹Große Liebe zu kleinen Gärten› heißt ein stiller Bestseller, der schon acht Auflagen erlebt hat ... Ein Buch, in dem eigentlich nicht viel passiert an äußerer Handlung, nix von sex and crime – nur das wirklich Wesentliche: das Wunder des Wachsens, des lebendigen Gartens. Am liebsten würde ich es allen Gartenfreunden auf den Tisch legen» («Balduin, der Gartenfreund» im Süddeutschen Rundfunk).

Beverley Nichols, geboren am 9. September 1898 in Bristol, galt als einer der hervorragendsten englischen Journalisten. Außerdem schrieb er erfolgreiche Reiseberichte, Essays und Kriminalromane. Beverly Nichols starb 1984.

BEVERLEY NICHOLS

# GROSSE LIEBE ZU KLEINEN GÄRTEN

ROWOHLT

Übersetzung aus dem Englischen
von E. McCalman
Titel der Originalausgabe «Down the Garden Path»
Zeichnungen von Rex Whistler
Umschlagentwurf Ute Rossow

Veröffentlicht im Rowohlt Taschenbuch Verlag GmbH,
Reinbek bei Hamburg, Januar 1987
Alle Rechte der deutschen Ausgabe
bei Dietrich Reimer Verlag Berlin
Dr. Friedrich Kaufmann
Unter den Eichen 57, 1000 Berlin 45
Nachdruck und Vervielfältigung nicht gestattet
Satz Bembo (Linotron 202)
Gesamtherstellung Clausen & Bosse, Leck
Printed in Germany
780-ISBN 3 499 15845 0

# INHALT

# VORWORT

Ich huldige der Ansicht, daß man nie etwas zu früh tun kann. Man soll das Eisen schmieden, ehe es heiß ist, wagen, ehe man wägt, lieben, bevor man miteinander bekannt geworden ist. Fast alle großen aufregenden Dinge im Leben sind von Männern geleistet worden, die zu früh gehandelt haben. Columbus hat viel zu früh seine tolle Fahrt nach der Neuen Welt unternommen. Der Äther war auch nicht vorbereitet, als Beethoven eine Symphonie mit einem Dominantseptimenakkord beginnen ließ. Lange vor der vom Schicksal bestimmten Zeit hat Shelley mit bebenden Fingern die steifen Bänder gelöst, die das Gewand der Dichtkunst zusammenhielten. «Zu früh – – – – zu früh!» Das ist der mürrische, verschlafene Schrei, der alle neugeborene Schönheit, einen jeden Aufschwung des Geistes begrüßt.

Ich weiß, daß, wenn ich nicht jetzt ein Gartenbuch schreibe, jetzt gleich – und es beende, ehe die letzte Knospe vor meinem Fenster ihren winzig kleinen Fächer entfaltet hat –, dann wird es zu spät sein, es überhaupt zu schreiben. Denn bald werde ich viel zuviel wissen – und mich mit ermüdender Weitschweifigkeit über die Wurzelbildung des Winterlings verbreiten, anstatt zu versuchen, seinen durch den Schnee dringenden Goldschimmer auf das Papier zu bannen, so wie er mir vom vergangenen Winter in der Erinnerung geblieben ist, gleich einer Handvoll Gold, die man über eine Atlasdecke schüttet. Genauso wie die besten Knabenbücher von jungen Menschen geschrieben werden, die gerade die Schule beendet haben, müßten meinem Empfinden nach die besten Bücher über Gärten von solchen verfaßt werden, die sich noch den Kopf zerbrechen müssen, um sich auf den nichtssagenden lateinischen Namen des Geißblattes zu besinnen, und die noch ehrfurchtsvoll das Wunder bestaunen, wie ein frisch gepflanzter Geranienschößling neue Blüten treibt.

Deshalb habe ich dieses Buch geschrieben. Meine Leser dürfen aber keine Anleitung davon erwarten. Es wird nicht gesagt, wie man einen Rosenstrauch beschneidet, und es erschreckt einen auch nicht plötzlich mit beängstigenden Bemerkungen, wie:

«Jetzt ist die richtige Zeit, um die zu dicht gesäten Karotten zu ‹pikieren› ...›», eine Bemerkung, bei der mir immer der Angstschweiß ausbricht, wenn ich sie in irgendeiner Zeitung lese. Als ob die Erde mit jeder Minute härter würde und man Hals über Kopf aufs Land fahren müßte, um alles mögliche in Angriff zu nehmen, ehe es zu spät ist.

Nein ... ich fürchte, dieses Buch wird keine praktischen Winke enthalten. Aber wenn irgendwelche Gartenliebhaber mir die Ehre erweisen sollten, in ihrer Mußezeit abends nach getaner Arbeit darin zu blättern, so hoffe ich, daß es ihnen von Zeit zu Zeit ein nachsichtiges Lächeln bei der Erinnerung an ihre eigenen früheren Torheiten entlocken wird. Ich würde mich freuen, wenn es jene erste Begeisterung wieder einmal in ihnen aufflackern lassen würde, die sie berauschte, als ihnen klar wurde, daß ein Garten die einzige Geliebte ist, die nie versagt und niemals verblüht.

## ERSTES KAPITEL

## DIE GARTENPFORTE

## I.

Der Kauf meines Landhäuschens vollzog sich durch einen Funk-
spruch, den ich um Mitternacht von der *Mauretania* nach Timbuctu sandte, als ein heftiger Sturm die Decks peitschte.

Es klingt zwar etwas sensationell, aber es ist die Wahrheit. Das
Landhäuschen gehörte einem reizenden Amerikaner, den ich
flüchtig gekannt hatte. Ich erfuhr seinen Tod durch eine Zeitung,
die ich zufällig in dem schlecht gelüfteten, schwankenden Lese-
zimmer des genannten Schiffes in die Hand nahm. In diesem Blatt
las ich, daß Herr Soundso gestorben sei und sein ganzes Besitztum
seiner Schwester hinterlassen habe, mit der ich sehr befreundet
war.

Der Dampfer schlingerte fürchterlich. Ich vertiefte mich in die
Zeitung und entnahm daraus, daß Wall Street am Tage vorher eine
ihrer berühmten Vorstellungen des Falles von Jericho gegeben
hatte. Mit eintöniger Regelmäßigkeit hatten sich Menschen von
den Dächern der Wolkenkratzer gestürzt. Nichts auf dieser Welt
schien stabil. Dann, als ich wieder die kleine Todesanzeige eines

Mannes überflog, den ich kaum gekannt hatte, erinnerte ich mich, daß unter seinem Hab und Gut auch ein entzückendes kleines Landhäuschen mit Strohdach gewesen sei, in dem ich einmal ein Wochenende verbracht hatte. Der Garten war damals ein wahres Rosenmeer gewesen, und eine Reihe von Kirchenlilien rahmte den Hauseingang zu beiden Seiten ein. Ich glaubte, den Duft dieser Lilien jetzt zu spüren. Kurz entschlossen streckte ich die Hand nach einem Stück Papier aus, kritzelte den Namen der Schwester des Amerikaners darauf und das Wort Timbuctu, wohin sie auf einen närrischen Einfall hingefahren war. Ich klingelte und schrieb unterdessen eine Summe als Kaufpreis auf. Als der Page meine Kabeldepesche nahm, strich ich 200 Pfund von dem Betrag, den ich angeboten hatte. Kaum hatte der Junge den Lesesaal verlassen, als ich ihn zurückzurufen versuchte, da ich bereits die ganze Idee bereute. Aber er war verschwunden. Die Nacht war sehr stürmisch, und die Decks waren dunkel und schlüpfrig. Bevor ich das Hauptquartier des Funkmaschinisten erreichen konnte, war die Depesche schon abgesandt.

Jetzt danke ich Gott für diesen Sturm auf dem Meer. Mein Angebot wurde angenommen. Eine knappe Woche darauf fuhr ich durch die stillen, von Hecken umsäumten Landstraßen meiner Erbschaft zu.

## II.

Meistens überspringe ich topographische Einzelheiten in Romanen. Je ausführlicher die Gegend geschildert wird, desto verworrener werden meine Eindrücke. Jeder kennt wohl derartige Beschreibungen:

«Jill stand in der Tür ihres Landhäuschens und schaute in die Ferne. Im Norden erhob sich der gewaltige Gipfel des Snowdon. Im Süden dehnte sich das von Tannenwäldchen bedeckte Tal aus. Jenseits des Gebirgskammes erstreckte sich eine liebliche bewaldete Landschaft, aber die näher liegenden Hänge waren zerklüftet und kahl. In weiter Ferne schlängelte sich der Fluß, ein schmales silbernes Band, dem Meer zu, das wie ein ferner Schild glitzerte, und jenseits davon ...» und so weiter, und so weiter.

Wenn ich solche Beschreibungen lese, wird mir ganz schwinde-lig. Liegt Snowdon vor oder hinter mir? Sind die Wälder rechts oder links? Man macht verzweifelte Anstrengungen, das alles in sich aufzunehmen, aber vergeblich. Es wäre sehr viel besser, wenn der Romanschriftsteller einfach sagen würde:

«Jill stand oben auf dem Berg und blickte ins Tal hinunter.» Fertig!

Aber in einem solchen Buch, wie das meine, muß man sich unbedingt einige topographische Einzelheiten einprägen. Der Le-ser wird mich durch meinen Garten begleiten, vom ersten blassen Frühlingsnebel bis zu den naßkalten stürmischen Novemberaben-den. Er wird unter dem von Syringen berankten Laubengang ste-hen, ganz trunken von dem betäubenden Duft, und mit der Hand die Augen vor der Sonne schützen oder durch die Glastür ins Haus eilen, um vor den blauschwarzen Aprilwolken zu fliehen. Es ist also wichtig, daß er weiß, wohin er geht, sonst könnte er leicht stolpern, weil er die Stufe vergessen hat, die sich vor dem Lupi-nenbeet befindet, und sich den Kopf an einem Zweig des Pflau-menbaumes stoßen.

Darum wollen wir so bald wie möglich einen Plan vom Garten machen. Aber vorher müssen wir die fernere Umgebung in Au-genschein nehmen.

Studiert man die Landkarte, so findet man im Mittelpunkt Eng-lands eine Grafschaft namens Huntingdonshire. Es gibt keine kleinere Grafschaft in ganz England, außer Ruthlandshire, die wirklich so winzig ist, daß es nicht einmal mehr komisch wirkt. Keine andere aber ist so ausgesprochen englisch wie Hunting-donshire. Wenn man ihre schläfrige kleine Hauptstadt besucht und in einem der kleinen Gasthäuser einen Bitteren trinkt, trifft man Bauern, deren Dialekt Pepys*, der ein Landhäuschen in der Umgebung besaß, vertraut geklungen hätte. Die armen Teufel sind jetzt fast alle bankrott. Sie stehen vor den Türen ihrer Gast-häuser und blicken erstaunt auf die großen Autobusse, die von Newcastle her vorbeirasen – dieselbe große Nordstraße entlang,

---

* Pepys, ein englischer Beamter, lebte im 17. Jahrhundert und schrieb ein Tagebuch, das vor kurzem in England veröffentlicht wurde und wegen seines ungewollten Humors großen Erfolg hatte. Bem. d. Übs.

die einstmals von den Hufen von Dick Turpins Pferd in frostklaren Nächten widerhallte.

Das Dorf, in dem mein Landhäuschen liegt, heißt – nun, wir wollen es Wegscheide nennen. Diese Bezeichnung ähnelt seinem tatsächlichen Namen und paßt auch gar nicht schlecht. Wegscheide. Denn obgleich es ungefähr zwei Kilometer von der großen Nordstraße entfernt liegt, stoßen an der Dorfweide mehrere gewundene weiße Landstraßen zusammen, die ineinanderlaufen, sich wieder trennen und von Hafen zu Hafen führen, über Berge und Täler, die anscheinend von der übrigen Welt vergessen worden sind.

An einer meiner Treppen (ich habe drei Treppen und es wäre schwer zu sagen, welche die kleinste ist) hängt an der Wand eine Landkarte mit dem Datum 1576. Es ist eine sehr schöne Landkarte. Zwei Engel im letzten Stadium von Elephantiasis breiten ihre vergoldeten und geschwollenen Glieder über das verblichene Pergament. Eine Krone, eine Schildkröte, ein Storch, ein Drache, ein Birnenzweig ... und viele entzückende blau und rot umränderte Arabesken sind über die üppig bemalten Felder verstreut. In der unteren Ecke rechts steht ein Löwe in Kampfstellung mit einer Pergamentrolle, die aus seinem Maul herausquillt und die Worte trägt: «*Pestis patria pigricies.*» Wenn der Leser die geringste Ahnung hat, was diese Sentenz zu bedeuten hat, gratuliere ich ihm. Es erinnerte an die Pest, und soweit ich weiß, kann das auch vielleicht stimmen, denn das Land um das Häuschen herum ist sehr flach, und die Felder sind im November der Schauplatz so mancher eigenartiger Sarabanden, wenn die Nebelschwaden über die Weiden ziehen, zögernd verweilen, sich schlängeln, näher kommen ... Aber ich möchte es doch nicht anders haben.

Oft, wenn ich mich mit meiner einsamen Kerze zu Bett begab, bin ich auf der Treppe stehengeblieben und habe diese reizende Landkarte studiert. Das flackernde Kerzenlicht fällt auf den Drachen, die Schildkröte und den Storch ... eine Menge blasser Goldpünktchen glitzern hinter dem Glas, wie sie vielleicht vor dreihundertfünfzig Jahren für andere Bewohner dieses teuren Fleckchens Erde glitzerten. Ich kann das weite Land von Cambridge bis Stamford übersehen. Das graue Marschland, das schon lange entwässert ist, die verblaßten steifen Baumgruppen, die schon längst gefällt sind. Mit leichtem Herzklopfen halte ich die Kerze näher an die Karte und lese mit einem ganz unberechtigten Gefühl des Alleinbesitzes den Namen «Wegscheide». Darüber befindet sich ein kleines grünes Zeichen, das das Vorhandensein einer Mühle verrät, und ein Kreuz, das eine Kirche anzeigt. Als ich ein winziges Pünktchen daneben entdeckte, versuchte ich mir einzureden, daß es mein kleines Landhäuschen sein soll. Aber ich fürchte, daß es nur die Spur ist, die ein Käfer vor ewigen Zeiten zurückließ.

Wir eilen auf die Gartenpforte zu, und gleich werden wir die Klinke herunterdrücken. Aber eine letzte wichtige Bekanntschaft muß noch gemacht werden – die des Landhäuschens selbst.

Es steht an der Landstraße, einer sehr ruhigen Landstraße. Es hat ein Schilfdach und sehr viel Fachwerk. Seine Balken sind durch ihr Alter seltsam gebogen. Eigentlich sind es drei Häuschen, die man zu einem verschmolzen hat, und dadurch wird auch das Rätsel der drei Treppen erklärt. Der kleine Rasenplatz vor dem Haus ist im Frühling mit weißen und gelben Krokussen übersät, im Herbst mit lilafarbenen. Die Leute behaupten, der Anblick der Krokusse mit ihren leuchtenden Farben im März und September sei eins der reizendsten Bilder, die man sich vorstellen kann. Sie haben recht.

Mein Häuschen ist viel größer, als man es, von außen gesehen, vermuten würde. Das ist auch erklärlich. Denn wenn man vor der kleinen Haustür aussteigt und zu dem entzückenden alten Kasten aufschaut, entdeckt man sofort beim Eintreten einen unvermuteten Flügel, der hinter einer dichten Hagedorn- und Fliederhecke verborgen liegt. Geht man durch diesen Flügel, so gelangt man in einen versteckten Garten und ... Aber da sind wir nun, nicht allein ist die Klinke heruntergedrückt, sondern die Gartentür hat sich weit geöffnet, und dadurch haben wir den Faden der Geschichte verloren. Ich muß schnell wieder zum Anfang zurückkehren, zu jenem Abend in den ersten Apriltagen, als ich im Fordwagen des Dorfes die holprige Landstraße hinunterratterte, meinem Paradies entgegen.

## Zweites Kapitel

## ARTHUR

### I.

Bevor ich an jenem historischen Tage London verließ, hatte ich
meinen Rechtsanwalt aufgesucht, um mich zu überzeugen, daß
alles in Ordnung sei und das Landhäuschen mir wirklich gehöre.
In der letzten Minute hatte ich noch Dokumente unterzeichnet
und noch ein paar Pfund bezahlt. Gerade als ich mich verabschieden wollte, sagte der Rechtsanwalt:

«Hoffentlich wird Ihnen Arthur gefallen.»

«Arthur?»

«Ja, der Mann, den wir als Gärtner und Faktotum nach dem
Tode des früheren Besitzers einsetzten.»

«Sicherlich wird er mir gefallen», sagte ich, «ist er sehr groß?»

«Wie meinen Sie das?»

«Es wäre mir lieber, wenn er groß wäre – auf dem Lande, wissen Sie –»

«Ich weiß nicht, ob er groß ist. Jedenfalls stammt er aus dem
Orte.»

«Dann ist er sicher kolossal. Huntingdon ist für seine riesenhaf-
ten Kerle bekannt.»

«Wirklich? Das wußte ich nicht.»

Ich auch nicht. Aber das Bewußtsein, ein Grundstück zu besitzen, war mir zu Kopf gestiegen.

Der Rechtsanwalt erzählte mir, daß Arthur gutbürgerlich ko-
chen könne und ein ausgezeichneter Gärtner sei, er würde mich
sicher gut versorgen, bis ich ein Ehepaar zu meiner Bedienung
gefunden hätte.

«Er ist schon über sechs Monate dort und müßte das Anwesen
eigentlich recht gut in Ordnung gebracht haben.»

Ich stimmte zu und eilte fort, um meinen Zug nicht zu versäumen. Als der Zug durch die Felder hastete, erinnerte ich mich des

reizenden alten Ehepaares, das bei meinem ersten Besuch den Haushalt besorgt hatte. Wenn Arthur nur halb so tüchtig wie diese beiden war, würde alles in Ordnung sein.

## II.

Eine schmale, von Hecken umsäumte, sich schlängelnde Landstraße führt direkt von der großen Nordstraße zum Dorf Wegscheide. Nur selten begegnet man hier Menschen oder einem Gefährt, höchstens einem erschrockenen Kind, das sich mit übertriebener Vorsicht in die Hecke hineindrückt, wenn man vorbeifährt, oder einer Frau mit einem weichen, unmodernen Hut, die gebeugt auf einem Rade sitzt, oder ab und zu mal einem Leiterwagen, an dem man nur mit großem Geschick und gegenseitigen liebenswürdigen Zurufen vorbeikommen kann. Sonst sind die einzigen Lebewesen, denen man auf der Landstraße begegnet, Kaninchen, die es in Scharen gibt. Im Frühjahr wimmelt es von den jungen Tieren, die so rührend unschuldig und dumm sind, daß es manchmal notwendig wird, den Wagen anzuhalten, auszusteigen und sie gehörig anzuschreien, ehe sie sich bequemen, aus dem Wege zu gehen. In der Dunkelheit glühen ihre Augen mit phosphoreszierendem Feuer, und manchmal sind sie von den Wagenlichtern derartig hypnotisiert, daß man anhalten und die Lichter ausdrehen muß, damit sie wieder zu sich kommen. Sehr angenehm sind diese kleinen Unterbrechungen in der Dunkelheit, wenn der Wind durch die hohen Baumwipfel streicht und der Regen eintönig von der Schutzscheibe tropft.

An dem Tage, als der Wagen die Landstraße entlangratterte, meiner Erbschaft entgegen, begegneten wir Unmengen von Kaninchen, aber ich war zu aufgeregt, um mich übermäßig um ihr Wohlergehen zu kümmern. Obgleich ich nur ein einziges Wochenende an jener Stätte verbracht hatte, die mir jetzt gehörte, hatte sich mir die ganze Umgebung so eingeprägt, als ob ich seit Jahren dort gelebt hätte. Die flachen, stillen Felder mit ihren uralten Weiden, die bald mit zartem Grün bedeckt sein würden, der breite, sich schlängelnde Bach an der Landstraße – das Buchen- und Kastanienwäldchen, die Sträucher mit den Kätzchen, die in der leisen Brise erzitterten.

Und jetzt die vertraute Wendung der Landstraße, der flüchtig erhaschte Blick eines Strohdaches, das plötzliche Auftauchen der mit Fachwerk durchzogenen Mauern. Und das alles gehörte mir – mir!

Ich sprang aus dem Wagen. Meine Hand zitterte, als ich den Chauffeur bezahlte. Das Auto drehte um und fuhr fort. Eine Minute lang blieb ich auf der Straße stehen und starrte auf das geliebte Haus. Ich konnte kaum glauben, daß es tatsächlich mir gehörte, vom obersten Ziegelstein auf dem Schornstein bis zum Gras, das am Fuß der Mauer wuchs – bis in die Mitte der Erde hinunter und bis zum Himmel hinauf gehörte es mir. Aber solche Dinge lassen sich nicht so schnell erfassen.

Als ich dort stand, erinnerte ich mich wieder an Arthurs Existenz. Es war doch etwas seltsam, daß niemand zu meinem Empfang da war. Ich ging zum Haus hinüber und versuchte, die Tür zu öffnen. Sie war verschlossen. Ich klopfte und wartete. Wo war Arthur? Wie sah er aus? Merkwürdigerweise hatte ich es für selbstverständlich gehalten, daß er ein Juwel sei.

Meine Betrachtungen wurden durch den Anblick einer sonderbaren Gestalt in der Diele unterbrochen. Ich sah einen schwarzgekleideten Mann mit einem blassen, mißtrauischen Gesicht, der spähend nach mir blickte. Dann kam er zur Tür und öffnete sie.

«Arthur?»

«Ich erwartete Sie.» Seine Stimme schien von ganz weit her zu kommen. Er sprach mit leicht irischem Akzent.

Es lag mir auf der Zunge, ihm zu sagen, daß, wenn er mich erwartet hätte, es doch seltsam sei, daß er nicht eher zu meinem Empfang gekommen wäre. Aber ich sagte nichts, teils weil er schon fortgeschlichen war und mich mit meinem Koffer in der Hand hatte stehen lassen, teils weil nichts die Seligkeit dieser ersten Minute in meinem eigenen Hause zu zerstören vermochte.

Ich schloß die Tür, schob den Koffer mit dem Fuß an die Wand und ging durch die Diele in das vordere Zimmer. Man mußte sich bücken, um sich nicht an den niedrigen Balken zu stoßen. Mein Herz schlug sehr schnell, denn jetzt sah ich endlich den Garten wieder, von dem ich so oft geträumt hatte.

# III.

Ich schritt durch die Glastür in den Garten und blieb wie gelähmt stehen. Ich rieb mir die Augen, sah wieder hin, und mir stand das Herz still.

Ein Bild trostlosester Vernachlässigung bot sich meinem Blick. Allerdings war es ein kalter Abend Ende März, und die Dunkelheit begann schon niederzusteigen. Unter solchen Umständen kann kein Garten gut aussehen. Aber dieser sah überhaupt nicht mehr wie ein Garten aus. Nicht eine Spur von Ordnung herrschte darin. Es war die reine Wildnis. Selbst in den grimmigsten Wintertagen kann ein Garten den Eindruck einer gewissen Ordnung machen, Leben und Farbe haben, auch wenn der Sturm noch so wütet und der Himmel noch so finster dreinblickt. Aber dieser Garten glich einem Kehrichthaufen.

Ich hatte einen leuchtenden Blumenflor in Erinnerung und Blumenbeete, die so farbenfreudig waren wie die trunkene Leinwand eines impressionistischen Malers. Ich rief mir Laubengänge ins Gedächtnis zurück, die von der Last ihrer schimmernden Blütenfülle gebeugt waren. Julidüfte zogen durch meine Seele, ein sommerlicher Strahlenkranz umgab mich und –

Und jetzt? Nichts. Erde. Durchweichtes Gras. Verwilderte Sträucher. Ein Wind, der einem bis ins Mark drang. Ich schauderte.

Dann raffte ich mich zusammen. Es war sicherlich unvernünftig, über diesen Anblick so entsetzt zu sein. Mitten im Winter konnte man keinen sommerlichen Glanz erwarten.

Aber diese Stimmung ging rasch vorüber, denn es war ja gar nicht mitten im Winter. Der Frühling stand schon vor der Tür. Man kannte genug Gedichte, um zu wissen, daß die Frühlingswinde die Osterglocken bringen, daß die Schneeglöckchen die «lieblichen Märzkinder» heißen und daß das Erblühen der Primeln in dieser Jahreszeit von vielen Dichtern besungen worden ist. Aber in diesem Garten erblickte man weder eine Osterglocke noch ein Schneeglöckchen, noch eine Primel.

Ich schlug den Kragen meines Überziehers hoch und ging in den Garten hinaus. Überall waren deutliche Beweise grauenhaftester Vernachlässigung. War ich auch in den technischen Einzelheiten der Blumenpflege nicht bewandert, so wußte ich doch, daß ein guter Gärtner die Schößlinge von beschnittenen Rosenstöcken nicht umherliegen läßt. Anscheinend waren die Rosen im Herbst beschnitten worden und man hatte die Schößlinge den ganzen Winter auf den Beeten liegenlassen. Ein tüchtiger Gärtner würde die Hecke nicht so in die Höhe schießen lassen oder gestatten, daß der Efeu sich an den Stämmen der jungen Bäume emporschlängelt und die Wege mit den anstoßenden Rabatten von häßlichem Unkraut überwuchert werden. Außerdem lagen alte, durchweichte Zeitungen im Obstgarten umher.

Gerade als ich einige der Zeitungen mit meinem Stock umdrehte, hörte ich Schritte hinter mir.

Ich wandte mich um und sah Arthur unweit von mir stehen. Es war mir unbegreiflich, wie er so nahe an mich herantreten konnte, ohne daß ich ihn gehört hatte. Aber er stand jedenfalls da. Er hatte blaßblaue wäßrige Augen, herabhängende Schultern und roch entsetzlich nach Schnaps. Seine Arme hingen am Körper schlaff herab.

«Ach, Arthur –»

«Ja, gnädiger Herr?» Er machte einen benommenen Eindruck.

«Der Garten scheint mir etwas –» Ich hielt inne. Ich liebe es nicht, Leute «herunterzumachen», besonders nicht, wenn sie in einer abhängigen Stellung sind. Darum fügte ich nur schwach hinzu: «Mir scheint, hier gibt es noch eine ganze Menge Arbeit zu tun.»

«Das stimmt, gnädiger Herr. Viel zuviel für einen Mann.»

«Das will ich nicht sagen.»

«Nicht, gnädiger Herr? Sie haben wahrscheinlich bis jetzt nicht sehr viel mit Gärten zu tun gehabt, wie?»

Die versteckte Frechheit, die in dieser Bemerkung lag, reizte mich. Ich sah ihm in seine widerlichen wäßrigen Augen und sagte:

«Sie anscheinend auch nicht. Jedenfalls haben Sie sich um diesen hier nicht viel gekümmert.»

Ich will weder mich noch den Leser mit einer Fortsetzung dieser Diskussion langweilen. Es liegt meines Erachtens stets etwas Degradierendes in einer Zankerei zwischen Herrn und Diener oder Herrin und Dienstmädchen. Die Karten liegen für den Arbeitgeber immer viel günstiger.

Ich kehrte ins Haus zurück und zog die Jalousien herunter. Ich wollte nichts mehr von der Wildnis draußen sehen. Dann setzte ich mich hin und rauchte eine Zigarette. Es war mir klar, daß eine große Arbeit meiner harrte.

So sah also der Garten aus, als ich meine Erbschaft antrat.


## IV.

Ich rauchte meine Zigarette zu Ende und zündete mir noch eine an. Und wieder eine. Allmählich packte mich eine wahre Wut über Arthur. Er war sechs Monate hier und hatte nichts zu tun gehabt. Niemand war im Hause gewesen, er hatte also keine Extraarbeit gehabt und hätte sich soviel Hilfe, wie er nur wollte, nehmen können. Das war nun das Resultat. Am nächsten Morgen würde ich ihn hinauswerfen. Mit diesem lobenswerten Entschluß beendete ich meine Betrachtungen.

Ich habe noch keine richtige Beschreibung von Arthur gegeben. Er hatte schwere Augenlider und ein aufgeschwemmtes Gesicht. Ein Kinn besaß er überhaupt nicht. Außerdem hatte er eine sonderbare Art, im Hause umherzuschleichen, die Nippsachen anzufassen und beständig zu keuchen. Er lächelte verstohlen, wenn er glaubte, niemand beobachte ihn.

Und diesem Manne war ich mit Haut und Haar ausgeliefert. Zum erstenmal in meinem Leben begriff ich den Ernst des Dienstbotenproblems. Bisher hatte ich geglaubt, es sei eine Einbildung der Frauen. Aber keine noch so energische Hausfrau hätte mit der Unfähigkeit, der Faulheit und der Bosheit Arthurs fertig werden können.

Ich setzte mich in das einsame kleine Eßzimmer. Die Lampe flackerte und warf seltsame Schatten an die Decke. Der Wind heulte und rüttelte an den Fensterscheiben. Arthur schlich ins Zimmer und stellte zwei Teller auf den Tisch, an dem ich saß. Dann schlich er leise keuchend wieder hinaus.

Bis auf den heutigen Tag weiß ich nicht, was er mir zusammengebraut hatte. Es sah aus wie irgendein Fleischgericht, aber ein furchtbarer Armeleutegeruch strömte davon aus – der Geruch des Armenviertels von London. Auf der anderen Schüssel lagen Kartoffeln, sie sollten Püree vorstellen. Es sah quittegelb aus, und der Kerl hatte es mit einem gräßlichen Muster verziert, das er mit einer Gabel zustande gebracht hatte. Mit Widerwillen würgte ich ein paar Bissen herunter und trank einen Whisky mit Soda danach. Dann nahm ich Teller und Schüssel und ging auf Zehenspitzen an das Fenster. Ich öffnete es. Ein schneidender Wind drang hinein, der die Lampen fast auslöschte. Schnell warf ich das ganze widerliche Zeug in die Büsche. Ich hätte schwören können, daß grünliche Funken aufsprühten, als das Fleisch auf die Erde fiel.

## V.

Am nächsten Morgen wachte ich gegen halb zehn Uhr auf. Die Sonne flutete ins Zimmer, und ich fühlte mich mit der ganzen Welt ausgesöhnt. Die unheimlichen Eigenschaften Arthurs schienen mir weniger bedrohlich. Ich überlegte mir, daß ich ihm eine Probezeit gewähren würde.

Ich klingelte und hörte, wie die Glocke Echos in der Ferne erweckte. Ich lag im Bett und wartete. Niemand antwortete. Ich klingelte wieder. Wieder keine Antwort. Das war doch sehr seltsam. Ich kletterte aus dem Bett und zog meinen Schlafrock an. Bevor ich die Treppe hinunterging, blickte ich aus dem Fenster. In dem grellen gelben Sonnenlicht machte der Garten einen noch trostloseren Eindruck. Selbst die Erde schien steinig und unfruchtbar, als ob sie niemals wieder Blumen hervorbringen würde.

Ich schauderte und ging die kleine holprige Treppe hinunter. In der Diele war es entsetzlich kalt. Als ich in das Wohnzimmer blickte, merkte ich, daß noch kein Feuer angezündet war.

Hier muß ich einschalten, daß ich in der Regel nicht leicht aus der Ruhe zu bringen bin. Aber es gibt doch einen Zeitpunkt, wo nicht mit mir zu spaßen ist.

Dieser Moment ist vor dem Frühstück.

Man stelle sich also vor, wie ich in einem zugigen Korridor, der zur Küche führt, stehe. Am Ende dieses Korridors ist ein Abwaschraum, in dem ein Wasserhahn eintönig tropft. Das ist der einzige Laut außer meinem Magenknurren und dem Echo meiner Stimme, als ich zum zehntenmal rufe.

Endlich rührt sich etwas. Eine Tür knarrt. Ein Lichtstrahl. Arthur erscheint im Schlafrock. In einem Schlafrock, der aussieht, als gehöre er einem mageren Gigolo, der eine seiner erfolglosesten Wochenendtouren hinter sich hat. Es war undenkbar, daß ein solcher Schlafrock etwas mit Wegscheide zu tun haben konnte.

«Sie haben gerufen?»

Ich war ganz baff, wie man zu sagen pflegt. Natürlich hatte ich gerufen. War es denn nicht schon halb zehn? Hatten Dienstboten nicht die Verpflichtung, lange vor halb zehn auf zu sein?

«Natürlich habe ich gerufen. Es ist doch halb zehn Uhr.»

«Schon so spät?» Er blinzelte wie eine Eule. Ich hatte das Gefühl, ich dürfe ihn nicht genauer ansehen, sonst würde ich eine Menge unangenehmer Dinge entdecken, die ich lieber nicht bemerken wollte. Darum blickte ich ihn nur durch halb geschlossene Augen an und erwiderte in steifem, ungekünsteltem Ton:

«Ich möchte sofort mein Frühstück haben. Und es wäre mir angenehm, wenn Sie um zehn Uhr mit mir in den Garten gingen.»


VI.


Ich bekam mein Frühstück erst nach einer Stunde. Es klingt unglaublich, aber es ist wahr. In den Garten ging ich überhaupt nicht mehr mit ihm.

Als Arthur sich endlich herabließ, mir etwas zu essen zu bringen – unter normalen Umständen hätte ich es als ungenießbar zurückgewiesen –, teilte er mir nebenbei mit, daß er sich nicht wohl fühle und beschlossen habe, sich wieder ins Bett zu legen.

Ich hätte ihn natürlich ohrfeigen oder einen Felsblock nehmen und ihn damit zermalmen müssen. Aber mir war ganz schlecht vor Hunger, und ich war so nervös, daß ich nicht einmal Protest erheben konnte. Darum nickte ich nur, drückte meinen Abscheu durch Schweigen aus und schluckte meinen Tee hinunter. Dann ging ich fort, um einen Spaziergang zu machen.

Unterwegs begegnete ich Frau M., einer Frau in mittleren Jahren mit einem energischen Kinn. Ich war ihr bei meinem ersten Besuch hier vorgestellt worden. Sie wohnte in einem sehr gepflegten Landhäuschen, nicht weit von mir entfernt. In diesem Buch wird häufig – sogar mit fast lästiger Häufigkeit – von ihr die Rede sein. Sie ist nie krank, läßt sich nie an der Nase herumführen und weiß sich immer zu helfen. Sie kann mit einem Pfund Sterling mehr anfangen als andere mit fünf, und ihr Garten ist zum Platzen mustergültig. Im Innersten ihres Herzens verachtet sie mich, aber sie duldet mich, weil ich auf verschiedene Zeitschriften abonniert bin.

Mit großen Schritten stapfte sie dahin, von einem mustergültig reinrassigen Terrier begleitet, dessen Beine so gerade wie Getreidehalme waren und dem die Raubgier aus den Augen leuchtete. Sobald sie mich sah, blieb sie stehen, bohrte ihren Stock in die Erde, setzte sich darauf und begrüßte mich folgendermaßen:

«Ach, der Schloßherr ist also da!»

Ich murmelte etwas Unverständliches.

«Wieviel Kapitel haben Sie heute morgen schon geschrieben?»

«Keins!» platzte ich heraus. «Ich habe eben erst gefrühstückt.»

«Was? Es ist doch fast zwölf Uhr!»

«Das weiß ich, aber mein Diener scheint eine Abneigung dagegen zu haben, vor zehn Uhr aufzustehen.»

Frau M.s Augen funkelten vor Freude. «Nein! Das kann nicht Ihr Ernst sein. – Um zehn Uhr? Unmöglich!»

Ich war nicht sehr erfreut über das Behagen, mit dem sie diese köstlichen Neuigkeiten aufnahm, aber ich mußte mir unbedingt das Herz erleichtern.

«Das ist doch unmöglich!» rief sie.

«Nicht wahr? Das scheint Ihnen unmöglich. Ich meine, ich verlange nichts Unvernünftiges, wie? Er braucht sich ja nur um den Haushalt zu kümmern, denn im Garten bekommt er haufenweise Hilfe.»

«Etwas Unvernünftiges?» Sie stieß das Wort so energisch heraus, daß sie ein wenig, aber doch wahrnehmbar, über meine linke Schulter spuckte. Sie wußte, daß sie gespuckt hatte und auch, daß ich es wußte, aber sie war nicht im geringsten verlegen. Sie räusperte sich nur vornehm und wiederholte das Wort «Unvernünftiges!» Diesmal jedoch sagte sie es vorsichtshalber mit halb geschlossenen Lippen und fügte hinzu:

«Warum steht er denn nicht auf?»

«Das weiß ich wirklich nicht.»

«Aber was hat er Ihnen für eine Entschuldigung gegeben?»

«Er sagte, er hätte nicht gewußt, daß es schon so spät sei.» Dann fügte ich noch als Trumpf hinzu: «Er hat sich in diesem Moment wieder ins Bett gelegt.»

«Wieder – ins – Bett – gelegt?» rief sie verblüfft. «Aber – aber –»

«Ja, er sagte, er fühle sich nicht wohl.»

«So was habe ich noch nie – aber tatsächlich noch nie in meinem Leben gehört. Er fühlte sich nicht wohl! Meine Hawkins –»

«Ihre was?»

«Mein Dienstmädchen Hawkins – die seit siebenundzwanzig Jahren bei mir ist – würde vom Totenbett aufstehen, um mir meine allmorgendliche Tasse Tee ans Bett zu bringen.» (Sogar jetzt in der Hitze des Gefechtes kam mir das als ein etwas unbilliges Verlangen vor.) «Vom Totenbett, jawohl», wiederholte Frau M. «Sie steht nie eine Minute später als dreiviertel sechs auf. Um dreiviertel sieben sind alle Zimmer geheizt und die beiden Wohnzimmer gründlich aufgeräumt. Um halb acht hat sie ihr eigenes Zimmer fertig, und alles ist für das Frühstück vorbereitet, dann bringt sie mir meine Tasse Tee ans Bett. Um acht –»

«Ja, ja», unterbrach ich sie. «Aber was soll ich mit Arthur machen?»

«Sie müssen ihm sofort kündigen.»

«Aber wenn er im Bett bleibt und sich weigert, aufzustehen?»

«Wie kann er das?»

«Er könnte es mit der größten Leichtigkeit», erwiderte ich hitzig.

«Aber was tut er um Gottes willen im Bett?» fragte Frau M. Dann wurde ihr klar, daß sie ihre Frage etwas anders hätte formulieren müssen.


VII.


Ich fuhr nachmittags nach London zurück, ohne mich von Arthur zu verabschieden. Ich fühlte mich so elend und mutlos, daß ich am liebsten diesen Ort nie wieder betreten hätte. Als ich zu Hause ankam, setzte ich meinem Diener die Situation auseinander und erklärte ihm, er müsse am nächsten Morgen nach Wegscheide fahren und Arthur hinauswerfen. Er dürfe nicht eher zurückkehren, bis der Kerl das Haus verlassen hatte. Ich gab ihm als Beschwichtigungsmittel für das Monstrum das Gehalt für einen ganzen Monat mit.

Mein Diener fuhr um zehn Uhr morgens fort und kehrte zu meinem Erstaunen am selben Abend zurück.

«Nun?» fragte ich. «Was ist geschehen? Warum kommen Sie schon wieder?»

«Er ist fort, gnädiger Herr.»

«Fort? Schon? Lag er nicht im Bett?»

«Jawohl, er lag im Bett.»

«Und?»

Aber dann forschte ich nicht weiter. Jedenfalls hatte sich ein Wunder vollzogen, und es sollte mir ganz gleichgültig sein, auf welche Weise es zustande gekommen war. Doch oft schon versuchte ich, mir den Vorgang auszumalen, und stellte mir die schlanke, schmächtige Gestalt meines Dieners vor, wie er vornehm durch die von Hecken eingesäumte Landstraße dahinschritt, die Küche betrat, die Nase über den Schmutz und die Unordnung rümpfte, gebieterisch an die Schlafzimmertür klopfte, eintrat und hochmütig den abscheulichen Insassen des Bettes hinauswarf. –

Aber das gehört der Vergangenheit an. Einige Wochen nach Arthurs Abreise kam das Ehepaar S. zu mir. Es ist noch bei mir, und ich hoffe aufrichtig, daß es immer bei mir bleiben wird.

## DRITTES KAPITEL

## GROSSREINEMACHEN

### I.

Jetzt begann das Großreinemachen im Garten. Werkzeuge mußten angeschafft, ein Schubkarren gekauft werden. Beete mußten
mit Rosen bepflanzt, Hecken beschnitten, Sträucher ausgerissen
werden. Das Treibhaus mußte ausgebessert werden, der Geräte-
schuppen brauchte dringend ein neues Dach. Es hieß einen Platz
für einen Komposthaufen bestimmen, die Grenzen des Gemüse-
gartens abstecken. Wir liefen mit Unmengen von Dünger umher,
stopften ihn in die Erde hinein und hatten dabei das erhebende
Gefühl, Wohltäter des Gartens zu sein. Wir mußten chemische
Unkrautvertilgungsmittel besorgen (aber keine giftigen) und sie
auf die überwucherten Wege streuen, um das Unkraut zu vernichten. Mit wütendem Eifer zerstampften wir die Ameisenhaufen
und zertraten die Insekten, die sich über den ganzen Garten breitgemacht hatten. Bevor wir etwas neu schaffen konnten, mußten
wir verbrennen, vernichten und ausrotten. Das Merkwürdigste
dabei war, daß meine Ungeduld, sofortige Resultate zu sehen – die
Sünde aller Anfänger –, sich jetzt legte. Ich begann, Freude an der
Arbeit zu haben um ihrer selbst willen.

Ehe man einen eigenen Garten hat, kennt man diese Freude
nicht. Die Damen sagen: «Ich liebe Gärten», aber was meinen sie
eigentlich damit? Sie meinen nur, daß sie es lieben, zwischen Reihen von Malven zu gehen, in Tüll gehüllt (das heißt, die Spazier-
gängerinnen, nicht die Malven), und Limonade unter einem
Baum in Begleitung eines netten jungen Mannes zu trinken, der
ihnen nachher einen großen Rosenstrauß pflückt. Sie hoffen, er
werde die Dornen abbrechen, und daß keine Ohrwürmer in den
Blumen sind, denn wenn sie auf der Decke des Autos einen Ohrwurm sähen, stürben sie vor Entsetzen (ich übrigens auch).

Sie gehen vielleicht auch gern auf einer Terrasse spazieren, von der sie auf eine Mauer blicken, die mit blassen, trunkenen Glyzinien berankt ist, oder sie lieben es, unter duftenden Orangenblüten, besponnenen Laubengängen zu wandeln, süßen Träumereien hingegeben – und sie bücken sich vielleicht sogar hin und wieder, um ein Sträußchen zu pflücken, wenn die Blumen in der Farbe zum Kleid passen. Ja, das gefällt ihnen.

Aber in der Erde nach einer ekelerregenden Schnecke buddeln, die die Stiefmütterchen angefressen hat, das möchten sie nicht. Ebensowenig die Schnecke mit der Schaufel herausholen, in der Hoffnung, daß sie nicht platzt und einen widerlichen Schleim absondert, oder die Schnecke dann mit einem Gefühl befriedigten Entsetzens in einen Korb werfen. Sie bücken sich nicht gern stundenlang, um lästiges Unkraut, das immer über der Wurzel abreißt, herauszuziehen – nicht Kreuzkraut, denn Kreuzkraut läßt sich wunderbar herausreißen, sondern Ampferkraut und ähnliche abscheuliche Dinge. Die meisten Menschen mögen dies alles nur deshalb nicht, weil ihnen der Garten nicht gehört.

Alle Gartenbesitzer werden mich verstehen. Was einem selbst gehört, sieht man mit anderen Augen an. Vermutlich ist es dieselbe Empfindung wie bei einem eigenen und einem fremden Kind. Wenn es sich um das eigene Kind handelt, macht es einem wahrscheinlich sogar Freude, ihm die Nase zu putzen. Ist es aber ein fremdes Kind, so möchte man das Taschentuch am liebsten an eine lange Stange anbinden, wenigstens ich täte es.

Darum machten mir alle diese Vorarbeiten Freude, weil es der erste Garten war, der mir gehörte. Es dauerte sehr lange, ehe mir diese Tatsache richtig zum Bewußtsein kam. Eigentlich habe ich es bis auf den heutigen Tag noch immer nicht wirklich erfaßt. Heute noch stehe ich manchmal vor einer Hecke mit der Gartenschere in der Hand und sage mir: «Ich kann diese Hecke so schneiden, wie es mir beliebt, rund oder eckig oder auch spitz. Wenn ich will, kann ich sie sogar ganz wegschneiden, und niemand kann mich darum einsperren lassen.»

Den eigenen Spaten in die eigene Scholle stecken! Kann das Leben etwas Köstlicheres bieten?

# II.

Jetzt werden wir bald wirkliche Tatsachen berichten, Winke geben und Geschichten mit mehr Handlung erzählen können. Während ich dieses Buch schreibe, sehe ich, daß ich mit denselben Schwierigkeiten zu kämpfen habe wie bei meinem ersten Werk. Es war ein Jugendbuch, das ich «Vorspiel» nannte und das mir noch jetzt haufenweise Briefe von heimweherfüllten Jungen aus sumpfigen Kolonien bringt.

Das Schwierige beim Schreiben einer Geschichte, die in einer Jungenschule spielt, besteht darin, daß sich eigentlich nie etwas Besonderes in einer solchen Schule ereignet. Natürlich gibt es Schulgeschichten, in denen sich die Ereignisse mit atemberaubender Schnelligkeit jagen – Primaner fälschen Schecks, größere Jungen retten jüngere Kameraden aus brennenden Häusern, oder die Frauen der Oberlehrer werden von den Kandidaten umschwärmt. In *meiner* Schule jedoch ist nichts Derartiges vorgekommen, darum mußte ich mich damit begnügen, ein hübsches Bild vom Erwachen einer jungen Seele zu zeichnen. Vielleicht wird mein «Vorspiel» darum noch heute von den Lehrern des Marlborough-Internats als minderwertige Literatur bezeichnet.

Ein Garten ist wie eine Schule, eine Stätte immer neu erblühender Jugend. Schule und Garten erwecken dieselben Ideale, aus beiden kann man dieselben Lehren ziehen. Doch in beiden geschieht nie etwas Abenteuerliches. Eine Iris springt nicht plötzlich aus der Rabatte und explodiert. Ein Fliederbusch macht nicht mir nichts, dir nichts unpassende Geräusche hinter einem. Was ich sagen will, ist, daß ich das Buch nicht mit einer Sensation beginnen kann, ich kann nicht erzählen, daß ich eines Abends spät mit leuchtenden Augen, die Hände voll Samen, aufs Feld ging, ihn ausstreute, und siehe da, am nächsten Morgen war es mit knallroten faustdicken Mohnblumen besät. Nichts Derartiges ist geschehen, und es wäre eine faustdicke Lüge, wenn ich so etwas behaupten würde.

So wie eine Schule eine Stätte von langsam aufblühenden Seelen, von stillen Jugendträumen, von Spiel und Zwischenspiel holder Freundschaft ist, genauso ist es mit dem Garten. Seine Geschichte muß man mit derselben Zartheit erzählen, mit der sich ein Blatt entfaltet, in sanft flüsternder Prosa, gleich dem Rauschen und Seufzen der sich im Winde wiegenden Zweige. Keine leichte Aufgabe! Besonders wenn man als allererstes die unvermeidliche langweilige Arbeit hat, die Topographie des Gartens zu beschreiben.

III.

Die Topographie eines Gartens ist in einem Buch ungefähr dasselbe wie Genealogie in einem Roman. Der beste Genealoge unter den Romanschriftstellern war Anthony Trollope. Er hatte die Gabe, seine Leser zu zwingen, sich schon bei der ersten Seite seiner Bücher so in die Lektüre zu versenken, daß sie sämtliche darin vorkommenden Tanten, Onkel und Vettern besser kannten als ihre eigenen.

Für das Buch, das ich jetzt schreibe, wünschte ich mir seine Gabe. Denn ich möchte gern, daß meine Leser genau wissen, wie die Pfade in meinem Garten angelegt sind, damit sie sich unter jenem Zweig bücken, um die funkelnden Regentropfen zu vermeiden, und an einem dunklen Abend, wenn sie den kleinen, versteckten Garten betreten, auf die Stufe achtgeben, um nicht zu stolpern. Ich fürchte aber, daß dieses Talent mir fehlt, und deshalb werde ich gleich eine Karte zeichnen müssen, obgleich ich finde, daß eine Karte ebenso langweilig ist wie ein Stammbaum. Doch ist es notwendig. Wie könnten wir sonst den Rundgang machen?

Ich muß aber erst eine Erklärung vorausschicken. Jedesmal, wenn ich in meinen Garten komme, mache ich den «Rundgang». Ich weiß nicht, ob das eine persönliche Narrheit von mir ist oder ob alle passionierten Gartenbesitzer dasselbe tun. Es würde mich interessieren, es zu erfahren. Wenn ich den Rundgang mache, so meine ich nur, daß ich bei der Glastür anfange, mich dann nach rechts wende, eine eingehende Prüfung jedes Fußes Erde, jedes Strauches, jedes Baumes vornehme und immer genau denselben Weg innehalte.

Es gibt einige sehr bestimmte Regeln, die man beobachten muß, wenn man den «Rundgang» macht. Die Hauptregel ist, nie die Reihenfolge zu ändern. Man möchte vielleicht brennend gern feststellen, ob im Obstgarten schon ein Krokus herausgekommen

28

ist, aber es ist auf das strengste verboten hinüberzugehen, und nachzusehen, bevor man die verschiedenen Sträucher, Beete und Bäume auf dem Wege zum Obstgarten genau besichtigt hat. Man darf nicht das fernere Beet betrachten, ehe man das unmittelbar vor einem liegende angeschaut hat. Man mag vielleicht einen unerwarteten, seltsamen, scharlachroten schimmernden Farbenklecks auf dem übernächsten Beet erspäht haben, aber man muß es sich unbedingt verkneifen, sofort zu diesem aufregenden Leuchten zu stürzen, und muß mit stoischer Ruhe auf das Stückchen scheinbar leere Erde vor sich blicken, bis man sich vergewissert hat, daß es nichts verbirgt. Sonst wird man merken, daß man planlos durch den Garten streicht, ein oder zwei sensationelle Ereignisse entdeckt und dann feststellt, daß nichts weiter geschehen ist. Das bedeutet, daß man sich um alle Freude bringt, die der Anblick der winzigen Sprößlinge einem bereitet, um das erste Öffnen der Lider des Goldlacks, um das erste kostbare Goldflimmern des virginischen Zauberstrauchs, um den Anblick des ersten winzigen Speers des Schneeglöckchens. Das erinnert mich an einen der köstlichsten Einfälle in der englischen Dichtkunst, und zwar an Coventry Patmores Vers über das Schneeglöckchen:

*«Und grüßt den fernen Sommer mit erhobenem Speer.»*

Sechzehn dicke, in Halbleder gebundene Bände würden kaum ausreichen, wenn man eine halbwegs ausführliche Schilderung eines Rundgangs durch den einfachsten Garten geben will. Von jedem Fußbreit Erde ist so viel zu erzählen. Darum können wir den Garten nur ganz schnell durcheilen, damit wir die Hauptsache darin sehen, und dann müssen wir eine Karte zeichnen.

Man tritt durch eine Glastür in einen kleinen viereckigen Garten, der von beschnittenen Schwarzdornhecken umsäumt ist. Jenseits des Laubengangs ist ein zweiter Garten, der aus zwei großen Staudenrabatten und einem dahinterliegenden runden Rasenplatz besteht. Von dort aus gelangt man auf ruhige, friedliche Felder mit vereinzelten Ulmen und Eichen.

Geht man rechts durch einen zweiten Laubengang, so kommt man in einen Obstgarten, durch den ich einen mit Staudenrabatten umsäumten Pfad gezogen habe. Jenseits des Obstgartens liegt ein Pappelwäldchen mit vielen Heckenrosensträuchern, hinter dem sich der Gemüsegarten verbirgt.

Das ist dann wirklich alles, außer einem kleinen, versteckten Garten an der anderen Seite des Hauses. Dieser ist nur so groß wie ein geräumiges Zimmer und in sechs von Buchsbaum umsäumte Rosenbeete eingeteilt; dazu kommt noch eine große Staudenrabatte am Fuß eines weißen Zauns.

Durch diese ganze Beschreibung ist der Leser wahrscheinlich nicht viel klüger geworden, jedoch mußte sie einmal gemacht werden. Wenigstens haben wir nach diesem Spaziergang die Berechtigung, den verschiedenen Teilen des Gartens Namen zu geben.

Zuerst wollen wir vom Vorgarten sprechen. Der Name an und für sich sagt schon genug, und diese Bezeichnung ist auch sein einziges Anrecht auf Achtung. Sie klingt so steif und ehrbar wie die «gute Stube». Dazu möchte ich ihn auch gern machen. Ich möchte, daß die Blumen darin sehr brav aussehen, so förmlich wie funkelnde Nippsachen auf dem Kaminsims der tüchtigen Hausfrau.

Verläßt man durch den vorhin erwähnten Laubengang den Vorgarten, so gelangt man in den Teil, den wir den «Antinous-Garten» nennen wollen. Ich vergaß nämlich zu erwähnen, daß mitten auf dem runden kleinen Rasenplatz eine Statue von Antinous steht. In der Regel mache ich mir gar nichts aus Gartenfiguren, besonders nicht in einem so bescheidenen Garten wie dem meinen. Ich habe ein Grauen vor jenen bleiernen Liebesgöttern, die man so häufig in den Vorstadtgärten sieht und die in entsetzlich plastischer Weise die letzten Stadien einer Nierenkrankheit darstellen. Auch jene gräßlichen Pelikane aus Terrakotta, die, durch Bambusrohr spähend, auf den Grundstücken geschmackloser Fabrikbesitzer stehen, finde ich unerträglich. Jene furchtbaren kleinen Zwerge, die manche Leute auf ihrem Besitztum aufstellen – und ach so neckisch gruppieren, damit sie aus einem Rhododendronstrauch oder einem Lavendelbusch hervorlugen –, deprimieren mich geradezu.

Aber ich habe das Gefühl, daß mein Antinous etwas ganz Besonderes ist. Er ist schon an und für sich sehr schön. Früher stand er im Garten eines alten Hauses am Bedford-Platz in London. Er war ganz mit Ruß bedeckt, und es schien, als ob seine Glieder nie wieder sauber werden würden. Ich sah ihn das erste Mal an einem grauen Februartag nach dem Mittagessen. Durch unzählige schamlose Winke mit dem Zaunpfahl und viel Liebedienerei gelang es mir, meinen Gastgeber zu überzeugen, daß Antinous sich in London nicht wohl fühle und nicht Regen aus seinen blassen Augen heruntertropfe, sondern Tränen, und daß seine Füße nach grünem Grase schmachten. Mein Gastgeber gab mir recht. Er konnte tatsächlich nicht anders. Es war Bestimmung.

Antinous kam in einem großen Korb an und wurde in die Mitte des kleinen Rasenplatzes gestellt. Allmählich wusch der reine Landregen seine Glieder sauber, und der Wind liebkoste ihn. Von seinen müden, abgezehrten Fingern verschwand der Ruß, und seine herrlichen Schultern fingen an, im Sonnenlicht zu glitzern. Jetzt erstrahlt er in makelloser Reinheit. Wenn die ersten Schneeglöckchen zu seinen Füßen hervorsprießen und der Schnee auf der Erde liegt, wenn der Winterhimmel silberfarben ist, von weiß und blau durchzogen, erscheint einem der Mensch wie eine Blume, ja, wie eine seltsame weiße Blume.

Nun bleiben nur noch der Obstgarten und der versteckte Garten, denen wir keinen weiteren Namen zu geben brauchen.

Jetzt können wir also den Plan zeichnen.

## IV.

An dieser Stelle fängt das Buch erst richtig an, und zwar mit Pilzen.

Eigentlich sind Pilze durchaus kein geeigneter Anfang, aber es ist nicht zu ändern. Denn ich konnte den Blumengarten erst im April in Angriff nehmen, und es war zu spät, um etwas anderes zu tun, als nur die Erde für die Saat vorzubereiten, die Hecken zu schneiden und das schlimmste Unkraut zu entfernen. Alle diese Arbeiten nahmen viel Zeit in Anspruch. Für den Sommerschmuck des Gartens mußte ich mich mit Levkojensämlingen begnügen und Löwenmaulpflanzen, die ich in Kästen kaufte und so, wie sie waren, in die Erde steckte. (Ein ganz ungehöriges Verfahren!) Das erste richtige Experiment machte ich mit Pilzen. Wie alle ersten Experimente in der Gärtnerei war es ein Fiasko.

Eines Tages ging ich auf meinem großen Feld spazieren und

hielt nach interessanten Dingen Umschau. Ich suchte nichts Besonderes, sondern spähte nur im Grase nach etwas, was man pflücken, essen oder mit dem man spielen könnte. Da bemerkte ich jenseits des Zaunes auf dem Feld, das mir nicht gehörte, einen Pilz. Er erinnerte mich an herrliche Morgenstunden, die ich als Junge mit Pilzsuchen verbracht hatte, an Morgenstunden, in denen die langen Schatten des frühen Tages auf den Feldern lagen. Die gesammelten Pilze wurden zum Frühstück gegessen. Warum nicht auch jetzt?

Ja, warum nicht? Ich besaß ein Feld, mit dem ich machen konnte, was ich wollte. Wenn es mir Spaß machte, konnte ich Bären darauf halten oder Löcher hineingraben. Ich konnte Sand auffahren lassen und mir einbilden, ich wäre an der See. Aber an allen diesen Dingen lag mir nichts. Ich wollte Pilze darauf ziehen. Sofort ging ich ins Haus und schlug «Pilze» in meinem Konversationslexikon nach.

Im Konversationslexikon las ich: «siehe unter *Agaricus*». Ich sah unter *«Agaricus»* nach und war peinlich berührt, als ich erfuhr, in welch schmutziger Atmosphäre Pilze zu gedeihen schienen. Es war da viel die Rede von Pferdedünger, unreinem Stroh und verfaulter Erdoberschicht. Als endlich von den Pilzen selbst gesprochen wurde, las man nichts von Samen oder Schößlingen, sondern nur von «Brut».

Brut? Brut klang sehr unästhetisch. Wer weiß, was man alles anrichten würde, wenn man erst anfing, Brut umherzustreuen? Vielleicht irrte sich das Lexikon? Ich holte die Kataloge einer Gärtnerei, und auch hier fand ich das verhaßte Wort wieder. Darunter war eine so üppig wuchernde Pilzanpflanzung abgebildet, daß sie an eine Massenszene eines Riesengemäldes erinnerte. Auch die Amateursche Pilzbrut war im Katalog abgebildet, die Pilze waren ein wenig kleiner, bescheidener und sahen im allgemeinen viel weniger aggressiv aus. So bestellte ich eine Menge Amateurscher Pilzbrut sowie einen ganzen Karren Dünger und Unmassen von Natronsalpeter und schwefelsaurem Ammoniak. Diese Chemikalien waren mir als Stärkungsmittel für die Pilze empfohlen worden.

Im Lexikon hieß es, man solle die «Brut» Mitte Juni ausstreuen. Deshalb streute ich sie am 15. Juni über das ganze Feld. Falls es jemand interessiert, will ich noch hinzufügen, daß es ein stürmischer Tag war, an dem ein Nordwind wehte.

Am 16. Juni unternahm ich eine gründliche Prüfung der Stelle, an der ich «die Brut» ausgestreut hatte. Nichts war zu sehen. Bekümmert über diese Verspätung fuhr ich Hals über Kopf wie ein besorgter Vater nach Peterborough und kaufte bei Woolworth eine Menge kleiner Fähnchen. Ich wählte Fähnchen aller Nationen und stürzte wieder nach Hause. Noch immer war keine Spur von Pilzen zu sehen. Schweren Herzens ging ich rund um das Feld und steckte die Fähnchen hinein. An jenem Abend fragte mich der Pfarrer, ob ich Vorbereitungen zu einem Fest träfe. Ich erwiderte mit gezwungenem Lächeln: «Ich hoffe es.»

Das war am 16. Juni. Am 16. August waren alle Fähnchen umgeweht oder von Kaninchen aufgefressen oder von den Dorfjungen gestohlen worden. Aber kein Pilz war hervorgekommen. Das Feld meines Nachbarn hingegen, der nichts getan hatte, um diesen Segen zu verdienen, war weiß von Pilzen. Sie waren über Nacht emporgeschossen und starrten mich ironisch an.

Ich versuchte, mich mit dem Gedanken zu trösten, daß es vielleicht nur giftige Pilze wären, aber auch diese Illusion wurde mir genommen, denn meine Haushälterin sammelte sie und setzte sie mir zum Frühstück vor. Sie schmeckten ganz ausgezeichnet.

Da ereignete sich eines Tages etwas Erstaunliches. Ich ging durch den Gemüsegarten und bemerkte plötzlich einen weißen Punkt auf dem Gurkenbeet. Es war ein Pilz! Bei näherer Besichtigung sah ich, daß er buchstäblich von Hunderten von kleinen Pilzen umgeben war. Ich lief ins Haus zurück und verkündete atemlos die Neuigkeit. Mein Gärtner kam mit aufreizender Langsamkeit und Bedächtigkeit auf den Schauplatz. «Ach ja», sagte er, «als Sie die Brut auf dem Feld ausstreuten, habe ich ein kleines Stückchen davon zerbröckelt und auf gut Glück hier hineingestopft.»

«*Was* haben Sie getan?»

Er wiederholte seine Mitteilung. Ich konnte meine Wut kaum verbergen. Da stand dieser Mann und erzählte mir seelenruhig, er habe ein Stückchen der Brut zerbröckelt und hier «hineingestopft», während ich sie nicht «bloß zerbröckelt», sondern mit größter Gewissenhaftigkeit geteilt hatte. Mit dem Lexikon in der Hand war ich mit Gießkannen umhergelaufen und hatte mich von oben bis unten mit Dünger bespritzt. Außerdem hatte ich die kräftigsten Stärkungsmittel über die Brut gestreut, Gebete darüber gesagt, das Feld mit Fähnchen geschmückt, und nicht ein einziger Pilz hatte sich gezeigt.

Das Unerhörteste geschah aber eine Woche darauf. Ich war gerade aus London gekommen und hatte mein Auto in den Schuppen geschoben, der als Garage diente. Auf dem Steinfußboden standen meistens Pfützen von Öl und Benzin. Als ich aus dem Wagen stieg, sah ich in der einen Ecke einen großen weißen Fleck. Mit aufgerissenen Augen näherte ich mich ihm. Pilze! Ein halbes Dutzend! Herrlich große und prachtvolle Pilze drängten sich durch die Steine, das Öl und den Staub.

Der Gärtner kam, um meinen Handkoffer zu holen. Sprachlos zeigte ich mit zitterndem Finger auf die Ecke. Er lächelte hold: «Da habe ich den Sack mit der Brut hingestellt, als sie ankam», sagte er. «Komische Dinger, diese Pilze, gar nicht kleinzukriegen!»

## V.

Die Pilze waren nur ein Beispiel der vielen Fehler, die ich anfangs machte. Man sieht, daß ich noch immer im Banne der Kataloge der Samenhandlungen stand. Ich pflegte mit beseligten Blicken die Bilder irgendeines herzoglichen Gartens im Süden anzustarren, für den sich Generationen von Sklaven abgeplagt hatten, in dessen fette Erde ganze Truhen Gold geschüttet worden waren, und ich bildete mir ein, daß ich auf meinem kleinen Stückchen neu erworbener Erde dieselben purpurnen Wunder, dieselbe üppige Fülle erreichen könnte.

Ich wollte gern, daß mein Garten den Gärten der Semiramis gliche. Als mein Vater, dessen Vorfahren schon seit Generationen Gutsbesitzer gewesen waren, sein Monokel ins Auge klemmte und meinen Gemüsegarten prüfend anblickte, erklärte er, die Erde müsse im Herbst umgegraben werden, damit der Frost erst richtig eindringe; nachher könne man Kohlköpfe pflanzen. Ich sagte ihm, daß mir nichts an Kohlköpfen läge. Ich wollte Kürbisse haben.

«Kürbisse? Wozu, zum Teufel?»

34

«Ich will Kürbisse haben», wiederholte ich. «Ich kann dir nicht sagen, weshalb ich sie haben will, denn du bist mein Vater und du würdest mich doch nicht verstehen. Aber ich will sie haben und es ist mein Garten.»

Auch Mais wollte ich säen. Ebenso *Couve tronchuda*, und zwar hauptsächlich ihres Namens wegen, der mich an die spanische Tänzerin Tallulah Bankhead erinnerte. Doch vor allen Dingen mußte ich Kürbisse haben.

Die großen Samen der Kürbisse sahen aus wie getrocknete Bohnen, und ich pflanzte sie an alle möglichen und unmöglichen Plätze, in der Hoffnung, sie würden plötzlich wie Gesichter aus dem Dunkel auftauchen und die Leute erschrecken. Deshalb beschloß ich, sobald sie da waren, Augen und Münder darauf zu zeichnen. Doch dazu kam es nicht, denn nur einer wagte sich hervor, und der glich einem rötlichen giftigen Pilz und wurde sofort von einer Schnecke aufgefressen. Meine *Couve tronchuda* gedieh herrlich, aber ich wünschte, es wäre nicht der Fall gewesen, denn ihr Name erinnerte nicht nur an eine spanische Tänzerin, sondern sie schmeckte auch so – süßlich und zäh. Der Mais gedieh auch gut, aber wenn man ihn aß, beschmierte man sich, und im übrigen schmeckt er eigentlich viel besser aus Büchsen.

Erst als ich anfing, mit Samen zu experimentieren, den ich von einer in meinem Garten wachsenden Pflanze nahm, hatte ich meinen ersten Erfolg. Den ersten Glücksschauer des Schöpfers – ich hatte Blut geleckt. Diese Empfindung muß sicherlich dem Stolz der Vaterschaft gleichen; es gibt sogar manche eingefleischte Junggesellen, die behaupten, es müsse ebenso wunderbar sein, die ersten winzigen, runzligen Blättchen der ersten selbstgepflanzten Blume zu sehen, wie das winzige, runzlige Gesicht seines ersten Kindes.


VI.


Mein erstes derartiges Experiment machte ich mit Lupinen, die ganz unerwartet drei Monate nach meiner Ankunft im Garten blühten. Als sie verblüht waren, platzten die Schoten, enthüllten den Samen, und in einem verrückten Augenblick beschloß ich,

Treibhaus, Werkzeugschuppen, etc.

...s Beet

Kirschbäume

KÜCHEN-GARTEN

Rosen berankter Laubengang, der zum Obstgarten führt und von Staudenrabatten eingezäunt ist.

Apfel-Bäume

Staudenrabatte

Mauer an der die meisten Winterblumen wachsen

Hecken umsäumte Landstrasse

diesen Samen zu säen. «Es ist ein Wahnsinn», sagte ich mir, als ich die winzigen schwarzen Erbsen herausschälte. «Vollkommener Wahnsinn. Denkst du wirklich, daß sie für dich herauskommen werden? Stellst du dir tatsächlich vor, daß dieses Wunder der Schöpfung sich vollziehen wird?» – Ich stellte mir diese Frage aus dem einfachen Grund, weil es mir unbegreiflich erschien, daß Samen, für den man nicht einen Penny oder sechs Pennies pro Päckchen bezahlt hatte, richtig sein konnte. Natürlich sagte mir mein Verstand, daß jeder Samen ursprünglich von Blumen herrühren mußte und daß darum dieser sonnengewärmte reife Lupinensamen, den man soeben von einer gesunden Pflanze genommen hatte, genausoviel Aussicht auf Gedeihen hatte wie derjenige, den man in einem Geschäft kauft, und wenn es auch bei Woolworth war. Aber das Unterbewußtsein verlangte nach einem Päckchen. Es wollte das schöne verschwommene Bild auf dem Umschlag sehen. Es wollte darauf lesen, daß dieser Samen «riesige leuchtendblaue Blumensterne» hervorbrächte und andere furchtbare Lügen.

Der Verstand siegte jedoch. Ich sagte mir: «Du bist ein Idiot. Dieser vor dir stehende Stiel war einst eine Lupinenblume. Diese scheußlichen stachligen Dinger, die überall hervorragen, sind bestimmt Schoten. In diesen Schoten stecken kleine schwarze Kügelchen, die weder Perlen noch Eier, noch Bonbons sind, sondern Samen. Das einleuchtendste Verfahren wäre, zur Natur zurückzukehren, einige Samenkörner zu nehmen und sie in die nahrhafteste, schönste, fetteste Erde hineinzustecken, die man auftreiben kann. Es sollte mich nicht wundern, wenn sofort Unmengen großer Farnkräuter herauskommen, einem die Zunge zeigen und einen schrecklichen Gestank verbreiten würden. Andererseits jedoch würde ich mich ebensowenig wundern, wenn aus dem Samen wirklich Lupinen kämen.»

Es kamen auch tatsächlich Lupinen, aber es war doch sehr erstaunlich. Heute noch wundere ich mich darüber. Ich habe eben einen kleinen Spaziergang in meinem Garten gemacht. Es ist Ende Juni, und aus dem Samen, den ich damals säte, ist jetzt eine ganze Rabatte blühender Pflanzen geworden. Das Unterbewußtsein kann es noch immer nicht fassen. Vermutlich weil es heute noch das Wunder miterlebt und die Demut aller jener Menschen, die irgendwie dazu beigetragen haben, eine schöpferische Tat zu vollbringen.

Darum habe ich die Frage der Vaterschaft vorhin berührt. Wenn es möglich ist, diesen Jubel, diese wahre und dauernde Freude durch den Samen einer kalten blauen Blume zu empfinden, wie groß muß erst die Begeisterung sein, wenn man von dem eignen Samen eine Frucht sät, wenn man einen Sohn bekommt? Ach, aber so einfach ist das nicht! Söhne sind nicht so leicht zu erhalten wie Lupinen. Abgesehen von der Tatsache, daß sie oft Töchter werden anstatt Söhne, kann man sich nie darauf verlassen, daß sie dem Vorbild gleichen. Aus dem Samen einer blauen Lupine wird fast ausnahmslos eine blaue Lupine. Aus dem Samen eines blauäugigen Mannes jedoch wird oft eine braunäugige Plage – besonders, wenn die Frau eine Vorliebe für Gigolos hat.

Nun wird der Leser sich wahrscheinlich sagen, daß das alles wirres Zeug ist, mit zuviel persönlichen, nicht zur Sache gehörenden Einzelheiten und zuwenig über den Garten selber. «Von dem, was wir bis jetzt gehört haben, können wir nichts lernen», wird man einwenden. Ich bitte aber, das Buch noch nicht fortzulegen, denn sehr bald wird man wirklich etwas lernen. Das verspreche ich. Wenn ich nicht Wort halte, ist jeder berechtigt, zum Buchhändler zu gehen und sein Geld zurückzuverlangen.

## VIERTES KAPITEL

# WINTERWAHNSINN

## I.

Wir sind jetzt mitten im Winter, es ist mein erster Winter in meinem Landhäuschen – und der erste Winter, in dem ich wahnsinnig wurde.

In den kalten dunklen Dezember- und Januartagen sitzt der gewöhnliche Gartenbesitzer an seinem Kaminfeuer, studiert Sämereikataloge und überlegt, was er im Frühjahr säen wird. Wenn er überhaupt einmal in seinen Garten hinausgeht, tut er es nur, um sich Bewegung zu schaffen. Er zieht sich den Überzieher an, stapft auf den gefrorenen Pfaden hin und her, würdigt die schwarzen leeren Beete kaum eines Blickes und kehrt wieder ins Haus zurück. Vielleicht geht er, bevor er sich wieder an sein Kaminfeuer setzt, an einen dunklen Schrank, um nachzusehen, ob die Hyazinthenzwiebeln zu keimen beginnen. Das ist aber auch seine ganze Tätigkeit.

Vorhin schrieb ich, daß ich in diesem Winter verrückt wurde. Denn ich sagte mir plötzlich: «In meinem Garten will ich auch im Winter Blumen haben.» Unter Blumen verstand ich aber wirkliche Blumen, nicht bloß ein paar Zweige erfrorenen Immergrüns und hier und da eine durch Frost schwarz gewordene Christrose. Jeder, mit dem ich darüber sprach, erklärte mir, daß diese Idee verrückt sei, und sie hatten alle recht. Doch schließlich hatten sie alle unrecht, denn mein Traum ist in Erfüllung gegangen.

Jetzt will ich nur noch einen Augenblick von meinen eignen Empfindungen sprechen, und dann kann endlich wirklich begonnen werden. Ich muß meine Vorliebe für Winterblumen erklären, um die Beschuldigung, ich sei verrückt geworden, zu widerlegen.

Allerdings ist meine Vorliebe für Winterblumen so intensiv, daß ich manchmal stutzig werde und mich selber frage, ob sie letzten Endes nicht doch ein wenig krankhaft sei. Manchmal, an glühend heißen Sommertagen, wenn der Garten mit Blumen so vollgepackt ist wie ein Korb, habe ich sonderbare Vorstellungen. Einen Augenblick glaube ich ihn vollständig kahl zu sehen, die karminroten und violetten Farbenkleckse sind verschwunden, der Himmel ist seiner Bläue beraubt, und die Bäume heben sich nackt und melancholisch von einem aschgrauen Himmel ab. In solchen Momenten sehe ich in einer fernen Ecke den schwachen, traurigen Schimmer des Winterjasmins – wie ein Streichholz, das im Dunkel glimmt, und zu meinen Füßen eine blasse, einsame Christrose. Schnell knie ich hin, als ob ich diese verirrte kleine Blume vor dem scharfen Wind schützen will, und dann merke ich voll Schrecken, daß ich im Sonnenschein knie, daß überhaupt keine Blume dort ist, nur ein Zweig grüner Blätter – und über mir die brennende Sonne.

Ich möchte wissen, warum ich Winterblumen so liebe, vielleicht weiß ich es auch. Denn diese leidenschaftliche Liebe zu ihnen wurzelt tief, sehr tief in meiner Seele. Ich habe ein Grauen vor allem, was zu Ende geht, vor jedem Abschied, vor jeder Art des Sterbens. Die unumstößliche Kurve der Natur, die so tapfer ansteigt und so schmählich abfällt, hat für mich etwas Grauenerregendes. Ich wünschte, daß diese Kurve ständig anstiege. Ich wünschte, daß jene Rakete, die das Leben darstellt, in unermeßliche Höhen emporschießt. Wenn sie fällt, schaudere ich und empfinde keinen Trost bei dem Gedanken, daß sie sich beim Fallen in grüne Sterne und flüssiges Gold auflöst. Ich vermag nur den dumpfen Fall der Stange in irgendeinem düsteren Hinterhof zu hören. Den dumpfen Fall einer dummen Stange. Das Ende des Lebens! Was nützt es, daß der nächtliche Himmel einen Augenblick vorher mit grün-goldenen Sternen besät war? Jetzt ist alles vorbei. Die schönen Farben sind doch nur Gase, ein schwaches, in alle Winde zerstreutes Gift. Nur die Stange bleibt.

Ich glaube, daß der heimliche Grund meiner Liebe für Winterblumen in dieser krankhaften Idee zu suchen ist: Ich will, daß mein Garten nie aufhört zu blühen. Der Gedanke ist mir unerträglich, daß er eine Stätte sein soll, die nur in den hellen Monaten bewohnt ist. Ich will nicht, daß er von der Natur mit Schutzhüllen bedeckt wird wie Möbel beim Großreinemachen.

Darum habe ich diesen Kampf um Winterblumen geführt. Man

soll sich keinen Illusionen hingeben. Es ist tatsächlich ein Kampf und aufregend wie ein Drama. Die meisten Menschen denken, ein Gärtner sei ein Mann, der nicht aus der Ruhe zu bringen ist, ein Mann, dessen Verstand so langsam arbeitet wie ein sich entfaltendes Blatt, dessen Seele so ruhig ist wie der Atem der Erde, dessen Augen so leuchten wie der Morgentau. Wer das denkt, irrt sich gewaltig. Ein Gärtner, d. h. wenn er den vielen mir bekannten Gärtnern gleicht, ist ein aufgeregter, übernervöser Mann, mit einer Seele, die wie Espenlaub zittert und von plötzlichen Frösten verzerrt, von seltsamen Stürmen verschrammt ist. Seine Seele ist so zart wie die Nebelschwaden, die im Winter wie Gespenster über den Obstgärten hängen, und in seinen Augen kann man die Schatten der Wolken auf fernen dunklen Bergen sehen.

## II.

Sobald ich den Entschluß gefaßt hatte, mich besonders mit Winterblumen zu beschäftigen, begann ich, den Katalog zu studieren. Zuerst benahm ich mich sehr ungeschickt dabei. Ich vertiefte mich in Listen von Chrysanthemen und wählte die zuletzt blühenden Sorten, vergaß aber, daß sie das schützende Glas brauchten. Dann suchte ich in den Zwiebellisten und wählte die zuerst blühenden Zwiebeln aus, ohne zu ahnen, daß der gewöhnliche Zwiebelhändler ein Betrüger ist, der die Kühnheit hat zu behaupten, seine Ware blühe im Januar, während sie in Wirklichkeit erst Anfang März geruht, ihre grünen Finger durch die Erde zu strecken. Mit dem Winterjasmin wußte ich natürlich ganz genau Bescheid und bestellte ein Dutzend dieser Pflanzen. Auch einen Haufen Christrosen. Damit waren meine Kenntnisse von Winterblumen erschöpft. Nun schrieb ich an die verschiedensten Gärtnereien und fragte, was sie mir empfehlen könnten.

Die Gärtnereien konnten Winterjasmin und Christrosen empfehlen. Als sie diese beiden fabelhaften Vorschläge gemacht hatten, schien ihre Weisheit zu Ende. Die Korrespondenz schleppte sich dann noch eine Weile mit Allgemeinheiten hin. Schrieb ich ihnen, es müsse doch noch etwas anderes außer Winterjasmin und Christrosen geben, so erwiderten sie geheimnisvoll, daß es natürlich noch andere Blumen gäbe, aber es sei zweifelhaft, ob diese gedeihen würden, und vielleicht sei es darum richtiger, mit «unserem Herrn Wilkins» Rücksprache zu nehmen. Aber ich hatte keine Lust, mit ihrem Herrn Wilkins Rücksprache zu nehmen. Ich wünschte, über Winterblumen Auskunft zu erhalten.

Natürlich hatte ich mich nicht an die richtige Gärtnerei gewendet. Es gab selbstverständlich Firmen, deren Spezialität Winterblumen sind, aber ich kannte sie nicht.

Aus diesem Grund war mein Garten im ersten Winter genauso kahl wie sonst. Nur hie und da einige kümmerliche Schneeglöckchen, ein paar Jasminzweige. Nicht eine einzige Christrose.

### III.

Während dieses ersten unfruchtbaren Januars wurde meine leidenschaftliche Liebe für Winterblumen zu einer fixen Idee. Ich hatte das Gefühl, daß irgendwo jemand wartete, um mir etwas darüber zu sagen. Aber wer? Und wo? Und was? Ich warf die Kataloge ins Feuer und beobachtete, wie ihre lügnerischen Seiten in Rauch aufgingen. Die Kataloge waren alle Betrüger. Ich fuhr nach London zurück.

In dieser deprimierten Stimmung schlenderte ich an einem grauen Januarmorgen in eine Buchhandlung. Ich suchte George Moores «Beichte eines jungen Mannes», da mein eigenes Exemplar fast zerfetzt war, soviel hatte ich darin gelesen. Ich trat in den Laden und murmelte «ich suche nach einem bestimmten Buch» und ging an die Regale heran, wo Moore in erhabener Zurückgezogenheit zu liegen pflegte.

Aber als ich die Bücherreihen näher betrachtete, bemerkte ich, daß ich in die falsche Abteilung geraten war; denn sämtliche Bücher vor mir waren Werke über Gartenbau. Sie sahen nicht sehr verlockend aus. Fast alle trugen Umschläge, auf denen Frauen mit vorsintflutlichen Hüten dargestellt waren, die mit schuldbewußter Miene neben riesigen Malven standen. Die Bücher hatten furchtbare Titel, wie zum Beispiel: «Strolche im Steingarten» und «Ein Garten aus der alten Zeit». Ich wollte gerade weitergehen, als ich rechts von mir ein Buch liegen sah, dessen Titel mir den

Atem vor Erregung raubte; es hieß «Winterblumen für den Garten» von A. W. Darnell.

Vorsichtig streckte ich die Hand danach aus, um es zu ergreifen. Würde es sich vor meinen Augen in Luft auflösen? Nein, es war kein Traum, es war Wirklichkeit. Aber als ich es aus dem Fach nahm, hatte ich doch das Gefühl, daß irgendein Schwindel dahinterstecken müsse. Seit Monaten hatte ich vergeblich in Katalogen und Lexika nach Angaben über Winterblumen gesucht. Hier war nun ein ganzes Buch, das sich mit diesem Problem beschäftigte! War der Titel ein Schwindel? War es doch kein Buch über Gärten? War es vielleicht eine gräßliche Sammlung von sentimentalen Novellen? Oder eine Geschichte von abgezehrten kränklichen Kindern, die in den Armenvierteln Efeu in Töpfen zogen – oder so was ähnliches?

Ich öffnete es. Als ich die Einleitung las, war ich beruhigt. Der Verfasser Darnell schrieb etwa folgendes:

*Es kommt sehr selten vor, daß man in den Gärten Englands die in den folgenden Seiten beschriebenen, blühenden Winterpflanzen sieht, außer vielleicht Winterjasmin, Christrosen und Lorbeer. In der Hoffnung, daß Liebhaber von Winterpflanzen nun veranlaßt werden, diese Blumen häufiger zu ziehen und die Freude des Verfassers teilen, schrieb er mit Hilfe der zahlreichen Notizen, die er an Hand jahrelanger Beobachtungen gemacht hatte, dieses Buch. Seine Beobachtungen haben ihn gelehrt, daß in einem normalen Winter bei richtigem Schutz und warmer Erde der kleinste Vorstadtgarten eine Fülle schöner Blüten für Tisch- und Zimmerschmuck in unseren Wintermonaten hergeben kann.*

*Die Blumen, die man in den meisten Gärten sieht, wie zum Beispiel Rosen, Chrysanthemen, Margueriten, Primeln, Veilchen usw., die manchmal in einem milden Winter zum Weihnachtsfest zur Not ein paar Blüten hervorbringen, habe ich nicht erwähnt, da ich den Platz für weniger bekannte Pflanzen brauche. Deshalb sind nur jene Blumen angegeben, von denen man erwarten kann, daß sie in den auf dem Titelblatt erwähnten Monaten blühen, mit wenigen Ausnahmen hat der Verfasser zu wiederholten Malen beobachtet, daß sie jeden Winter geblüht haben.*

Das war gerade das Buch, nach dem ich so lange gefahndet hatte! Ich kaufte es, verließ eilig den Laden und vergaß George Moore vollständig.

# IV.

Zuerst möchte ich bemerken, daß ich Herrn Darnell nicht kenne und überhaupt nichts von ihm weiß. Ich möchte ihn zwar sehr gern kennenlernen, aber leider ist mir diese Ehre nicht zuteil geworden. Ich habe nicht einmal an ihn geschrieben. Diese Bemerkung mache ich nur, um jeden Verdacht zurückzuweisen, daß wir irgendein unheimliches Bündnis geschlossen haben. Wir haben einander nie Dienste geleistet. Allerdings möchte ich ihm gern einen Dienst erweisen, als Dank für die Freude und Belehrung, die er mir durch sein Buch verschafft hat.

Vorhin sagte ich, daß Herr Darnell und ich kein gefährliches Komplott miteinander geschmiedet hätten. Diese Tatsache möchte ich noch dadurch unterstreichen, daß ich mir einige Kritik an seinem Buch gestatte. Zum Beispiel ist er manchmal übertrieben optimistisch. So hat er auf der ersten Seite einen wunderbaren Stich von der *Acacia Baileyana* abgedruckt, die wir meistens Mimose nennen, obgleich die Australier die nicht schmeichelhafte Bezeichnung «Rute» für diese Pflanze gewählt haben. «Wie kommt das?» wird der Leser fragen. «Mimose? Im Freien, in englischen Gärten?» Dann wird er «Pah» sagen. Das war wenigstens der Laut, den ich ausstieß, als ich an jene blassen, leicht bepuderten Troddeln dachte, die vergeblich den schneidenden Winden Mittelenglands zu widerstehen suchen und ihre empfindlichen Wurzeln in der kalten unfreundlichen Erde Huntingdonshires ausbreiten.

Vielleicht bin ich ein wenig ungerecht gegen Herrn Darnell. Denn wenn man die einleitenden Sätze des ersten Teils seines Buches liest, wird man merken, daß er eine Atmosphäre der Wärme und Behaglichkeit um die *Acacia Baileyana* schafft, die die arme Pflanze leider sehr selten in diesem Klima findet. Er schreibt:

*«In manchen Gärten von Devonshire und Cornwall, an Plätzen, die eine lebende Mauer immergrüner Bäume im Norden und Osten schützt, und die den Sonnenstrahlen ausgesetzt sind, kann man im Januar großartige Exemplare dieses wunderbaren Baumes in voller Blüte sehen . . .»*

Nun, das mag sein. Aber wir leben nicht alle in Devonshire oder Cornwall. Wir sind nicht alle die glücklichen Besitzer von

Plätzen, die von Norden und Osten geschützt sind. Auch haben wir nicht alle eine lebende Mauer immergrüner Bäume. Wir möchten etwas Bestimmteres darüber wissen.

Nachdem Herr Darnell über den schwierigen Buchstaben «A» hinweggekommen ist, der ihn anscheinend übermäßig begeistert hat, stellt er keine unmöglichen Forderungen mehr. Er verläßt Devonshire und Cornwall. Er schreibt für Mittelengland, für die offenen, ungeschützten Landstrecken, für die harte und undankbare Scholle, für die verbittertsten und verdrießlichsten Winterlaunen. Aber seine Hände sind immer voller Blumen, und es sind auch wirkliche Blumen, wie ich aus beglückender Erfahrung gelernt habe. Manchmal mögen sie nicht sehr großartig sein – ihre Blütenblätter sind vielleicht eher grün als golden, ihre Schönheit scheu und spröde, sie mögen sich grüne Blätter vor ihre Gesichter halten, um sich gegen den Wind zu schützen, oder etwas verzagt ihre Köpfe der freundlichen Erde zuneigen, aus Angst, sie zu sehr in die Höhe zu strecken – aber sie sind trotzdem Blumen. Wie Herr Darnell behauptet, blühen sie im Dezember, Januar und Februar. Wir wollen ihre Bekanntschaft machen.

Ist der Leser ein berühmter Sachverständiger, und hat er auf seinem Kaminsims einen ganzen Kasten voll von Preisen der Gartenbauausstellung – wenn er Abhandlungen über das *Ionopsidium acaule* geschrieben hat, das übrigens zu pflanzen sich sehr lohnt, wenn er einen riesigen, wichtig aussehenden, herabhängenden Schnurrbart und einen großen, wichtig aussehenden Obergärtner hat –, dann tut er besser, dieses Buch beiseite zu legen. Für ihn schreibe ich nicht. Ich habe übrigens keine Ahnung, für wen ich schreibe. Ich glaube, für die Blumen selber, für die wirklich schlichten, absolut zuverlässigen Winterblumen, von denen man bestimmt weiß, daß sie ein Blütennetz über den Garten spannen, ganz gleich, wie das Wetter oder der Boden beschaffen ist, und wie auch die internationale Lage sein mag.

Den allerersten Platz möchte ich dem Winterling einräumen. Durch irgendein sonderbares Versehen erwähnt ihn Herr Darnell gar nicht, und das ist der einzige wirklich ernsthafte Vorwurf, den ich ihm zu machen habe.

In fast jedem Katalog über Knollen ist der Winterling genannt. Das ist aber auch ungefähr die einzige Erwähnung, die dieser tapferen und strahlenden Blume zuteil wird. Doch selbst in den Katalogen wird sie nur beiläufig erwähnt. Nie ist ein Sternchen hinter ihrem Namen, wie sie es eigentlich verdient. Nur wenige Worte werden ihr bewilligt, eine kurze Fußnote, die besagt, daß sie eine der ersten Frühlingsblumen ist: «Wirkungsvoll für Rabatten. Preis: tausend Stück neunzig DM.»

Sie ist gar nicht «eine der ersten Frühlingsblumen». Sie ist eine Winterblume, und «wirkungsvoll» ist nicht der richtige Ausdruck. Sie blendet einen förmlich durch ihr leuchtendes Gold. Nach meinen Erfahrungen würde sie blühen, selbst wenn man sie auf einen Eisberg pflanzte.

Ich muß mich entschuldigen, daß ich mich so über den Winterling ereifere, aber ich bin außer mir, wenn ich sehe, wie so schöne Dinge derartig achtlos behandelt werden. Es ist ein aufrichtiger Kummer für mich, daß es Mitte Januar so viele, öde und düstere Plätze in den Gärten gibt, die so lustig wie eine mit Butterblumen besäte Wiese aussehen könnten.

*Eine mit Butterblumen besäte Wiese Mitte Januar!* Das würde der Winterling jedem bescheren, der genug davon pflanzen will, denn er gleicht einer großen leuchtenden Butterblume mit grüner Halskrause, und nichts vermag ihn am Blühen zu hindern. Sein unverdrossener, goldener Glanz ist gefeit gegen Regen und Schnee, gegen die bitterste Kälte. Einmal säte ich Winterling an einem niedrig gelegenen Platz unter Bäumen. Kurz nach Weihnachten war diese Stelle überschwemmt. Dann kam der Frost, und eine dicke Eisschicht bedeckte die ganze Stelle. Doch der Winterling erzwang sich einen Weg durch die Erde, blühte und schimmerte golden unter dem Eis wie ein Bukett aus der viktorianischen Zeit unter einer Glasglocke.

Besonders schön sind die Blüten, wenn die Erde mit Schnee bedeckt ist. Ihre Stengel sind gerade lang genug, um die Blumen über die weiße Decke hinwegzuheben. Sie erinnern an ein golddurchwirktes Atlasgewebe. Aber auch an milden Tagen sind sie schön, weil sie sich dann sehr weit öffnen und einen rührend unschuldigen, kindlichen Eindruck machen. Dadurch kommen ihr Mut und ihre Ausdauer um so mehr zum Ausdruck.

Man kann gar nicht genug Winterling in seinem Garten haben. Wie ich schon vorhin sagte, kosten tausend Stück neunzig DM.

Tausend Pflanzen ergeben schon einen herrlichen Farbenklecks, der ungefähr vier Wochen lang anhält. Wenn man es sich leisten kann, zehntausend zu kaufen, ist man dumm, wenn man es nicht tut. Es gibt so viele, wirklich herrliche Stellen, wo man ihn pflanzen kann, z. B. in der durch einen gefällten Baum entstandenen Mulde, am Rand eines Teiches, in einem Kreis um eine Statue oder unmittelbar unter seinem Fenster, damit man die Nase gegen die Scheibe drücken kann, wenn es zu kalt ist, um auszugehen, sich an ihrem Anblick weiden und Trost in dem Gedanken finden kann, daß der Frühling nicht mehr fern ist.


## V.


Neben dem Winterling machte mir der *Chimonanthus fragrans*, der in England unter dem reizenden Namen *«Wintersweet»* bekannt ist, die größte Freude. In Herrn Darnells Buch ist ein entzückendes Bild, das seine zartgelbe, rotgestreifte Blüte zeigt. Das Bild lügt nicht. Wie Herr Darnell sagt: «Von einem gut eingewöhnten *Chimonanthus fragrans*, den man an einer warmen Mauer gepflanzt hat, kann man mit absoluter Sicherheit mitten im Winter schön duftende Blüten pflücken.»

Meine Pflanzen, ich habe ein Dutzend davon, sind erst seit drei Jahren «eingewöhnt» und sie haben nicht den Schutz einer warmen Mauer, sondern sind nur von einem dünnen Holzzaun beschützt. Doch voriges Jahr, bald nach Weihnachten, waren die dünnen braunen Zweige dicht mit Blumen besät. Schnitt man sie ab, ehe die Knospe sich erschlossen hatte, so blieben sie, mit der diskreten Nachhilfe einer Aspirintablette, fast einen Monat frisch. Ihr Duft war so süß und zart, wie man ihn sich nur wünschen konnte.

Man sollte nicht vergessen, wie wichtig es bei vielen Blumen ist, sie als Knospe zu pflücken. Es ist ein Geheimnis, das erstaunliche Resultate erzielt. Zum Beispiel sind sich die meisten Leute nicht klar, welch wundervoller Zimmerschmuck der gewöhnliche *Jasminum nudiflorum* oder Nacktjasmin ist, wenn er richtig behandelt wird. Sie sehen ihn in Vorstadtgärten, braun und zerzaust, mit einer Menge lästiger Zweige um die Blüten, und sie nehmen sich selten die Mühe, ihn abzuschneiden und ihm Schutz zu geben.

Doch geht man hinaus und streicht mit den Fingern über den Strauch, so wird man eine Menge junger Zweige finden, die eine Fülle von Knospen tragen. Manche dieser Knospen sind vielleicht noch kaum geformt, sie verraten nur einen leichten gelben Schimmer mit einer rötlichbraunen Spitze. Es ist möglich, daß sie auch von abgestorbenem Holz halb verdeckt sind. Aber Mut! Schneide diese Zweige ab. Trage sie ins Haus. Entferne das abgestorbene Holz und stelle sie ins Wasser. Lasse sie eine Woche in einem dunklen warmen Schrank stehen. Wenn du nach acht Tagen wieder nach ihnen schaust, wirst du finden, daß der Jasmin prächtig aufgeblüht ist und in leuchtendem, kräftigem Blütenschmuck prangt, der buchstäblich wochenlang frisch bleibt. Dann, wenn du etwas Spargelkraut aus dem Treibhaus in die Vase dazu steckst und es stolz auf deinen Schreibtisch stellst, wirst du dich fragen: «Wer sagt, daß es grausam ist, Blumen abzuschneiden? Wenn diese so glücklich sind wie Primeln in einer geschützten Ecke?» Sie sehen so exotisch aus wie ein kostbarer Orchideenstrauß.

## VI.

Jetzt schnell zu der nächsten Winterblume, dem Zaubernußbusch. (Ich meine die *Hamamelis mollis*, die bei weitem die kräftigste Sorte ist.)

Es ist ein trauriger Gedanke, daß die Millionen abgearbeiteter Mädchen, die jeden Abend mit müden Fingern ihre Gesichter mit dem von dieser Zauberpflanze gewonnenen Saft einschmieren, so wenig von ihr wissen. Ja, es ist wirklich ein trauriger Gedanke. Denn wenn die Mädchen die heilende Creme auf ihre aufgesprungene Haut tupfen, denken sie nicht an die liebliche Quelle, aus der die Heilung kommt. Nein, sie denken nur, daß der cold cream, der diesen Zauber in sich birgt, auch von vielen Frau Vanderbilts und anderen vornehmen Damen benutzt wird.

Wieviel besser wäre es, wenn vor ihren müden Augen die kekken, glänzenden Goldstücke der *Hamamelis mollis* tanzen könnten, die duftige, zarte, goldgelbe Pracht dieser reizenden Pflanze!

Denn hat es jemals eine solche Unerschrockenheit, eine so entzükkende Keckheit gegeben wie die dieses Zaubernußstrauches, den man an so vielen ruhigen Mauern Englands mitten im Winter blühen sieht? Ja, sie ist sehr zu loben, unendlich hoch zu preisen, diese starke und zarte Blume! Man ist so begeistert, wenn man sie an einem dunklen Tag entdeckt und sieht, wie sie in einer verlassenen Welt unverdrossen glitzert, so herrlich munter und leuchtend golden, daß man unwillkürlich in die Hände klatschen möchte, als wollte man einer witzigen Schauspielerin applaudieren, die in einer äußerst schwierigen Situation trotzig den hübschen Kopf zurückwirft.

Niemals werde ich die Freude vergessen, die ich empfand, als ich meinen ersten Zaubernußstrauch blühen sah. Es war ein bitter kalter Tag, Anfang Februar, und ich kam gerade im Landhäuschen an, als es dunkel zu werden begann. Ich war müde und deprimiert. Das Geschäft ging schlecht. In Wallstreet war Baisse gewesen. Mein Fuß tat mir weh, und ein schneidender Nordostwind wütete. Ich will nicht behaupten, daß all diese seelischen und physischen Schmerzen vollständig durch den Anblick des Zaubernußstrauches geheilt wurden. Aber wenigstens vergaß ich sie bis zum nächsten Morgen.

Ich machte meinen gewöhnlichen Rundgang, und ausnahmsweise einmal überlegte ich, ob ich ihn nicht abkürzen sollte. Der Strauch lag am äußersten Ende der Obstgartenmauer. Es lohnte sich wohl kaum, an einem solchen Abend danach zu sehen. Schließlich hatte ich ihn wochenlang beobachtet, und er hatte noch kein Lebenszeichen gegeben. Die Knospen blieben so fest wie Gewürznelken, gleichsam wie mit einem Siegel verschlossen, das nicht vor dem Frühling aufbrechen würde.

Da sagte ich mir: «Ich darf nicht in schlechte Gewohnheiten verfallen. Wenn ich den Rundgang jetzt abkürze, werde ich ihn immer abkürzen. Ein Bann wird gebrochen werden. Es wird nie mehr so sein wie früher. Ich werde zu der entlegensten Ecke der Obstgartenmauer gehen, mir den Zaubernußstrauch ansehen, seine kahlen Zweige verfluchen und dann hineingehen und etwas trinken.»

Ich ging weiter. Und dort in der zunehmenden Dunkelheit, während der seltsam heftige Wind durch die großen Zweige der

Ulme über meinem Kopf pfiff, sah ich, daß der Zaubernußstrauch mit goldenen Sternen besät war.

Es war ein Wunder. Sicher braucht man das nicht zu betonen. Es war ein ähnliches Wunder, wie das mit dem unfruchtbaren Feigenbaum. Es war – aber wir müssen unsere Aufregung bezwingen. Es sind noch mehr Winterblumen da, die an der nächsten Ecke auf uns warten.

## Fünftes Kapitel

## MEHR WINTERBLUMEN

### I.

Selbst wenn man sich nur den Winterling, den *Chimonanthus fragrans* und den Zaubernußstrauch zulegt, wird man schon Mitte Januar eine Menge Blumen haben. Aber es würden nur gelbe Blumen sein. Wir wollen deshalb einige rosa und blaue dazunehmen.

Bestimmt würden verschiedene Heidekrautsorten die gewünschten rosafarbenen Blumen liefern, doch ist die *Erica carnea* die widerstandsfähigste und keckste. Man kann sich monatelang an dieser *Erica carnea* freuen. Sie beginnt bereits im September Andeutungen zu machen, was sie zu tun gedenkt, aber diese Zeichen sind so schwach und diskret, daß man sie nur wenig beachtet. Mit dem Fortschreiten des Herbstes schwellen die kleinen grünlichweißen Knospen immer mehr an, und Anfang Dezember wird ein leichter rosa Schimmer sichtbar. Dieser Schimmer verstärkt sich rasch, bis endlich gegen Weihnachten die winzigen Glöckchen anmutig erröten. Bis spät in den Frühling hinein behalten sie diese Farbe bei.

Diese Stauden, Winterheidekraut, sind begeisternd. Es ist, als ob sie sich über den Schnee freuen, weil er den Zauber ihrer rosafarbenen Blüten noch besser zur Geltung bringt. Sie verlangen keine Sorgfalt, sie fordern keinen Schutz. Ihr einziger Wunsch ist, daß man sie in gute fette Erde pflanzt. Recht viel Erde muß es sein. Nicht bloß eine spärliche Oberschicht auf einer harten Lehmunterlage. Tut man das für sie, so besorgen sie das übrige allein. Ich finde es so spaßig, sie ans äußerste Ende des Gartens zu pflanzen, so weit wie möglich vom Haus entfernt, um eine Ausrede zu haben, lange Wege zu machen und ihre herrlichen Farben schon von weitem schimmern zu sehen.

Es gibt natürlich noch viele andere Heidekrautsorten, die man ausprobieren kann. Aber die *Erica carnea* ist die einzige, die ich aus persönlicher Erfahrung warm empfehlen kann.

## II.

Jetzt zu den blauen Blumen. Die meisten Menschen würden ebenso erstaunt sein, wenn sie blaue Blumen mitten im Winter im Freien ohne jeglichen künstlichen Schutz finden würden, als wenn sie einen riesigen Dodo eines Tages in ihrer Badewanne fänden, der fürchterlich mit den Augen rollt und «Husch» sagt. Und doch ist es möglich.

Wenn man etwas versuchen will, was gar nicht fehlschlagen kann, tut man gut, sich einige Wurzeln der *Petasites fragrans* zu besorgen, die den hübschen Namen Winterheliotrop führt. Manche Leute rümpfen die Nase über den Winterheliotrop, weil sie behaupten, die Blüte habe eine schmutzige Farbe, und die Wurzeln hätten die abscheuliche Gewohnheit, sich bis in die Nachbargärten auszubreiten. Die Nachbarn müßten sehr dankbar sein, wenn die Wurzeln wirklich in ihren Garten dringen. Denn die Blüte hat durchaus keine schmutzige Farbe, sie ist ein wenig blaß und unscheinbar, weiter nichts. Außerdem pflanzt man Winterheliotrop nicht seiner Schönheit, sondern seines herrlichen Duftes wegen. Er hat einen ganz köstlichen Geruch. Schneidet man einige Stiele ab und stellt sie in eine Vase, so duftet das ganze Zimmer danach. Darum füge ich jedem Winterstrauß immer etwas Heliotrop hinzu.

Es gibt jedoch Blumen, die ein viel leuchtenderes Blau und schönere Blüten haben als der Winterheliotrop; diesen muß man sich als einen wesenlosen Duft vorstellen.

Das schönste Blau hat die *Iris stylosa* (oder die *Iris unguicularis*, wenn man sich sehr gebildet ausdrücken will). Diese Blume ist richtig himmelblau, hat nicht das tiefe Blau des Sommerhimmels, sondern das zarte Blaßblau eines frostigen Januartages. Die unteren Blumenblätter haben in der Mitte goldene Kleckse mit violetten Pünktchen. Ist man nicht zufrieden und will eine noch schönere Blume im Winter haben als diese, so kann man mir gestohlen bleiben.

Jedoch hat die *Iris stylosa* sonderbare Gewohnheiten. Es dauert sehr lange, ehe sie sich entschließt, ihre Sympathie zu zeigen. Sie ist wie eine temperamentvolle Primadonna. Ich kann mitreden, da ich eine dreijährige Erfahrung hinter mir habe, und diese Zeit braucht die *Iris stylosa*, um sich heimisch zu fühlen. Ich will nun einen Bericht über meine eigenen Pflanzen geben:

Erstes Jahr: Im Juni setzte ich zwanzig Pflanzen ein. Im Oktober waren bereits zwei eingegangen. Die übrigen blieben am Leben, brachten aber keine einzige Blüte hervor.

Zweites Jahr: Plötzlich, Mitte Mai, streckten mir drei Pflanzen lange blaue Zungen heraus, und zwar in der Gestalt von schönen, leibhaftigen Blumen. Es war ganz unzeitgemäß, daß sie gerade jetzt blühten. Sie schienen zu sagen: «Du hast gedacht, du würdest uns nur erlauben, im Winter zu blühen, was? Nun haben wir's dir aber gezeigt.»

Noch drei Pflanzen gingen in diesem Winter ein. Im Januar ließen sich zwei sehr kümmerliche Blüten sehen.

Drittes Jahr: Durch den ganzen Frühling und Sommer hindurch haben die übriggebliebenen Pflanzen eine gewaltige Menge Blätter angesetzt. Inzwischen hatte ich fast alle Hoffnung aufgegeben, jemals Blüten zu sehen. Doch gab mir ein Freund den nützlichen Rat, ihnen gröbere Erde zu geben und sie weniger gut zu ernähren. Darum streute ich viel Kies über die Wurzeln, weil ich das für das beste Mittel hielt, die Erde zu vergröbern, und auf diese Weise wurde auch das überflüssige Wasser aufgesogen. Ob sie sich auch ohne die Hilfe des Kieses eingebürgert hätten, weiß ich nicht. Jedenfalls wurde die erste Blüte Anfang Dezember sichtbar, und am Weihnachtstag standen alle Pflanzen in Blüte. Einige der Stengel waren tatsächlich einundzwanzig Zentimeter lang, und fast alle Blumen waren kräftige Exemplare von herrlich leuchtenden Farben.

Man soll also die *Iris stylosa* nicht grob oder unfreundlich behandeln, wenn sie zuerst den Eindruck macht, als ob sie sich keine Mühe gäbe.

# III.

Jedoch wird selbst die *Iris stylosa* durch das strahlende tiefe Blau des *Crocus imperati* an Schönheit der Farbe übertroffen. Die meisten Menschen halten den Krokus für eine spezifische Frühlingsblume. Wenn er jemals vor Anfang März blühen würde, würden sie es als ein Wunder ansehen, etwas von Sonnenflecken brummen oder sagen, man wisse überhaupt nicht mehr, woran man sei, seitdem die Atmosphäre durch das viele Radio derartig gestört würde.

Es gibt aber gewisse Sorten Krokusse, die gerade im Januar und Februar gern blühen, und Radio und Sonnenflecken haben gar nichts damit zu tun. Man sagt vielleicht: «Ist es nicht ganz gleich, ob sie im Januar oder März blühen? Die Hauptsache ist, daß sie es überhaupt tun.» Derjenige jedoch, der imstande ist, eine solche Frage zu stellen, wird dieses Buch gar nicht lesen, denn wenn man nicht das Verlangen hat, den Winter zu erobern und das ganze Jahr hindurch blühende Blumen in seinem Garten zu haben, wird man dies alles fürchterlich langweilig finden.

Wir wollen aber zum *Crocus imperati* zurückkehren. In einem gewöhnlichen Zwiebel-Katalog wird nichts über ihn stehen, obgleich einige größere Samenhandlungen ihn in ihren Listen aufführen. Wenn sie sich jedoch überhaupt herablassen, diesen Krokus zu erwähnen, dann tun sie es in einer Weise, als ob er in Ungnade gefallen wäre, und außerdem scheinen sie sich über seinen Preis nicht einig zu sein. Manche Sämereien verlangen so viel für ein Dutzend Zwiebeln wie andere für hundert, deshalb muß man sich ganz genau erkundigen, bevor man sie kauft. Aber in jedem Fall muß man sich den *Crocus imperati* besorgen. Denn es gibt nichts Lieblicheres als seinen violetten Kelch, der von lilagestreiften Blütenblättern umgeben ist. Im Januar dringt er unfehlbar durch die Erde, und selbst wenn der Himmel noch eine schmutzige, kalte, graue Decke ist, öffnet der Krokus seine heiteren, unschuldigen Blüten, wie ein Kind, das den Begriff der Gefahr nicht kennt.

Es gibt viele andere Krokussorten (Herr Darnell erwähnt über dreihundert), aber die wenigen, mit denen ich Versuche angestellt habe, erwiesen sich als ungemein schwierig und widerspenstig;

außerdem ist es fast unmöglich, sie zu einem erschwinglichen Preis zu erhalten. Die einzige Sorte, bei der ich einigermaßen Erfolg hatte, war der *Crocus Sieberi*. Aber sie blühte weder früh, noch war sie so hübsch wie die *imperati*. Erst Mitte Februar begann sie Blüten anzusetzen, und die meisten davon waren weiß.

## IV.

Wir sind nun fast mit unseren blauen Blumen zu Ende, denn ich schreibe nicht für Fachleute oder Millionäre, und es würde zu weit führen, alle die kleinen Pflanzen zu beschreiben, die in geschützten Ecken in meinem Garten verstreut sind. Ich nehme an, daß meine Leser nicht viel Geld besitzen und keinen günstigen Boden haben, auch nicht in Cornwall oder Charleston leben, sondern irgendwoanders. Und dann ist es schwer einzusehen, wie man ohne die *Daphne mezereum* existieren kann.

Diese Pflanze ist eigentlich gar nicht blau, sie hat einen rosigvioletten Farbton. Wer sie einmal hat blühen sehen, möchte sie gar nicht anders haben. Jedoch wird man sich niemals an diesem Anblick erfreuen, wenn man nicht erst tief Atem holt und folgendes auswendig lernt:

«Die *Daphne mezereum* (Seidelbast) liebt es, ihre Wurzeln im Schatten zu haben und ihren Kopf in der Sonne. Das Geheimnis, sie zu einer erfolgreichen Blüte zu bringen, besteht also darin, ihre Wurzeln tief in kühle, feuchte, aber gut gelockerte Erde zu setzen, da sie in heißem trockenem Boden gleich eingeht.»

Das ist nur allzu wahr. Ich hatte sechs Seidelbaststräucher, und nur einer ist am Leben geblieben, weil er der einzige war, den ich richtig gepflanzt hatte. Die Wurzeln lagen tief in der Erde, und ein schützender Arm immergrünen Geißblattes beschattete ihn. Die Zweige waren im Westen durch eine Mauer geschützt. Von dieser Mauer hoben sich im zweiten Jahr die leuchtenden Blüten herrlich ab. Sie begannen Ende Januar aufzublühen, und Mitte Februar waren die kahlen Zweige dicht mit Blüten besät, die einem Sternennetz glichen und so lieblich dufteten wie *Freesien*.

Aber wenn es sich um Duft handelt, so übertrifft nichts den der *Lonicera fragrantissima*, oder Geißblatt. Es ist seltsam, daß wir, immer wenn wir von Geißblatt sprechen, an die Erntezeit denken, an einen Sommerhimmel, an schwüle, von Hecken umsäumte Land-straßen, durch die hochgeladene Heuwagen taumeln. Geißblatt erinnert die meisten Menschen an Limonade und Landmädchen mit Hauben, an verdorrtes Gras und ähnliche sommerliche Dinge. Mich hingegen läßt Geißblatt stets an Eiszapfen denken. Denn lange Eiszapfen hingen an den Regentraufen herab, als ich an einem funkelnden Januarmorgen zum erstenmal mein Winter-geißblatt blühen sah. Wie verirrte Diamanten fielen die Tropfen von den Eiszapfen auf die erfrorenen elfenbeinfarbenen Blüten. Doch ließ sich die Blume nicht dadurch verdrießen. Sie schüttelte die Tropfen ab und strömte weiter ihren phantastisch süßen Duft aus. Als die Sonne hoch am Himmel stand, wurde der Duft betäu-bend.

Natürlich sind die Blüten nicht so groß wie die des Sommer-geißblattes. Ich kann nicht gelehrt über Blumenkronen, Lappen, Blattwinkel und Lippen reden. Ich kann nur sagen, daß die Blüten wunderhübsch sind und so aussehen, als ob sie sich gezankt hät-ten, weil sie sich gewöhnlich den Rücken zudrehen. Soviel ich weiß, sind sie, was den Boden anbelangt, nicht schwierig. Ich pflanzte die meinen in ganz einfache Erde, der ich etwas Sand und Lehm beigemischt hatte.

Wenn man die Blumen als Knospen pflückt, halten sie sich vier-zehn Tage lang frisch. Sie strömen einen so berauschenden Duft aus, daß man das Verlangen hat, im Hause singend und pfeifend umherzulaufen.


## V.

Langweilst du dich, lieber Leser?

Ich will es nicht hoffen, und zwar nicht meinetwegen, sondern der Blumen wegen. Selbst auf die Gefahr hin, daß man mich für verrückt hält, muß ich gestehen, daß ich immer das Gefühl habe, die Blumen wissen, was man von ihnen sagt. Sehe ich eine spille-rige Lupine, so gehe ich gern aus ihrer Hörweite, ehe ich irgend-welche abfällige Bemerkungen über sie mache. Denn wie können wir wissen, welche Qualen sie darum leidet? Es ist sicher nicht angenehmer für eine Lupine, sich mit glanzlosen fleckigen Blumenblättchen zeigen zu müssen, als für eine junge Dame, die gezwungen ist, mit einem von Pickeln entstellten Gesicht spazierenzugehen. Man sagt dann nicht: «Ach, sieh bloß das häßliche Mädchen mit dem pickeligen Gesicht an!» Warum sollte man sich also vor Blumen hinstellen und ihnen Beleidigungen an den Kopf werfen? Überdies ist das Aussehen der Blumen oft unsere eigne Schuld. Was man nicht vom Teint des Mädchens sagen kann, außer wenn sie Ihre Freundin ist und Sie sie gezwungen haben, bis in die Nacht hinein aufzubleiben.

Deshalb kann ich nur hoffen, daß ich etwas von meiner Liebe für Winterblumen durch dieses Buch auf meine Leser übertragen habe. Wenn nicht, tun Sie mir leid. Denn wir sind noch lange nicht fertig mit den Winterblumen.

Ich schreibe eine Blumen-Autobiographie, darum beschränke ich mich auf jene Blumen, die ich selbst gezogen habe. Außerdem verspreche ich, nur die einzuschließen, bei denen ich absolut garantieren kann, daß sie mitten im Winter blühen, und zwar ohne besonders sorgfältige Pflege oder außergewöhnlich geschützte Lage.

Eine dieser dankbaren Pflanzen ist die *Corylopsis spicata*. Das ist ein lieblicher Strauch mit kleinen gelben Blütengruppen, die genau wie Himmelsschlüsselchen riechen. Ich muß allerdings zugeben, daß, wenn der Winter sehr streng ist, die Blumen nicht vor März blühen. Jedoch in einem einigermaßen milden Jahr kommen sie schon Ende Januar. Die *Corylopsis spicata* liebt es sehr, recht viel Sand um ihre Wurzeln zu haben. Ich schüttete einen ganzen Sack voll um meine Pflanzen und erzielte dadurch das beste Resultat. Wenn man den gewöhnlichen Durchschnittsgärtner nach der *Corylopsis* fragt, zuckt er meistens zusammen und wendet den Blick ab, als ob man ein verbrecherisches Ansinnen an ihn gestellt hätte. Doch wenn man auf einer Antwort besteht, wird er schließlich vernünftig und verspricht, die Pflanze zu beschaffen.

Keinesfalls darf man die *Sternbergea lutea* außer acht lassen. Im Gegensatz zu den anderen von mir schon erwähnten, gehört sie zu den frühen Winterblumen, das heißt, sie blüht von Ende Oktober bis Weihnachten.

Das Volk nennt sie Winternarzisse, aber in Wirklichkeit gleicht sie eher einem großen, besonders leuchtenden Krokus. Aus diesem Grund ist es am besten, man sät sie auf Rasen und wenn es möglich ist, in der Nähe des Hauses. Aber man muß darauf achten, daß sie nicht in der Nähe von Bäumen steht, damit keine Tropfen von den Ästen auf sie fallen können. Obgleich ihre Blätter Frost ertragen und jedem Sturm standhalten (darin unterscheidet sie sich auf sonderbare Weise von dem gewöhnlichen Krokus), kann sie es nicht leiden, wenn Wasser auf sie herabtropft.

Ich habe kaum den vierten Teil der Winterblumen erwähnt, die unfehlbar jedem Blumenliebhaber Freude machen würden, aber es fehlt mir an Raum, weitere zu schildern. Zum Beispiel gibt es Unmengen Sorten von Steinbrech, von denen man bestimmt erwarten kann, daß sie ihre winzigen sternähnlichen Blüten in den dunkelsten, frostigsten Tagen hervorbringen werden. Eine Sorte kann ich aus persönlicher Erfahrung empfehlen, die *Saxifraga ciliata*, die an ein schönes, weißes Himmelsschlüsselchen erinnert. Wenn man ein wenig Glück hat, kann man sie schon am Neujahrstag pflücken. Sie wird ihrem Pfleger ihre Dankbarkeit aufs Schönste beweisen, wenn er sie bei besonders rauher Witterung mit einer Glasscheibe zudeckt.

Ich muß entschieden auch die *Forsythia intermedia* erwähnen, ein echter Winterstrauch, denn sogar in London sind seine kahlen Zweige schon Mitte Februar mit goldgelben Blüten bedeckt, während er in meinem Garten, weil er im Schutz einer Mauer steht, bereits gegen Ende Januar blüht.

Auch darf ich nicht versäumen, die *Cyclamen coum* und die *Berberis japonica* zu nennen, doch, wenn ich so fortfahre, werde ich nie ein Ende finden. Deshalb muß ich mich damit begnügen, ein paar kurze Bemerkungen über zwei der häufigsten Winterblumen zu machen: die Christrose und das Schneeglöckchen. Man findet diese beiden Blumen sehr selten in ihrer richtigen Größe oder Blütenpracht in englischen Gärten.

Gewöhnlich ist die Christrose eine kümmerliche, schmutzig aussehende Blume. Die Hälfte der Blütenblätter sind schwarz. Der Stiel ist nur zwei Zentimeter hoch. Sie sieht aus, als hätte sie einen fürchterlichen Schnupfen. Beim besten Willen kann man sich nicht für sie begeistern.

Doch habe ich selbst Christrosen gezogen, die so weiß wie Lilien waren und fünfundzwanzig Zentimeter lange Stengel hatten. Christrosen, die so schön waren, daß sie strahlenden Gardenien glichen. Einmal hatte ich eine Schale voll von so schönen Exemplaren, daß jeder sie für Orchideen hielt.

Das Geheimnis ist sehr einfach. Erstens müssen sie an sehr schattigen Plätzen gepflanzt werden, weil sie dadurch gezwungen sind, lange Stengel hervorzubringen. Am besten sind sie in einem Wäldchen, im Gebüsch oder unter dichtem Immergrün untergebracht. Zweitens muß man sie mit einer Glasglocke beschützen, die man in jedem Blumenladen kaufen kann. Manche Leute halten das für eine unerlaubte Nachhilfe, aber wenn sie das Resultat sehen könnten, würden sie ihrer Seele gern diese Sünde aufladen.

Jetzt zu den Schneeglöckchen. Die meisten Menschen sind von einer haarsträubenden Ahnungslosigkeit, was Schneeglöckchen anbelangt. Sie kaufen schwache kleine Knollen, die spät aufgehen und sich nie richtig entwickeln. Im Januar, wenn die Erde vor meinem Fenster ganz weiß ist von Schneeglöckchen, die fast so groß wie Alpenveilchen sind, habe ich oft in der Zeitung die Zuschrift irgendeiner dummen Frau veröffentlicht gefunden, daß sie drei Schneeglöckchen an einer geschützten Stelle ihres Gartens in Devonshire gepflückt habe, was doch ganz erstaunlich sei, nicht wahr? Ja, das ist es auch. Es ist erstaunlich, daß sie und ihr Redakteur solche Ignoranten sind.

Wenn man wirklich große, strahlend weiße, formvollendete Schneeglöckchen haben will, die sehr bald nach Weihnachten blühen, muß man zwei Dinge tun und eine Hauptsache nicht vergessen. Erstens muß man die Sorte *Galanthus Elwesii* nehmen. Sie ist zwar kostspieliger, aber wenn Sie so aussehen würden, lieber Leser, würden Sie auch im Wert steigen. Zweitens muß man sie wenigstens fünfzehn Zentimeter tief einpflanzen. Ich habe nicht die leiseste Ahnung, weshalb man das tun muß, aber es muß so sein. Die Hauptsache, die man nicht vergessen darf, ist, daß sie in den nächsten Jahren nicht so groß sein werden wie im ersten Jahr. Sie werden zwar auch groß sein, aber nicht so riesig wie zuerst. Sie, lieber Leser, würden auch auf Ihren Lorbeeren ruhen, wenn Sie ein so glänzendes Debüt gehabt hätten. Sie sehen, ich lasse nichts auf meine Schneeglöckchen kommen.

Wenn diese Blumen in einer Glasschale stehen, in der man ihre frischen Stengel von glitzernden Wasserbläschen umgeben sieht, wirken sie einfach bezaubernd.

Will man große Mengen Schneeglöckchen unter Bäumen haben, so gibt es viele billige Sorten. Jedoch kommen sie mindestens sechs Wochen später heraus als die *Elwesii*, und ich persönlich möchte sie gar nicht haben. Wahrscheinlich wird mich mein kostspieliger Geschmack doch noch bankrott machen. Aber ich will lieber von einem Blumenhändler bankrott gemacht werden als von einem Ballettmädchen.

## Sechstes Kapitel

# GARTENFREUNDSCHAFTEN UND
# GARTENFEINDSCHAFTEN

## I.

Anscheinend bin ich früher, als ich beabsichtigt hatte, in technische Einzelheiten geraten. Doch war es die Schuld der Winterblumen, die mich mit ihren kalten Blüten wie Eisjungfrauen verführten.

Ich muß wieder den Faden meiner Erzählung aufnehmen und weiter berichten, wie eine Wildnis allmählich mit unendlicher Mühe in einen Garten verwandelt wurde. Ich muß erzählen, wie der Steingarten entstand, wie das kleine Wäldchen angepflanzt wurde, wie das Treibhaus, das früher wie eine Art Speiseschrank aussah, eine blumige duftende Märchenwelt wurde. Bei dem bloßen Gedanken an diese Dinge möchte ich vor lauter Freude tanzen.

Jedoch, um aufrichtig zu sein, muß ich zugeben, daß die in den nächsten Kapiteln geschilderten Leistungen nicht alle meinem Verdienst allein zuzuschreiben sind. Zu manchen von ihnen wurde ich inspiriert, zu manchen angestachelt. Freunde und Verwandte haben mitgewirkt, und es ist nur gerecht, ihnen die Ehre, die ihnen gebührt, zukommen zu lassen. (Nebenbei hoffe ich, dadurch einige alte Schulden abtragen zu können.)

Wir wollen also jetzt ein paar dieser alten Gartenfreunde kennenlernen.

Durch einen Garten kann eine Freundschaft vertieft oder zerstört werden. Durch einen Garten können so manche verborgene Tugenden und unvermutete Laster ans Tageslicht kommen. Keineswegs sind alle meine Freunde Gartenliebhaber, und ich sage niemals zu meinen Gästen: «Wollen Sie sich meinen Garten ansehen?», weil jeder wirkliche Gartenliebhaber, wenn er nur einen Rasenplatz oder eine einsame Rabatte sieht, unaufgefordert bitten wird, einen Blick darauf werfen zu dürfen.

Wie sehr vermag aber ein Garten jene Freunde, die wirkliche Blumenliebhaber sind, in ihrem wahren Licht zu zeigen. Es ist, als ob ein seltsamer Glanz von den Blumen ausginge, ein Glanz, der die Gemütsbewegungen scharf beleuchtet. Ich sah diesen Glanz am allerdeutlichsten auf dem Gesicht einer älteren Dame, die ich Fräulein Hazlitt nennen werde, und ich glaube nicht zu übertreiben, wenn ich ihn göttlich nenne. Sie war die erste Dame, die in meinem Landhäuschen logierte.

## II.

Sie lag im Charing Cross Krankenhaus, als ich sie besuchte. Wir hatten uns zwölf Jahre nicht gesehen, und ich hatte es eigentlich nicht verdient, daß sie sich meiner erinnerte. Vielleicht beruhte meine Schreibfaulheit zum Teil auf einer gewissen Verlegenheit.

Fromme Leute verwirren mich, vielleicht weil sie etwas besitzen, was ich weder erreichen noch erkaufen, noch ererben kann. Aber Fräulein Hazlitt ging einem nie auf die Nerven, nicht einmal, wenn sie ihr Lieblingsthema vom «Blinden Glauben» mit ihrer süßen unschuldigen Stimme erörterte. «Wenn Sie nur *Glauben* hätten!» pflegte sie zu rufen. Einmal wurde ich ausnahmsweise ärgerlich (allerdings mehr über mich als über sie) und meinte: «Ebensogut könnten Sie sagen: ‹wenn Sie nur rotes Haar hätten oder eine Tenorstimme oder blaue Augen› – entweder man hat diese Dinge, oder man hat sie nicht – entweder glaubt man oder man glaubt nicht.» Sie schüttelte aber nur den Kopf, lächelte und legte ihre Hand auf die meine. Ich konnte ihr das nicht übelnehmen. Man kann einem Engel nichts übelnehmen.

Nur eine Heilige hätte ohne Groll die grotesken und grausigen Schicksalsschläge ertragen, die Fräulein Hazlitt in das Charing Cross Krankenhaus brachten. Sie litt seit Jahren an einer Nervenentzündung im rechten Arm. Dieser Umstand erschwerte es ihr, mit den ihr anvertrauten Kindern zu spielen. Ihre Arbeitgeber deuteten kopfschüttelnd an, daß sie vielleicht für eine Erzieherin zu alt geworden sei. Sie war sehr feinfühlig, und als der Arzt ihr sagte, sie müsse sich alle Zähne ausziehen lassen, weil die Nervenentzündung von ihnen ausgehe, kündigte sie ihre Stellung, nahm ihre geringen Ersparnisse und ließ sich sämtliche Zähne ausziehen.

Wenigstens dachte sie, daß man sie alle ausgezogen hätte. Tatsächlich jedoch war der Zahnarzt von einer wahrhaft strafbaren Unfähigkeit und ließ viele Wurzeln stehen. Fräulein Hazlitts Zustand wurde schlimmer. Ihr Geld war fast verbraucht. Nach vielen recht demütigenden Erfahrungen wurde sie in das Krankenhaus gebracht, wo ich sie später besuchte.

Sie lag in einem kleinen Zimmer, in dem außer ihr zwei Arbeiterinnen und eine junge Schwedin untergebracht waren; die letztere, die gerade aus dem Operationssaal hereingetragen worden war, sah wächsern aus und roch stark nach Äther. Draußen dröhnte unaufhörlich der Lärm des Straßenverkehrs, und der Oktoberregen peitschte gegen die Scheiben. Doch von Fräulein Hazlitts Bett schien ein Strom von Frieden und Ruhe auszugehen. Sie hatte keine Zähne, trug ein grobes rosafarbenes Nachthemd, ihr Haar war strähnig und ihr Gesicht von Schmerz verzerrt. Dabei sah sie aber glücklicher aus, als ich jemals aussehen werde.

Ich gab ihr einen kleinen Strauß Rosen, setzte mich auf einen harten Stuhl an ihr Bett und erzählte allerlei Nichtigkeiten. Damals erfuhr ich von dem letzten schrecklichen Schlag, der sie betroffen hatte. Anstatt von ihren Qualen befreit zu sein, fingen sie erst an. Die ersten Worte, die sie hörte, als sie aus der Narkose aufwachte, waren: «Ihr Mund war in einem so fürchterlichen Zustand, daß wir die Operation nicht zu Ende führen konnten. Sie werden noch eine, vielleicht sogar noch zwei durchmachen müssen.» Das bedeutete, daß sie die neue Stellung, die sich ihr durch einen glücklichen Zufall geboten hatte, nicht annehmen konnte.

Ich forderte sie auf, in mein Landhaus zu kommen, sobald sie reisefähig sei.

III.

Man mag mich sentimental, mondsüchtig nennen, wie man will, aber ich kann darauf schwören, daß die Blumen sich bei ihrer Ankunft freuten. Sie kam am 5. Oktober, und ich möchte hier zwei Notizen aus meinem Tagebuch einschalten. Die erste schrieb ich vor ihrer Ankunft:

«Heute ist das Ende der Sommerzeit, und tatsächlich spiegelt sich dieses Ereignis im Garten wider. Zu früh abgefallene Blätter wirbeln die Pfade entlang, das Grün des Grases wirkt schon düsterer, und die Farbe einiger Blumen verblaßt bereits.»

Zwei Abende später, als Fräulein Hazlitt schlafen gegangen war, schrieb ich:

«Nie habe ich einen so schönen, herrlich blühenden Rosenstrauß wie heute gepflückt, nie leuchtendere Maßliebchen. Die japanischen Anemonen sind noch prachtvoll, ebenso die Margueriten. Auch die Dahlien sind noch wunderbar, sie haben eine Menge verheißungsvoller Knospen.»

Es ist natürlich lächerlich, weil ich eine wahrheitsgetreue Chronik schreiben will, nicht eine Unterhaltung für eine Zeitschrift. Doch diese Notizen sind tatsächlich meinem Tagebuch entnommen, und der Unterschied in ihrem Ton ist einzig und allein Fräulein Hazlitt zuzuschreiben. Einzig und allein Fräulein Hazlitt.

Sie kannte die Blumen. Sie kannte sie nicht nur mit ihren volkstümlichen und lateinischen Namen, nicht bloß ihre Gattungen, Formen und Gewohnheiten, sie kannte ihre Seelen.

Es ist sehr schwer zu erklären, was ich meine, aber wenn der Leser gesehen hätte, wie sie sich über eine Winterschwertlilie beugte, würde er sofort wissen, was ich sagen will. Sie drückte die Erde um die Wurzeln der Pflanze fest, holte etwas Kies und streute ihn um sie herum, dann änderte sie die Lage des Steinblocks hinter der Pflanze, um ihr noch mehr Schutz zu geben. Alle diese Dinge hätte auch jeder Gärtner tun können, der weiß, daß die *Iris stylosa* grobes, entwässertes Erdreich in geschützter Lage braucht. Aber sie wußte noch mehr als das. In ihrer Berührung lag ein Zauber. Jedenfalls war die Schwertlilie, über die sie sich gebückt hatte, die einzige, die in jenem Winter blühte.

Den nächsten Tag nach ihrer Ankunft fühlte sich Fräulein Hazlitt wie neugeboren. Ich freute mich darüber, und doch war meine Freude durch eine gewisse Befürchtung etwas gedämpft. Ich wußte nämlich, daß, sobald sie sich kräftiger fühlte, ich ein Kreuzverhör über Religion über mich ergehen lassen mußte. Mich persönlich würde es nicht stören, ich fürchtete nur, daß ich sie dabei kränken könnte.

FRÜHLING

Drei Tage war sie schon bei mir, und meine Seele war noch nicht «gerettet». Das gefürchtete Gespräch hatte noch nicht stattgefunden. Jedesmal, wenn wir durch den Garten gingen, glaubte ich, es würde losgehen.

«Wie kann man diese Rose anschauen und nicht an Gott glauben?»

Das war meinem Gefühl nach ein Flankenangriff. Ich blickte die Rose an und sah einen riesigen Ohrwurm in ihrem Kelch.

«Oder an den Teufel?» Ich zeigte auf den Ohrwurm.

«Ja, ja, freilich!» sagte sie eifrig. «Wir müssen auch an den Teufel glauben.» (Ich wünschte, ich könnte das Mitleid und die zitternde Aufrichtigkeit in ihrer Stimme wiedergeben.) «Wir sollen an ihn glauben. Wenn wir an den Teufel glauben, sind wir schon auf halbem Wege zu Gott.» (Sie hatte eine ganz besondere Gabe, das Wort Gott auszusprechen.)

Ich knurrte und versuchte, das Thema zu wechseln. Zu meinen Füßen wuchs ein kräftiges Büschel Kreuzkraut. Ich bückte mich und riß es heraus.

«Dieses scheußliche Unkraut!» brummte ich.

«Aber Unkraut ist ja etwas Wundervolles!» rief Fräulein Hazlitt. Der Ton ihrer Stimme nahm der Bemerkung jede Spur von Albernheit und Affektiertheit. Sie sagte das in vollem Ernst und fügte hinzu: «Mein Vater hatte eine Sammlung aller in Devonshire wachsenden Unkrautsorten, die er dem Museum in Exeter schenkte. Meine Schwester Anna und ich halfen ihm beim Sammeln. Wir haben viel dabei gelernt, und es war oft recht schwer, die bestimmten Sorten zu finden. Doch manche dieser Pflanzen waren so schön, daß uns das Suchen Freude machte, und wir empfanden es als einen Vorzug, mit Vater arbeiten zu dürfen.»

Sie weigerte sich einfach, häßliche Dinge zu sehen, oder vielleicht ist es richtiger zu sagen, daß sie sie tatsächlich nicht sah. Durch ihre lange Gewohnheit, alle Dinge nur von der schönen Seite zu betrachten, waren die häßlichen wirklich unsichtbar für sie geworden. Zum Beispiel hatte man ein paar entsetzlich häßliche Wochenendhäuschen aus rotem Backstein in unserem Dorf gebaut. Als sie eines Tages von einem Spaziergang zurückkehrte, schimpfte ich auf diese Bauten.

«Ich habe sie nicht gesehen», sagte sie.

Bei jedem anderen hätte mich diese Antwort geärgert. Aber bei Fräulein Hazlitt nicht, denn ich wußte, sie sprach die Wahrheit.

## V.

Zahnschmerzen!

Dieses groteske und würdelose Leiden war die Ursache der kleinen Predigt, die nicht zu vermeiden war.

Ich will gar nicht erst den Versuch machen, diese Predigt wiederzugeben. Selbst wenn ich mich noch ihres Wortlauts erinnerte, würde sie dumm klingen. Vielleicht würde sie auch tatsächlich dumm sein, wenn sie des sanften Klanges der Stimme von Fräulein Hazlitt beraubt wäre. Doch waren Worte darin, die man niederschreiben kann, ohne daß sie verlieren, denn in ihrer Schlichtheit schienen sie eine Herausforderung der ganzen Welt, in der ich lebte, zu enthalten, und vielleicht gilt diese Herausforderung auch Ihnen, lieber Leser.

Wir hatten geplaudert ... stundenlang ... Worte gesprochen, die Echos hervorriefen und erstarben ... sie schienen nichts zu bedeuten. Die Lampe flackerte. Auf der einen Seite waren Krankheit, Armut und Glaube – auf der anderen Gesundheit, Reichtum und –

Ich sagte verzweifelt zu ihr: «Aber, als Sie nach der Operation zu sich kamen, als Sie aufwachten, in jenen entsetzlichen Qualen, und man sich über Sie beugte und sagte: ‹Es tut uns sehr leid, aber Sie müssen das noch einmal durchmachen.› –»

«Ja?»

«Als man Ihnen sagte, daß diese ganze Qual von neuem beginnen würde –»

«Ach, ich war so *dankbar*!»

Mit diesen unerwarteten Worten unterbrach sie mich. Sie saß vorgebeugt, und ihre Hände waren krampfhaft ineinander gefaltet.

«*Was* – waren Sie?» sagte ich ganz verblüfft. Ich glaubte, ich hätte sie nicht verstanden.

«Ach, Sie *müssen* mich begreifen. Ich war so dankbar!»

«Daß Sie noch einmal diese Tortur durchmachen sollten? Diese ganze grauenhafte Geschichte?»

«Ja – ja! Weil ich wußte, daß Christus mich auf die Probe stellte – weil –»

## VI.

Meine Feder versagt. Es gibt Dinge, die nicht wiedergegeben werden können. Jedenfalls fehlt mir diese Gabe. Vielleicht ist es auch gut so. Denn das Zeichen des Kreuzes ist ein Zeichen, dem niemand widerstehen kann ... läßt man sein Licht über irgendeine Buchseite leuchten, ganz gleich, ob es eine weltliche oder religiöse sei, so wird der Verfasser auf die Jagd nach einer Fata Morgana geführt, dazu gedrängt, die geheimen Winkel seiner Seele zu erforschen, hineinzurufen in das Dunkel, das um ihn herrscht, und Zeugen für die Anklage oder die Verteidigung zu verlangen.

Aber ich darf nicht vergessen, daß das Buch von Gärten handelt.

Jedoch, ehe ich diese Episode schließe, möchte ich von einem kleinen Vorfall berichten, zu dem sie Veranlassung gab. Dieser Vorfall stört allerdings die chronologische Reihenfolge, aber der Leser wird das entschuldigen, weil es den Ministerpräsidenten, Herrn Ramsay MacDonald, betrifft.

Ich war bei einer entzückenden Dame zu Mittag eingeladen, die, wenn sie auch nicht bei dem Stapellauf von tausend Schiffen gewesen ist, doch mit großer Anmut tausend Ausstellungen eröffnet hat. Als Ehrengast war der Ministerpräsident dort.

Man hatte in großen Gläsern Cognac gereicht. Es war draußen sehr kalt. Jedenfalls habe ich nie viel Selbstbeherrschung besessen, und darum erzählte ich Herrn MacDonald, was Fräulein Hazlitt mir gesagt hatte, nämlich wie dankbar sie gewesen sei, eine Zahnoperation zum zweitenmal durchmachen zu dürfen.

Ich erinnere mich ganz deutlich der Szene. Alles um mich war rot und weiß. Rote Gläser auf dem Tisch, leuchtend rote Rosen, ein schöner roter Hut auf dem Kopf meiner Wirtin und viele rote Frauenlippen, die Treibhaushimbeeren aßen.

Weiße Wände, ein weißes Tischtuch, weiße Sahne, die die Diener aus Kännchen gossen, und die weißen Hände und das weiße Gesicht des Ministerpräsidenten, der sehr abgespannt aussah.

Ich hatte ihm diese Geschichte erzählt, genauso wie ich sie dem Leser erzählt habe.

«Blinder Glaube!»

Er sagte diese Worte mit so seltsam dröhnender Stimme und stieß einen so tiefen Seufzer dabei aus, daß alle anderen Gäste verstummten.

*«Blinder Glaube»*, wiederholte er. Dann wandte er sich um und starrte mich mit Augen an, in denen eine unsägliche Traurigkeit lag. Welche Erinnerungen hatten diese Worte in ihm erweckt? Welche Bedeutung legte er ihnen bei? Dachte er an seine guten Gefährten, jene stürmischen Männer, die in diesem Augenblick mit peinlicher Klarheit eine ähnliche Lehre verkündeten? Eine Lehre wirtschaftlicher Rettung ohne die entsprechende Notwendigkeit, sie durch Werke zu erringen? Ein Glaubensbekenntnis des Ausgebens ohne die begleitende Mahnung zur Sparsamkeit?

Ich weiß es nicht. Alles, was ich weiß, ist, daß er mich anstarrte und sagte:

«Tot! Das ist es. – Ihre Lehre des blinden Glaubens – ist tot!»

Und er nahm ein Glas Wasser und trank es aus.


## VII.

Der religiöse Streit endete auf irgendeine Weise. Wer blieb Sieger? Ich weiß es nicht. Es tut auch nichts zur Sache. Alles, was ich weiß, ist, daß Fräulein Hazlitt während ihres ganzen Besuches ein reizender Gast war, der viel mehr über Blumen wußte, als ich jemals wissen werde.

Unsere Spaziergänge waren herrlich. Sie pflegte dabei ruhig, aber anregend von den Dingen um sie herum zu plaudern, und oft kamen wunderbare Worte aus ihrem Mund. Wenigstens kamen sie mir wunderbar vor, wenn sie in den stillen herbstlichen Heckengängen widerhallten. So kamen wir einmal an einem Heckenweg vorbei, der von Hagebutten ganz feurigrot war. Sie blieb stehen und sah sie mit leuchtenden Blicken an.

«Ein harter Winter!» sagte sie und legte ihre Hand auf meinen Arm. «Immer, wenn ich die roten Beeren in solcher Fülle sehe, weiß ich, daß uns ein harter Winter bevorsteht, und ich bin so dankbar für die Fürsorge des himmlischen Vaters für die Vögel –»

Es gibt eine Menge Argumente gegen diese Behauptung – botanische sowie barometrische und ornithologische. Und doch stimmt man zu. Oder vielmehr man möchte ihr von ganzer Seele beistimmen, denn der Geist, der sie inspiriert, gibt der Natur ein neues und schöneres Gepräge.


## VIII.


An einen Spaziergang erinnere ich mich besonders. Es war an dem letzten Tage vor Fräulein Hazlitts Abreise. Ich hatte das Gefühl, als ob sie mir ihr Bestes geben wollte, so viele Geheimnisse enthüllte sie, so viele leuchtende winzige Blüten entdeckte sie, die verborgen in einer ganz gewöhnlichen Hecke zitterten.

Nichts konnte ihre Laune verderben. Es begann zu regnen, und wir wurden gezwungen, Schutz zu suchen. Ich verfluchte den Regen. «Aber nicht doch», sagte sie. «Sie dürfen nicht auf den Regen schimpfen. Sehen Sie, wie schön seine blinkenden Speere sind, wenn sie durch die windgepeitschten Weiden dringen. Und schauen Sie, wie die Blätter glitzern, wie Diamanten in der Sonne. Außerdem wird es ja bald aufhören zu regnen.» Kaum hatte sie die letzten Worte ausgesprochen, als der Regen wirklich nachließ und wir wieder weitergehen konnten über Wiesen, die durch das Bad heller schimmerten. Sie erinnerte mich an so manches, was ich vergessen hatte. Hier war der «Rosenschwamm», wie der Volksmund sagt, eine jener karminroten, daunigen Kugeln, die irgendein sonderbares Insekt in verborgenen Zweigen der Heckenrose webt. Dort war ein Büschel Ebereschenbeeren, und sie erzählte mir von einem alten Rezept für Ebereschenwein.

Dann entdeckte sie plötzlich in einer geschützten Ecke eine einsame, verspätete rote Bibernell.

«Sehen Sie mal!»

Ich blickte hin. Es fiel mir keine andere Erwiderung ein, als daß es eine recht verspätete Bibernell sei.

«Aber kennen Sie die Geschichte nicht?»

«Welche Geschichte?»

Sie lachte. «Natürlich braucht sie nicht wahr zu sein aber ich glaube gern daran. Haben Sie nicht *Gerards Kräuterbuch* gelesen?»

«Ja, aber –» Ich wollte wissen, was für ein Geheimnis dahintersteckte.

«Ich kann es auswendig!» Es war eine Freude, ihren Eifer zu beobachten. – «Hören Sie zu –»

Voll Bewunderung und Erstaunen hörte ich jetzt, wie sie, ohne sich einmal zu irren, eine lange Stelle aus diesem herrlichen Buch zitierte, das zum erstenmal vor dreihundert Jahren veröffentlicht worden war. Falls es einer meiner Leser nicht kennen sollte, gebe ich die Stelle hier wieder, die Fräulein Hazlitt in der ursprünglichen Fassung aufsagte:

«Die Bibernell ähnelt der Sternmiere, ihre Stiele sind viereckig und ziehen sich an der Erde entlang, sie hat breite Blätter, von denen zarte Ranken ausgehen, die kleine, violette, ins Rötliche spielende Blüten tragen.

Die weibliche Blüte der Bibernell unterscheidet sich von der männlichen nur in der Farbe. Die erstere hat rötliche, die männliche Blüte dagegen einen leuchtend blauen Farbenton. Darin allein liegt der Unterschied.

Sie blühen im Sommer und besonders im August, zu der Zeit, in der die Bauern ihre Ernte einbringen. Ehe sie damit beginnen, betrachten sie die Blüten der Bibernell, um zu wissen, wie das Wetter am nächsten Tag sein wird. Sind die Blüten geschlossen, so sind Regen und schlechtes Wetter zu erwarten, sind sie hingegen weit geöffnet, wird das Wetter schön sein.»

Hier hielt Fräulein Hazlitt einen Augenblick inne. «Sehen Sie?» sagte sie. «Sie sind weit geöffnet. Das bedeutet schönes Wetter.»

«Bitte fahren Sie fort – fahren Sie bitte fort. Das ist das Reizendste, was ich je gehört habe.»

Sie zitierte weiter:

«Beide Arten der Bibernell besitzen die Fähigkeit, ohne Brennen oder Hitze zu erzeugen, eine Wunde zu heilen, und haben die Gabe, Splitter und ähnliche Dinge, die sich ins Fleisch gebohrt haben, herauszuziehen.»

Wieder schwieg sie.

«Ist das alles?»

«Nein.»

«Nun?» Ich hatte keine Ahnung, warum sie so vergnügt mit den Augen zwinkerte und weshalb ein so seltsames Lächeln über ihr Gesicht glitt.

«Nein, das ist noch nicht alles», wiederholte sie. «Das Wundervollste der Geschichte kommt zum Schluß. Über Zahnschmerzen. Hören Sie zu!»

Sie ergriff meinen Arm und fuhr fort:

«Wenn man den Saft der Bibernell durch die Nasenlöcher hochzieht, vor allem aber durch das entgegengesetzte Nasenloch, wird man von Zahnschmerzen befreit.»

«Ach, das ist aber unheimlich!» rief ich. «Die Bibernell heilt Zahnschmerzen? Das ist zu schön, um wahr zu sein.»

Sie bückte sich und strich liebkosend über die Bibernell, als wollte sie etwas Heilendes in den kleinen roten Blumen finden.

«Sie müssen sofort etwas davon in Ihre Nasenlöcher tun!» verlangte ich.

Sie wandte sich um und sah mich ernst an. «Vor allem in das entgegengesetzte Nasenloch», meinte sie.

Wir lachten beide herzlich.

Wir nahmen die kleine Bibernell mit nach Hause. Ich weiß nicht, ob Fräulein Hazlitt davon etwas in ihre Nase träufelte, aber als sie mich am nächsten Tag verließ, waren ihre Zahnschmerzen geheilt.

Gott segne sie!

## IX.

Vom streng literarischen Standpunkt aus bin ich augenblicklich etwas ärgerlich auf Fräulein Hazlitt, weil sie fast ein Kapitel in Anspruch genommen hat, und ich wollte doch weiterkommen.

Denn der Garten wartet noch immer.

Das Wäldchen – das Treibhaus, der Steingarten, sind noch immer nicht geschildert worden. Aber es ist nicht meine Schuld. Etwas hält mich immer davon ab. Bald ist es ein Zweig Winterjasmin, der mich verlockt, seinen goldenen Sternen nachzujagen, bald kommt Fräulein Hazlitt mit ihrem ruhigen Lächeln dazwischen. Jetzt aber hoffe ich wirklich, zur Sache zu kommen, praktische Winke zu geben und die furchtbarsten Fehlschläge einzugestehen (diese letzteren werde ich allerdings in einem etwas hochmütigen Ton beichten, da sie einer so weit zurückliegenden Epoche angehören). Aber zuerst muß ich wieder von Frau M. sprechen, die in diesem Buche eine ziemlich große Rolle spielt und deren zweiten Auftritt ich nun vorbereitet habe.

Frau M.s Besitztum liegt keine hundert Kilometer von dem meinen entfernt, aber ob nördlich, südlich, östlich oder westlich, will ich lieber nicht sagen.

Sie ist die einzige Gartenbesitzerin unter meinen Bekannten, die mich niemals, auch nicht einen Augenblick, an Ruth Draper erinnert. (Ich bitte um Entschuldigung, daß ich den Namen dieser Dame erwähne, aber ich muß ihn früher oder später doch nennen.) Niemals sagt Frau M., wenn sie an einer Rabatte entlanggeht: «Das hätten Sie sechs Wochen früher sehen müssen, da war der Goldlack eine wahre Pracht, nicht wahr, Ada, war es nicht eine wahre Pracht? Ich sage Ihnen, Unmengen hatten wir.» Frau M. ruft auch nicht vor einer Gruppe kläglich aussehender Schößlinge aus: «Ich weiß tatsächlich nicht, was Sie über diese Dahlien gesagt hätten, wenn Sie erst nächsten Monat gekommen wären, was hätte er bloß über die Dahlien gesagt, Ada? Jeder ist sprachlos darüber!»

Nein, das würde Frau M. nicht tun. Ich habe versucht, ihren Garten dabei zu ertappen, daß er mal nicht auf der Höhe ist, aber nie ist es mir gelungen. Anscheinend komme ich immer, wenn alles auf das Prächtigste steht. Ich habe das Gefühl, daß, sobald mein Auto vor ihrer Tür hält, die Levkojen sich in ihrer schönsten Farbenpracht zeigen, die letzten Lilien ihre duftenden Lippen öffnen, die letzte Rosenknospe gerade ihre Jungfräulichkeit abstreift und in ihrer ganzen reifen Schönheit im Südwind prangt. Jedesmal, wenn ich Frau M. besuche, ist alles vollendet schön. Bliebe ich etwas länger, bis die Dämmerung niedergeht, so könnte ich vielleicht eine Müdigkeit an den Lilien wahrnehmen, die Levkojen könnten womöglich die Köpfe hängen lassen und ich könnte das Echo fallender Rosenblätter auf dem harten Pflaster vernehmen. Aber ich kann nie lange bei Frau M. bleiben. Sie ärgert mich zu sehr.

Sie ist verdammt tüchtig. Sie gibt fast gar nichts für ihren Garten aus und erzielt erstaunliche Resultate. Ihr Rittersporn ist eine wahre Pracht. «Alles aus einem Paketchen für einen Penny», säuselt sie. Man geht an einer Böschung vorbei, die von den goldenen Blüten des Ginsters förmlich lodert. «Alles aus einem Päckchen Samen, das ich vor Jahren für einen Schilling kaufte», erklärte sie. Ihr Steingarten gleicht einem Teppich purpurner Alpenveilchen. Auf den Hügeln vor Rom wachsen sie in so verschwenderischer Fülle, daß die kleinen Jungen ganze Büschel davon in ihre Fahrradtaschen stopfen, so wie unsere Jungen ihre Taschen mit Glockenblumen füllen. «Alles aus ein paar Wurzeln, die ich auf meiner italienischen Reise voriges Jahr in meinen Handkoffer stopfte», murmelte sie.

Man ist überzeugt, daß ihre Fahrkarte nach Italien nur zehn Schillinge gekostet hat, daß sie einen Guardi oder einen Bronzino für ein paar Lire erstanden hat und für eine ganze Zimmerflucht bloß zweiundeinhalb Schilling die Nacht bezahlte.

Sie tyrannisiert einen förmlich. Als sie mich zum erstenmal besuchte, rief sie: «Ach, Sie müssen unbedingt eine Lavendelhecke haben! Warum haben Sie keine Lavendelhecke? Ich sehe auch keine roten Lupinen. Sie müssen rote Lupinen haben. Sie sind so leicht zu ziehen. Ich habe Unmassen davon. Ich werde Ihnen etwas Samen schicken.»

Wenn sie es tut, werfe ich ihn auf den Misthaufen, der Teufel soll sie holen.

«Wo haben Sie diese Sonnenröschen her?»

Da ich ein Kompliment witterte, erzählte ich es ihr.

«Was haben Sie dafür bezahlt?»

Auch das sagte ich.

«Aber das ist ja unerhört!» Voll Verachtung bohrte sie ihren Regenschirm mitten in meine schönste Staude hinein. «Das ist ja Wucher! Nicht den vierten Teil hätten Sie dafür bezahlen dürfen. Warum kaufen Sie denn überhaupt diese Pflanzen, da Sie Unmengen davon aus Sandringham holen können?»

«Aber Sandringham liegt ungefähr hundert Kilometer von hier entfernt.»

«Sie haben doch ein Auto, nicht wahr? Sie brauchen nur einen kleinen Spaten und eine Hacke mitzunehmen und Sie können sich so viele Sonnenröschen ausgraben, daß Sie Ihren ganzen Garten damit füllen können.»

«Eines Tages wird die Königin Sie ertappen und Sie kommen in den Tower», bemerkte ich boshaft.

Worauf sie zu meiner Empörung in ein lautes, schrilles Gelächter ausbrach und rief: «Nein, wie komisch Sie sind! Das müssen Sie wirklich niederschreiben!»

Nun, ich habe es niedergeschrieben, aber nicht so, wie sie es erwartete.

Was mich an Frau M. am meisten ärgert, ist, daß sie schließlich doch immer recht behält. Als ich meinen kleinen Wintergarten anlegte, ging sie darin umher, schüttelte den Kopf und sagte schadenfroh: «Ach, das wird hier nichts, das wäre vielleicht in Cornwall möglich, aber hier nicht.»

«Was wird nicht?» fragte ich. Sie reizt einen dazu, so dumme Fragen zu stellen.

Natürlich ist auch wirklich nichts aus den Pflanzen geworden, vor denen sie mich gewarnt hatte. Aber ich habe das Gefühl, daß sie darum nicht gediehen, weil Frau M. einen bösen Blick darauf geworfen hatte. Ihr Blick war wie ein Meltau, der alles, was er berührte, tötete.

Kurz gesagt: Frau M. ist eine Hexe. So viel steht fest.

## Siebentes Kapitel

# WIE MAN EINEN STEINGARTEN
# NICHT ANLEGEN SOLL

I.

Jetzt haben wir lange genug die Zeit mit Fräulein Hazlitt und Frau M. vertrödelt. Aber es war eigentlich keine Zeitvergeudung, da ich nur durch Frau M.s ansporenden Einfluß dazu gebracht wurde, mein erstes großes Experiment zu wagen, den Steingarten.

Mit «meinem ersten großen Experiment» meine ich meine erste richtige Aufbauarbeit. Ich hatte schon gejätet und gepflanzt, aber noch nicht gebaut oder ausgegraben oder irgend etwas an der Landschaft geändert. Jetzt sollte ich aber eine ganze Menge auf diesem Gebiet leisten.

Als ich zuerst zu meinem Landhäuschen kam, war ich entschlossen, keinen Steingarten anzulegen. Erstens schien kein geeigneter Platz dafür vorhanden zu sein, zweitens aber, und das war der Hauptgrund, hatte ich in meiner Unwissenheit nicht sehr viel für Steingärten übrig.

Es fehlte mir eben an «Steingartenverstand». Bis vor kurzem erinnerten mich Steingärten stets an jene grauenhaften Gebilde, die man an der englischen Riviera sieht, an jene öden, feuchten Steinhaufen, die die Wege einsäumen und auf denen einige kränkliche Palmen brüten, während ein endloser Zug von Kindermädchen mit Kinderwagen vorbeidefiliert, in denen ungezogene Kinder brummig vor sich hinstieren und sabbern.

Steingärten sind anscheinend das Monopol schriftstellernder Gartenamateure, die einen fortwährend ermahnen, den Steinbrech in Ordnung zu halten und Schnecken zu entfernen. Kurz, ich hatte die unerquicklichsten Erinnerungen an Steingärten, und wie gesagt, verdanke ich es nur einem Zufall, daß ich überhaupt zu einem gekommen bin.

Das ist folgendermaßen geschehen: Der erste Sommer, den ich in meinem Landhäuschen verbrachte, war ungewöhnlich trocken. Tag für Tag blickte man zu einem unerbittlich blauen Himmel empor und flehte um Regen. Aber es kam keiner. Unheimliche Risse klafften in den Rabatten. Die Rosen ließen ihre erhitzten, matten Köpfe hängen. Selbst die Stiefmütterchen streckten ihre violetten Zungen über die ausgedörrte Erde und flehten um Erbarmen.

Mehrere sorgenvolle Wochen hindurch lief ich in der Nachbarschaft auf der Suche nach Wasser umher. In einem ziemlich entfernten Feld fand sich ein Teich, der oft in der Dämmerung, sobald man den Besitzer im Wirtshaus wußte, überfallen wurde. Von einigen Freunden begleitet, die gerade bei mir zu Besuch waren, unternahm ich so manche verstohlene Expedition nach dem Teich. Wie aufregend klang das Glucksen des Wassers, wenn man die Eimer in den kühlen Schlamm tauchte! Wie köstlich war die glatte, glitzernde Fläche des Wassers, wenn man es in die durstige Tonne des Treibhauses goß! Bis spät in die Nacht arbeiteten wir, während der Schweiß uns von der Stirn lief. Schweigend eilten wir über die Felder und fluchten leise, wenn die Eimer indiskret klapperten, wir dachten dabei immer an die verdorrten, sterbenden Wurzeln, denen wir bald Rettung bringen würden.

Sehr hübsch und abenteuerlich, wird man sagen! Aber auch sehr unbequem. Nachdem wir ein paar Abende so umhergelaufen waren, wie Jungen, die einen Streich vollführen, fingen wir an, es langweilig zu finden, und kamen zu dem Entschluß, daß es wirklich viel angenehmer sei, wie zivilisierte Menschen zu Hause zu bleiben, Bridge zu spielen und Cognac zu trinken. Wir beschlossen deshalb, als wir in etwas verdrießlicher Stimmung um Mitternacht den letzten Eimer fortstellten, daß das Wasserproblem durch das Anlegen eines Teiches gelöst werden müsse.


II.


Die Anlage dieses Teiches führte auf Umwegen, die bald näher geschildert werden sollen, zur Schöpfung des Steingartens. Zuerst jedoch muß ich bemerken, daß die Episode des Teiches die einzige Gelegenheit war, bei der ich über meinen Vater triumphierte. *Ich* sagte, daß, wenn man ein sehr tiefes Loch in die Erde bohre, schließlich ein Teich sich in dem Loch niederlassen würde. *Er* sagte, daß kein Teich kommen würde, da die Erde zusammenfallen und das Wasser weglaufen würde. Nun, die Erde fiel nicht zusammen und das Wasser lief nicht fort. Im Gegenteil, das Wasser stieg so schnell, daß wir Laufgräben machen mußten, damit nicht der ganze Garten überschwemmt würde. Aber das ist wieder eine andere Frage. Tatsache ist, daß ich mit dem Anlegen des Teiches recht hatte und mein Vater unrecht. Er geht jetzt nie daran vorbei, ohne die Nase etwas zu rümpfen und einen Laut auszustoßen, der wie ein verächtliches «Pah!» klingt.

Der Teich wurde von einem jungen Mann aus einem benachbarten Dorf gegraben. Es ging das Gerücht, daß er sehr faul sei und daß man ihn ständig beaufsichtigen müsse, wenn man etwas von ihm geleistet haben wolle. So mußte ich fortwährend in den Garten laufen und über die Hecke nach ihm spähen, in der trügerischen Hoffnung, daß meine Ehrfurcht gebietende Anwesenheit ihn zu größerem Fleiß anstacheln würde. Unglücklicherweise jedoch übte meine Gegenwart gerade die entgegengesetzte Wirkung aus, weil er eine beinahe krankhafte Zuneigung zu mir gefaßt hatte. Sowie er merkte, daß ich ihn mit strengem Blick beobachtete, legte er den Spaten hin, verschränkte die Arme und verfiel in eine Art Ekstase. Je strenger mein Gesichtsausdruck wurde, um so faszinierender schien er ihn zu finden.

«Sie haben immer ein so freundliches Lächeln für einen armen Kerl, gnädiger Herr», flötete er, oder irgend etwas Ähnliches. Von Bekannten hörte ich, daß diese Zuneigung echt sei und daß er zum Ärger seiner Frau ständig mein Loblied sänge. Darum hielt ich es für praktischer, meine Beaufsichtigung aufzugeben und mich auf die Fernwirkung seiner Zuneigung zu verlassen.

Bevor der Teich eine halbwegs brauchbare Tiefe hatte, mußte ich nach London zurückkehren. Erst nach vier Wochen konnte ich wieder nach Wegscheide fahren. Man kann sich meine Überraschung vorstellen, als ich über das Feld eilte und entdeckte, daß ich inzwischen nicht nur in den Besitz eines Teiches, sondern auch eines Berges gekommen war. Dieser Berg ragte in bedrohlicher Weise über den Teich empor. Ich hatte bisher nicht daran gedacht, daß, wenn man ein großes Loch gräbt, die daraus entfernte Erde im selben Verhältnis ansteigt, wie das Loch tiefer wird. Aber jetzt kam mir diese Wahrheit sehr deutlich zum Bewußtsein, und sie war mir nicht sehr sympathisch.

Es war mir aufgefallen, daß Frau M. stets in allen kritischen Momenten meines Landlebens auftauchte, und kaum hatte ich jetzt den Berg erblickt und überlegte, wohin ich ihn in aller Welt schaffen könnte, als Schritte an der anderen Seite der Hecke mir ihre Gegenwart verrieten.

«Ach, guten Abend! Sie wollen wohl einen Aufstieg auf den Montblanc unternehmen, wie? Ha, ha, ha!»

Ich drehte mich um und sagte in ablehnendem Ton: «Guten Abend.» Dann wandte ich ihr den Rücken und nahm einen Zettel aus meiner Tasche und tat so, als ob ich Notizen machte. Ich hatte im Grunde genommen keine Notizen zu machen und schrieb darum nur immer wieder das Wort «William» auf. Aber ich tat es sehr energisch und runzelte die Stirn dabei, in der Hoffnung, daß Frau M. weitergehen würde.

Aber sie ging nicht weiter. Im Gegenteil. Sie schlüpfte jetzt tatsächlich mit solcher Selbstverständlichkeit durch die Hecke, als ob ich sie dazu aufgefordert hätte. Wieder schrieb ich «William», diesmal sehr eilig, und faltete den Zettel zusammen.

Neugierig starrte sie darauf. «Sie machen sich wohl wichtige Notizen?»

Ich schüttelte den Kopf und lächelte.

Enttäuscht lachte sie krampfhaft auf. Dann sagte sie sehr herzlich: «Sie werden eine ganz hübsche Arbeit haben, diesen Haufen Erde wegschaffen zu lassen, wie?»

«Wegschaffen?»

«Nun, Sie können ihn doch nicht so stehenlassen!»

«So natürlich nicht.» Meine Gedanken arbeiteten fieberhaft, um irgendeinen halbwegs vernünftigen Grund zu finden, diese Erde hier liegenzulassen. Ich hatte bei Frau M. nun einmal den Eindruck erweckt, daß ich die Erde nicht wegschaffen lassen wollte, und ich war entschlossen, jetzt auch dabei zu bleiben.

Plötzlich hatte ich eine Inspiration. «Das hier», platzte ich heraus, «ist der Anfang meines Steingartens.»

Und er war es.

Frau M. starrte mich mit unverhohlenem Mißtrauen an.

«Steingarten!» rief sie. «Was meinen Sie? Steingarten?»

«Mit Steingarten», erwiderte ich, «meine ich einen Garten, der eine Menge Steine enthält.»

«Aber Sie haben ja keine Steine.»

«Noch nicht – nein.»

«Woher wollen Sie sie nehmen?»

Ich hatte nicht die geringste Ahnung, woher ich sie nehmen würde, aber ich sagte mit Grabesstimme: «Sie werden gleich kommen», als ob der Himmel jeden Augenblick seine Schleusen auftun und eine ganze Kaskade von Steinen herabregnen lassen würde.

«Ja, aber woher?»

«Aus Yorkshire.» Teils sagte ich das aufs Geratewohl, und teils, weil ich mich erinnerte, irgendwo von einem Mann gelesen zu haben, der einen Steinbruch in Yorkshire hatte, aus dem er Steine versandte.

Frau M. grinste wieder und sagte: «Das wird Sie ein schönes Stück Geld kosten.» Ich hörte schon aus ihrer Stimme den blassen Neid. Sie schwang ihr Netz hin und her und starrte auf meinen Berg. Dann fuhr sie fort:

«Aber Sie beabsichtigen doch nicht, Ihre Steine in diesen Erd-haufen zu stopfen?»

«Stopfen? Nein, das natürlich nicht.»

«Nun, also werfen. Sie müssen doch irgendeinen Plan haben.»

«Den habe ich auch.»

«Und welchen?»

«Er wird für mich entworfen!» antwortete ich wichtig.

«Von wem?»

Es fiel mir gerade niemand anders ein als Sir Edwin Lutyens, der Architekt, der Delhi erbaut hatte. Darum sagte ich nur: «Sie werden sich erkälten, gnädige Frau, wenn Sie länger in dem feuchten Gras stehen.»

Ich freue mich, berichten zu können, daß sie sich tatsächlich erkältet hat.

## IV.

Auf diese Weise wurde ich gezwungen, einen Steingarten anzulegen. Ich verbrachte eine schlaflose Nacht mit Selbstvorwürfen, daß ich mich so leicht von Frau M. aus dem Gleichgewicht bringen ließ. Aber als ich am nächsten Morgen den Teich und den dazugehörigen Berg wieder besichtigte, erschien mir der Gedanke nicht mehr ganz so schlimm. Der Bauplatz war nicht ungeeignet. Eine sanft abfallende Böschung führte zu dem Teich hinunter, der von den zwei grünen Armen einer Hecke umgeben war. Am Teich ragte der Berg empor, den man nur etwas plattzudrücken und ein wenig zu formen, mit einigen geschickt angebrachten Rosen zu schmücken brauchte, um ihn in einen Steingarten zu verwandeln.

So einfach stellte ich mir die Sache vor.

Ich bestellte die Steine. Man sagte mir, daß es viel vorteilhafter wäre, einen ganzen Waggon zu bestellen, der ungefähr acht Tonnen enthielt. Es schien mir reichlich viel, besonders da sie von weither kommen mußten. Jedoch wurde mir versichert, daß «weniger zu bestellen viel teurer kommen würde». Diesem kaufmännischen Prinzip muß man meistens mit Mißtrauen begegnen, da man oft die bittere Erfahrung macht, daß es z. B. durchaus nicht billiger ist, zehn Meter Seide für einen Schlafanzug zu bestellen, wenn nur drei Meter nötig sind, oder eine Riesenflasche Haaröl für zwanzig Schilling zu kaufen, wenn eine kleinere für drei Schilling denselben Zweck erfüllt; denn meistens kann man zum Schluß die Seide nicht mehr sehen, und das Öl wird ranzig. Doch war es nicht anzunehmen, daß die Steine verderben würden. Außerdem hatte ich immer das höhnische Gesicht Frau M.s vor Augen, die nicht glauben wollte, daß ich überhaupt Steine bestellt hätte.

Einige Tage später jedoch hatte sie allen Grund, es zu glauben, denn sie mußte einen Umweg von acht Kilometern mit ihrem Auto machen, weil die Straße vor meinem Landhaus durch einen Berg allerbester verwitterter Yorkshire-Steine blockiert war. Sie glaubte es noch mehr, als sie entdeckte, daß ihr Gartenarbeiter sie heimlich verlassen hatte, um den doppelten Lohn bei mir zu verdienen, wenn er meine Steine über das Feld trägt. Er hat sie mit solchem Eifer getragen, daß er sich einen Bruch zuzog und drei Wochen zu Bett liegen mußte.

Endlich aber war die Arbeit geschafft. Alle Steine waren glücklich auf meinem Berg untergebracht, die großen unten, die kleineren oben. Wenn ich auf dieses Abenteuer zurückblicke, so kann ich es kaum fassen, daß ich so dumm und optimistisch gewesen bin, mir einzubilden, daß man auf diese Weise einen Steingarten anlegen könne, ohne vorher einen Plan gemacht oder den Boden zweckentsprechend bearbeitet zu haben. Und doch bildete ich mir das ein, bis ich das Resultat sah. Dann wurde mir klar, daß ich einen großen und sehr kostspieligen Irrtum begangen hatte.

Das Ding war schaurig. Es paßte ganz und gar nicht zu der ruhigen und romantischen Schönheit meines Gartens. Ich versuchte, meinen verunglückten Steingarten auf die verschiedenste Art und Weise zu betrachten, mit halb geschlossenen Augen, mit schief gehaltenem Kopf, vor und nach einem Cocktail. Nach dem Cocktail sah er aber viel schlimmer aus, ein Beweis, daß Alkohol den ästhetischen Sinn anregt. Keine noch so intensiv angewandte Autosuggestion konnte mich überreden, daß das Gebilde mir gefiel.

Er erinnerte mich an einen jener Biskuit-Puddings, den man mit Vanillesauce übergießt und mit Mandeln spickt, bis er wie irgendein furchtbares Ungetüm aussieht, das aus den Tiefen des Meeres aufgestiegen ist. Der Steingarten war vollständig formlos und so steil, daß bereits Anzeichen vorlagen, das Ganze würde bei dem kleinsten Regenguß ins Rutschen kommen. Sein einziger Vorteil war, daß er einen ausgezeichneten Schutz gegen den Wind bot.

Hätte ich nicht vor Frau M. Angst gehabt, so hätte ich ihn über Nacht zerstört. Aber ein falscher Stolz veranlaßte mich, ihn ein paar Tage so stehenzulassen. Doch gibt es stärkere Beweggründe als falschen Stolz. Als ich ein paar Tage später in den Garten ging und mein Blick auf das Ungetüm fiel, beschloß ich seinen Untergang. Ich ließ sofort dieselben Männer kommen, die den Steinhaufen aufgestellt hatten. Am folgenden Nachmittag war die Erde bereits abgetragen und auf ein benachbartes Feld geschafft. Nur eine Menge Steine blieben zurück, die im Gras zerstreut herumlagen.

## ACHTES KAPITEL

## DIE KEHRSEITE DER MEDAILLE

### I.

Jetzt wurde ich vor das erste wirkliche Problem in meiner Gärtnerkarriere gestellt.

Da lagen die Steinde, das Gras, der Teich. Ich stand mitten auf einem flachen Feld und fragte mich, was ich in aller Welt mit diesen Dingen anfangen sollte. Wie konnte ich sie bloß dazu bringen, sich der Landschaft anzupassen? Wie konnte man hoffen, daß sie jemals anders aussehen würden als ein bloßer Haufen Steine auf einem Feld? Tagelang zerbrach ich mir den Kopf über diese Frage, ohne eine Antwort zu finden.

Wenn man sich eine Frage stellt und keine Antwort darauf bekommt, muß man entschieden irgend etwas unternehmen. Man kann doch nicht in lähmender Untätigkeit dasitzen. Deshalb beschloß ich, so schnell wie möglich zu handeln. Meine Tätigkeit bestand nun darin, drei schottische Kiefern zu bestellen.

Aus verschiedenen Gründen bestellte ich die drei Kiefern. Erstens, weil es November war, zweitens, weil ich Kiefern liebte, aber hauptsächlich, weil sie zu den Steinen «paßten» und ich hoffte, sie würden mich zu irgendeinem Plan inspirieren.

Das taten sie auch. Die eine wurde am Rand des Teiches gepflanzt. Das gab mir die Idee, einen kleinen Hügel dahinter anzulegen. Die anderen beiden wurden etwas weiter abseits davon gesetzt. Diese wiederum verlangten nach einem kleinen Tal, das zu einem zweiten Hügel führte. Auf diese Weise entstand ein vager Umriß. Das war das erste Hindernis, das überwunden werden mußte. Jedoch stellten sich mir noch andere entgegen. Die schottischen Kiefern wurden also an den ihnen zugedachten Stellen gepflanzt. Wir begannen zu graben und zu bauen. Dann erinnerten wir uns, daß die Kiefern schließlich wachsen und Schatten werfen würden, und wir mußten sie darum wieder umpflanzen. Wieder graben und wieder bauen. Nun entdeckten wir, daß die Wurzeln der schottischen Kiefern zu nahe am Wasser standen, wo sie wahrscheinlich verfaulen würden. So mußten sie von neuem umgepflanzt werden. Im ganzen wurden sie fünfmal umgepflanzt. Ein erschütternder Ausdruck der Erschöpfung lag auf ihren Zweigen, als sie endlich ihren endgültigen Platz hatten.

Jetzt fanden wir, daß wir nicht genügend Steine hatten. Ich bestellte noch mehr. Aber nachher ergab es sich, daß die oberste Schicht Lehm und Sand nicht annähernd tief genug war und eine viel zu dünne Decke über der harten Erde bildete. So mußten die Steine alle wieder entfernt werden und große Karren voll sandigen Lehms wurden herangefahren. Ja, ja, einen Steingarten anzulegen, ist keine Kleinigkeit! Es würde zu weit führen, alle die vielen Stadien aufzuzählen, die wir durchmachen mußten. Statt dessen will ich lieber einige elementare Regeln zur Anleitung derjenigen geben, die noch unwissender sind, als ich es war.

Will man einen Steingarten anlegen, so muß man sich dreierlei merken.

Erstens muß man rücksichtslos, kühn und resolut sein, d. h. man muß in einiger Entfernung von seinem Abhang stehen, sich einen gewissen Plan machen und sofort beschließen, diesen Plan, koste es, was es wolle, auszuführen. Vielleicht will man zum Beispiel ein kleines Tal haben, das sanft zu einem Hügel emporsteigt. Ist das der Fall, so muß man sogleich den Umriß dieses Tales mit Stöcken oder Steinen oder was man gerade zur Hand hat, abstecken und seinen Gärtner holen, damit er einem hilft, das Tal auszuhöhlen. Lange bevor man es geschaffen hat, wird man die ganze Sache verwünschen. Man wird das Gefühl haben, daß man bis in das Eingeweide der Erde hineingedrungen ist, während man in Wirklichkeit nichts anderes getan hat, als ein bißchen Erde von der Oberfläche wegzukratzen. Aber man muß ausharren, sonst wird der Steingarten ausdruckslos bleiben.

Zweitens muß man unerhört verschwenderisch mit den Steinen umgehen, damit meine ich, daß man sie wirklich tief in die Erde hineinstecken muß. Es tut einem in der Seele weh, weil ein wirklich großer Steinblock ungefähr fünf Schilling kostet, wenn man die Spesen für den Transport, den Lohn für die Arbeiter, die ihn in die Erde graben und so weiter, berechnet.

Es würde viel befriedigender sein, wenn man den Stein einfach obenauf legen könnte, damit man sagen kann: «Seht bloß meinen riesigen Stein an! Wie reich bin ich, daß ich mir so enorm große Steine zu leisten vermag!» Aber wenn man den Stein tatsächlich so hinlegt, wird man ihn schließlich hassen, außerdem wird nichts darauf wachsen und er wird früher oder später bestimmt herunterfallen. Darum hilft es nichts, man muß ihn so tief eingraben, daß nur seine mit Moos bewachsene Nase hervorlugt. Es ist allerdings schmerzlich, so etwas tun zu müssen.

Jedoch wie die Schriftsteller über Gartenbau zu sagen pflegen:

*«Es ist ratsam, den Geboten der Natur zu folgen, da sie die weiseste Führerin des Amateurs ist. Die Natur, die die Griechen anbeteten, kann sich im bescheidensten Vorstadtgarten ebenso fruchtbar erweisen wie in den Gärten der Fürsten. Jeder Stein muß zwei Drittel in der Erde stecken, und zwar in fetter, gut gedüngter, der man einen kleinen Teil Sand hinzugefügt hat.»*

Das ist der Stil von Schriftstellern, die über Gärten schreiben. Ich beneide sie um ihren Stil. Aus jeder Zeile klingt das Echo eines gesunden, behaglich verbrachten Lebens wider.

Drittens: Nachdem man den Plan fertiggestellt und die Steine eingegraben hat, ist die nächste Aufgabe, sich eine außerordentliche Zurückhaltung bei der Auswahl der Pflanzen aufzuerlegen. Ich bin schon immer ein glühender Fürsprecher der Geburtenkontrolle gewesen, aber seitdem ich Besitzer eines Steingartens bin, ist mein Eifer um das Hundertfache gestiegen. Die Fruchtbarkeit des gemeinen Steinbrechs ist tatsächlich peinlich. Die Schnelligkeit, mit der das Sonnenröschen sich vermehrt, treibt einem die Schamröte ins Gesicht. Violen scheinen überhaupt keine Selbstbeherrschung zu besitzen, und was das Steinkraut anbelangt – nun, wenn wir uns so benehmen würden wie das Steinkraut, würde Australien innerhalb eines Jahres übervölkert sein.

Ich muß um Verzeihung bitten, ich hätte mich nicht so abfällig über die Freigebigkeit dieser wundervollen Pflanzen äußern sollen. Es ist wirklich eine Gemeinheit, über eine Blume wie den Steinbrech zu spötteln, der so tapfer von Stein zu Stein klettert, seine lieblichen Fahnen vor sich her trägt und einen rosigen Hoffnungsschimmer in dürres Land bringt. Wie kann ein anständiger Mensch der feurigen Pracht der Violen Einhalt tun wollen, die jeden Morgen in tieferem Blau erstrahlen und ihr kaltes Feuer in die verstecktesten Plätzchen dringen lassen. Das sind tapfere, lustige, kräftige Blumen, und es ist nur ein Zeichen der eigenen Dekadenz, wenn man sie beschimpft. Wir Menschen können die Höhen nicht so leicht erklimmen oder die Dunkelheit so lieblich erleuchten.

## II.

Wenn man sein Leben im Garten überblickt, sieht man, daß jede Art der Gartenpflege ihren besonderen Reiz hat . . ., daß die eine Ecke des Gartens eine ganz andere Stimmung in einem erweckt als die andere. Ein großer Garten ist wie ein großes Haus mit Zimmern, die verschieden ausgestattet sind. Es gibt Zimmer, die eine beruhigende Wirkung ausüben, andere, die anregen, Zimmer, die sich nur für die Arbeit eignen, und Zimmer, die bloß zum Spielen da sind. Der beste Vergleich, der mir einfällt, ist Küche und Gemüsegarten, in diesen beiden Stätten herrscht dieselbe Atmosphäre der Behaglichkeit und Geborgenheit. Dasselbe Gefühl der Ruhe überkommt einen beim Geruch von Sultaninen aus einer Schublade, wie bei dem Duft eines Kohlkopfes auf locker umgegrabener Erde.

Der Reiz eines Steingartens liegt aber hauptsächlich in seiner Miniaturhaftigkeit. Wenn man wirklich Freude daraus schöpfen will, muß man sich auch selber verkleinern können, man muß die Gabe haben, zu einem Geschöpf zusammenzuschrumpfen, das imstande ist, im Geist zwischen den winzigen Steinbrechblüten umherzugehen und bei dem Anblick ihrer schweren Blütenlast vor Schrecken zu erbleichen, in der Phantasie die moosbewachsenen Steine zu erklimmen und auf ihren steilen Böschungen schwindlig zu werden. Darin liegt der ganze Zauber der Steine . . . in ihrer Macht, immer größere Dimensionen anzunehmen, bis sie bedrohlich erscheinen.

Man kann unzählige Abenteuer im Steingarten erleben und Anregungen für die Phantasie finden. Die kleinste Pfütze in einer Steinspalte wird ein großer See, und ein Büschel Veilchen verwandelt sich in einen pfadlosen Dschungel. In das Tal, in dem die Sonnenröschen wachsen, dringt die Sonne nie hinein, aber jenseits des Kamms, dort wo die Aubrietien stehen, in weiter, weiter Ferne, hat es einen romantischen Reiz. Also, wenn man den Plan für seinen Steingarten macht, darf man nicht bloß streng praktisch denken, sondern muß auch manchmal seiner Einbildung freien Lauf lassen und einige Pflanzen einzig wegen ihrer Romantik anbringen, zum Beispiel eine nur zwölf Zentimeter hohe Miniaturkiefer oben auf eine kleine Anhöhe pflanzen, damit man den Spaß hat, sich vorzustellen, sie sei ein Waldriese auf einer Bergspitze.

Das erste wirklich große Experiment, das ich in meinem Steingarten versuchte, war die Ausführung eines solch kindlichen Einfalls. Es handelte sich um eine Gruppe *Chionodoxa*. (Wenn man in einem Lexikon über Gartenpflege nachschlägt, wird man finden, daß die *Chionodoxa* auch «Schneeglanz» heißt und zur Gattung der *Liliaceae* gehört, eine widerstandsfähige Zwiebelpflanze ist, die jedes Jahr ihre Blätter verliert und «zuerst im Jahre 1877 eingeführt» wurde.)

Dieses Experiment verdanke ich, wie gesagt, einem glücklichen Zufall. Eines Tages jätete ich Unkraut; ein ganz besonders scheußliches Ampferkraut hatte sich breitgemacht, dem ich den Krieg erklärt hatte. Es ist die schlimmste Sorte Unkraut, denn während man es herauszieht, gibt es einen widerlichen glucksenden Laut von sich und bricht ab. Die Wurzeln bleiben in der Erde und man hält krampfhaft das bloße Blatt in der Hand. Dann muß man nach dem Werkzeugschuppen gehen, sich mit einem Spaten bewaffnen und auf das Schlachtfeld zurückkehren. Inzwischen hat man vergessen, wo die abscheuliche Wurzel steckt. In namenloser Wut gräbt man eine Masse Erde heraus und kommt sich vor wie ein Hund, der seinen Knochen sucht. Ist das Glück einem günstig, so wird man nach zehn Minuten etwas finden, was man für die Ampferkrautwurzel hält. Erst nachdem man seinen Fund fortgeworfen hat, entdeckt man mit Entsetzen, daß man seinen allerbesten Enzian vernichtet hat. Die einzige meiner Bekannten, die jemals ein gutes Wort für Ampferkraut einlegte, war Fräulein Hazlitt. Sie sagte mir, daß, wenn man sich an einer Brennessel gestochen hätte, man sich nur Ampferkrautblätter auf die Stelle zu legen brauche, und sofort verschwindet das Gift. Außerdem seien Ampferkrautblätter ideal zum Frischhalten von Butter.

Nun, ich hatte eine ganze Weile über dem Ampferkraut gebeugt gestanden, und als ich aufblickte, sah ich die Welt auf den Kopf gestellt. Plötzlich löste sich ein Klümpchen Erde von der Spitze des kleinen Abhangs und rollte langsam zu meinen Füßen nieder. Es war nur ein sehr winziges Klümpchen, höchstens so groß wie eine Pflaume, aber in meiner Liliputanerstimmung schien es mir gewaltig. Ich trat rasch zurück, als ob ich mich vor einer Lawine retten wollte. Sobald ich an die Lawine dachte, fiel mir gleichzeitig ein, wie wunderbar es sein würde, wenn ich hier eine Lawine vortäuschen könnte, und zwar mit weißen und frostblauen Blumen, die schäumend von oben herabfielen und unten einen großen Teich bildeten.

Ich überlegte mir jetzt, daß ich vielleicht eine lange und ausführliche Erklärung für ein sehr nebensächliches Ereignis gebe – nebensächlich sogar in der Chronik meines Gartens, denn als die Lawine schließlich fertig war, hatte sie nur ungefähr einen Meter Länge. Jedoch scheint mir, daß man sogar einen Liliputanerstil bekommt, wenn man gar zu intensiv an seinen Steingarten denkt.

Ich verbrachte einen der glücklichsten Vormittage meines Lebens mit dem Einpflanzen der *Chionodoxa*-Zwiebeln. Sie sahen reizend aus, rund und glatt und sauber wie Nüsse. Wenn ich nicht so gewissenhaft wäre, hätte ich eine von ihnen gegessen. Außerdem war ich an dem Tag, an dem ich sie pflanzte, in besonders guter Liliputanerstimmung. Ich brauchte nur meine Augen halb zu schließen und mich einen Moment zu konzentrieren, um auf fünf Zentimeter Größe zusammenzuschrumpfen und in geziemender Ehrfurcht auf die Felsen zu blicken, auf denen meine Hände lagen. Es gibt wiederum Tage, wo es entsetzlich schwer ist, richtig zusammenzuschrumpfen. Man kann sich noch soviel Mühe geben, man bleibt immer fast zwei Meter groß, ein ungeschicktes menschliches Wesen in einem Überzieher, mit kalten Füßen und einem Spaten. Aber heute – ach heute war mein Körper so ätherisch wie die geisterhaften scharlachroten Blätter des Ahorns neben mir, die den Oktoberhimmel rot färbten.

Nie habe ich einen solchen Spaß erlebt. Ich machte zuerst eine richtige kleine Skizze. Oben auf dem Abhang legte ich eine Menge Zwiebeln hin, die Schneemassen darstellen sollten. Damit die Illusion erhalten bleibe, wählte ich die kleinsten Zwiebeln für diese Stelle und pflanzte sie sehr dicht nebeneinander. Dann, wo zwei Felsenstücke hervorragten, ließ ich meine Lawine auseinandergehen. Es würde eine schäumende Blütenkaskade geben, die hier abbrach, dort weiterfloß, um sich dann stürmisch über die braune Scholle zu ergießen. Wo der größere Stein hervorragte, nahm ich die Hände voll Zwiebeln und steckte sie ringsherum in die Erde, damit die Blüten an dieser Stelle hervorsprudelten. Als ich damit fertig war, stellte ich meine Arbeit ein. Aber nicht lange. Es gab noch so viele Nebenflüßchen, die geschaffen werden mußten, so viele blasse Bäche, die ins Leben gerufen werden sollten und die sich zwischen den kleinen Steinblöcken schlängeln mußten, bis sie in einem kleinen Teich aus Erde endeten, in den ich die letzten Zwiebeln pflanzte. Inständigst hoffte ich, daß eines Tages der Teich von wogenden Blüten ganz blau sei.

Viele Wochen hindurch besuchte ich diesen Abhang, auf dem die *Chionodoxa* schlummernd lagen. Mein Tagebuch ist voll ungeduldiger Notizen darüber. Zum Beispiel:

30. November: Keine Anzeichen von *Chionodoxa*. Bin sehr deprimiert. Zweifle, ob mir überhaupt etwas gelingen wird.

15. Dezember: Keine Anzeichen von *Chionodoxa*. Warum lebe ich in diesem verdammten Land? Bekam heute einen Brief von Willie Maugham. Sie baden in Antibes.

18. Januar: Keine Anzeichen von *Chionodoxa*. Wenn die Regierung weiter so mit dem Geld wirft, wird eine Flucht vor dem Pfund stattfinden.

3. Februar: Keine Anzeichen von *Chionodoxa*. Meine Haare werden grau. Gestern ging ich zu einem Friseur, der mir sagte, ich müsse eine Kur machen. Sie soll zwölf Guineen kosten.

3. März: Noch keine Anzeichen von *Chionodoxa*. Vielleicht würde ich alles besser ertragen, wenn ich religiös wäre. Aber wie kann man eine wirkliche Religion haben, wenn man so gern eine haben möchte? Ich meine, wird nicht allein schon durch den Wunsch die Echtheit des Glaubensbekenntnisses vernichtet, das nichts bedeutet? Aber ich bin so müde, daß ich die Dinge nicht richtig ausdrücken kann.

10. März: Erste Anzeichen von *Chionodoxa*. Tatsächlich sind endlich drei warzenähnliche Pünktchen zum Vorschein gekommen. Sie haben sich so spät gezeigt, daß man ihnen eigentlich einen Schlag auf den Kopf geben und ihnen sagen müßte, sie soll-

ten sofort zurückgehen und nächstes Jahr wiederkommen. Aber so was tut man nicht. Ist man darum ein Schwächling?

20. März: Zwei *Chionodoxa* sind herausgekommen! Ach, es hat sich doch gelohnt, so lange zu warten! Das himmlischste Blau! Das Blau eines Kirchenfensters an einem kalten Frühlingsmorgen, wenn die Sonne hindurchscheint und die Stare ihre schrillen Stimmen draußen erschallen lassen. Aber ich darf nicht weiter so dummes Zeug schreiben.

Ich darf es wirklich nicht. Wenn ich noch Überreste meiner Seele für künftige Feuilletons erhalten will, muß ich dieses Tagebuch sofort schließen. Doch kann ich es nicht tun, ehe ich mir nicht jene einstigen Freuden an meiner Lawine in die Erinnerung zurückgerufen habe, endlose Freuden, die ich an den immer länger werdenden Frühlingsabenden genoß, wenn ich mich hinabbeugte und auf die nickenden Blütenzweige schaute, die genauso herabrieselten, wie ich es geplant hatte, hier ein Bächlein, dort eine Kaskade und ein großer Strom, der über den mittleren Felsen hinabfloß. Und alles hob sich silhouettenhaft gegen den tiefen, ruhigen Aprilhimmel ab. Denn meine Lawine war eine Lawine, die wirklich gelungen war und sich für immer in meine Erinnerung eingrub.

## III.

Es wäre eine lächerliche Anmaßung von mir, wenn ich versuchen würde, irgendwelche Winke über die Schöpfung oder Pflege von Steingärten zu geben, da meine eigenen Kenntnisse darin noch sehr beschränkt sind. Aber gerade in dieser Beschränkung liegt ein gewisser Wert. Wenn man eine Sache erst ein paar Jahre betreibt, hat die Erinnerung an frühere Fehler noch nicht ihren Stachel verloren, und frühere Triumphe sind noch frisch im Gedächtnis.

Mein erster Triumph oder vielmehr mein erster kleiner Farbenklecks war eine Aubrietia. Wenn Aubrietien keine sehr aufregenden Blumen sind, so bitte ich meinen Leser, sie doch nicht zu vernachlässigen, denn von allen Blumen, die ich kenne, sind sie die dankbarsten. Es gibt nur wenige Monate im Jahr, in denen sie einem nicht durch ihre schönen Farben Vergnügen bereiten. Ich schreibe im Oktober, und meine Aubrietien bergen noch manche zitternden violetten Sterne. Ich erinnere mich, daß sie mich von März bis Mai ständig durch ihre dicken Blütenpolster erfreuten.

Aber nicht allein ihrer Blütenfülle wegen haben sie Anrecht auf unsere Achtung. Von allen Pflanzen lassen sie sich am allerleichtesten vermehren. Man braucht nur ein Stückchen von einer Wurzel abzureißen, es in die Erde zu stecken, und es gedeiht unfehlbar. Das habe ich wenigstens immer gefunden. Überdies sind sie als Schnittblumen sehr viel wertvoller, als die meisten Leute ahnen. Der Laie sieht die zarten, winzigen Blüten, den spilligen Stengel, der so fein wie ein Faden ist, schüttelt den Kopf und denkt, daß die Blüten schon vor dem nächsten Morgen abfallen werden, weil der dünne Stengel das Wasser gar nicht aufsaugen kann. Aber man irrt sich, wenn man so über die Aubrietien denkt. Denn diese Blüten sind wie mit Stahlhäkchen versehen und besitzen eine Widerstandskraft, die ihr Aussehen Lügen straften. Ich habe sehr zart aussehende Aubrietien zusammen mit anderen Blumen gepflückt, die einen viel widerstandsfähigeren Eindruck machten. Die Aubrietien blieben immer am allerlängsten frisch.

Es gibt eine ganze Menge verschiedener Sorten von Saxifragen, aber die *Saxifraga Grisebachii* blüht am frühzeitigsten, und zwar schon im Februar. Diese Sorte ist jedoch nicht immer leicht aufzutreiben. Wendet man sich an Gärtnereien, so antworten sie zu meiner Wut stets: «Infolge der kürzlich stattgefundenen Unruhen in der Türkei konnten wir unseren Vorrat an diesen Pflanzen leider nicht erneuern.» Oder sie sagen: «Infolge der politischen Situation ist diese Sorte leider durch Meltau vernichtet worden.» Wenn man jedoch Ausdauer hat, wird man auf irgendeine Weise schließlich doch in den Besitz einiger Pflanzen gelangen.

Man wird auch für seine Mühe belohnt, weil diese Sorte Steinbrech ihre blaßrote Fackel, lange ehe der Winter zu Ende ist, anzündet, und seine Flammen spiegeln sich bald im Feuer vieler anderer Blumen wider, bis an einem schönen milden Frühlingstag der ganze Steingarten wie ein einziges Flammenmeer aufzulodern scheint. Doch muß man die *Saxifraga Grisebachii* sehr zart behandeln. Diese Sorte haßt Feuchtigkeit und muß darum ziemlich weit oben gepflanzt werden, damit nicht die Tropfen von anderen Pflanzen darauffallen. Es ist auch ratsam, sie während einer Regenperiode mit einer Glasscheibe zu beschützen.

Manche Leute scheinen zu denken, daß eine solche Vorsichtsmaßnahme sehr große Mühe verursacht, aber ich persönlich finde es sehr spaßig; es ist, als ob man ein kleines Häuschen für die Blume macht, in dem sie vor Wind und Regen geschützt ist. Auch kann man dadurch, daß man kleine Stücke Kalkstein in die Erde um sie legt, alle Meltaugefahr abwenden.

Ich will keine lange Liste von geeigneten Pflanzen angeben, weil beim Anlegen eines Steingartens gerade der Reiz darin liegt, Kataloge zu durchsuchen und Blumen auszuwählen, ohne sie vorher zu kennen. Auf diese Weise entdeckte ich die *Calandrina umbellata*, eine der kecksten, farbenfreudigsten Blumen, die man je gesehen hat. Sie blüht nur richtig in der Prallsonne auf, aber wenn sie erst aufgeblüht ist, dann alle Achtung! Sie leuchtet so, daß man sich die Augen beschatten muß. Sie liebt mehr trockenes Erdreich, und man kann leicht Samen von ihr gewinnen. Doch darf man sie nicht in der Nähe von roten Alpenrosen oder violetten Aubrietien säen, weil die Blüte eine grelle, weinrote Farbe hat und sich darum mit jeder anderen Farbe beißt, die sich in ihrer beißbaren Nähe befindet. Es gibt sehr viele Leute, die die kühne Behauptung aufstellen, daß «Blumenfarben sich nie beißen». Sie hätten mal hören müssen, was eine gewisse scharlachrote Geranie meiner Bekanntschaft im vorigen Frühjahr zu einer benachbarten Fuchsie sagte. Dann würden Sie schon anderer Meinung sein!

## Neuntes Kapitel

## WUNDER

### I.

Wo waren wir? Im Sommer oder Winter? Es ist schwer zu sagen. Wir können aber annehmen, daß der Garten nun ungefähr einge- richtet ist, die Steinanlage ihre endgültige Form bekommen hat und die schlimmsten Vorarbeiten erledigt sind. Nun hat man einige Monate Ruhe und kann in dieser Zeit die Blumen einfach dem Wachstum überlassen, sich an ihrem Duft und ihrer Schön- heit erfreuen. Man kommt sich beinahe wie die Gestalt auf einem symbolischen Bild vor, die kurz vor Feierabend in Kniehosen auf eine Heugabel gestützt dasteht vor einem Hintergrund falsch ge- zeichneter Malven.

Aber diese angenehme Ruhepause wurde manchmal durch er- staunliche Geschehnisse unterbrochen. Ich muß jedoch gleich hinzufügen, daß die Störungen willkommen waren, weil sie fast immer Freude bereiteten. Sie kamen so vollkommen unerwartet, daß sie wirklich vollauf verdienen, Wunder genannt zu werden.

Alles in der Natur ist mehr oder minder ein Wunder. Ich bin ein Wunder, auch Sie, lieber Leser, wenn ich es auch nur ungern zu- gebe. Aber während wir uns schon an das Wunder, das wir sind, gewöhnt haben (wir wissen zum Beispiel genau, wie unser Haar sich lockt und welche Form unsere Hände haben), sind die Wun- der im Garten neuartiger und aufregender. Jeder Gärtner hat selt- same und romantische Geschichten zu erzählen, wenn man sie ihm zu entlocken versteht, von blauen Blumen, die gelb aufgin- gen, oder von einer weißen Lilie, die in der Nacht sündigte und die Morgendämmerung mit geröteten Wangen begrüßte. Das un- erschrockene Herz eines jeden Gärtners birgt irgendein unerhör- tes Geheimnis von Samen, der auf ödes Land gesät wurde und hundertfach Frucht trug. In diese Kategorie gehört die Geschichte meines ersten Wunders, des Wunders von dem Wein.

Ach, der Wein! Schon der Klang dieses Wortes erregt einen! Er ist so schön, so kühl und rein wie ein weicher, hoher Ton aus einer fernen Flöte. Welche Freude muß es Poe gemacht haben, zu schreiben:

«Die Viole, das Veilchen und der Wein ...!»

Es klingt wie ein dreifaches Echo phantastischer Musik, das in einem schläfrigen kleinen Talkessel erstirbt.

Auch die Blätter des Weines sind schön, mit Flammenzeichen, herrlichen romantischen Schnörkeln, und wenn es an der Zeit ist, mit hektischem Rot übergossen, als ob etwas von der Kraft der Trauben sie mit ihrer eigenen süßen Scham erfüllt hätte. Man kann tausend Weinblätter in die Hand nehmen, und niemals werden zwei davon genau dieselbe Zeichnung oder denselben roten Ton haben. Ein Weinblatt ist etwas Vornehmes, Aristokratisches, es dreht einem hochmütig den Rücken, zeigt stolz der sterbenden Septembersonne seine erhitzten Wangen.

In den Trauben liegt der ganze Stachel und die ganze Süße der Schönheit, ihre Blüte und ihre Fülle, ihr Gift und ihr dunkles Feuer, ihre sanfte, selbstgenügsame Anmut. Es gibt einige Blumen und Früchte, deren Schönheit in der Form oder in der Farbe oder in den Gedankenverbindungen, die sie erwecken, liegt, während eine Traube dies alles und noch viel mehr in sich schließt. Sie ist von einem Strahlenkranz der Dichtung umgeben, und einer nebelhaften Verheißung kommenden Glücks. Doch selbst wenn es nicht so wäre, selbst wenn man zum erstenmal die schwere violette Frucht, die sich klar gegen den weißen Himmel abhebt, hängen sähe, würde man erstaunt über die Entdeckung einer neuen Pracht sein.

Ich kann zwar nicht ehrlich sagen, daß ich jemals wirklich «schwere violette Früchte hängen» sah, aber ich sah bestimmt etwas. Ich sah es plötzlich an einem gewitterschwülen Augustmorgen, als der Himmel bleigrau war, als ob er plötzlich vor den ungestümen Geistern erschrocken wäre, die hinter seinen düsteren Vorhängen lauerten.

## II.

Mein Vater rief mich in den Garten.

«Komm her! Sieh dir das mal an!»

Aus seiner Stimme hörte ich, daß etwas geschehen sei. Ich warf das Buch beiseite, das ich gerade las, und lief hinaus. Mein Vater stand in dem kleinen Laubengang, der zu dem versteckten Garten führt. Ich ging zu ihm und sah hin.

Ich weiß nicht, ob einem das Herz wirklich stillstehen kann, aber meines stand in diesem Augenblick tatsächlich still, wie es wahrscheinlich der Fall sein wird, wenn es eines Tages ganz aufhört.

Denn dort unter einem Wirrwarr von Efeu, Heckenrosen, Geißblatt und Jasmin hing eine kleine Weintraube. Es stimmt zwar, daß die Früchte grün waren und nicht größer als Erbsen. Aber die Traube war formvollendet und ließ ihren Kopf scheu hängen, als ob sie sich schämte, daß man sie entdeckt hätte.

«Weintrauben!» flüsterte ich.

«Wie sie überhaupt gediehen sind, ist mir ein Rätsel», meinte mein Vater.

Er hatte alle Ursache, überrascht zu sein. Das Gedeihen dieses Weines war an und für sich ein Wunder, denn seine Wurzeln waren von einer gierigen Lorbeerstaude umschlungen. Sein Stamm wurde von räuberischem Efeu erdrosselt und aufgefressen. Seine schlanken Zweige waren von einem dichten Dach der verschiedensten Schlingpflanzen zugedeckt, umwickelt und überschattet. Kaum ein Blatt dieses Weines kann jemals einen Sonnenstrahl abbekommen haben. Noch dazu ragte eine mächtige Ulme hoch über das Dickicht und warf einen so tiefen Schatten, daß die widerstandsfähigsten der Schlingpflanzen blaß und bleichsüchtig geworden waren.

Zu alledem kam noch die Tatsache, daß wir den schlimmsten Sommer seit Menschengedenken durchgemacht hatten, einen Sommer endloser Regengüsse und Stürme.

Doch in der Kälte und Dunkelheit bei zähestem Wettkampfe hatte der kleine Weinstock eine Traube hervorgebracht. Wenn das nicht ein Wunder ist, gibt es überhaupt keine.

SOMMER

# III.

Von diesem Tage an nahmen wir den Wein unter unsere besondere Obhut. Ich war dafür, ein kleines Zelt um ihn herum zu bauen oder ihn mit einem Schirm zu schützen, oder wenn diese herrlichen Vorrichtungen sich als unpraktisch erwiesen, eine kleine Glasbirne zu beschaffen und die Trauben darunterzusetzen, damit sie wie in ihrem eigenen Haus waren und das Gefühl hätten, jemand interessiere sich für sie.

Mein Vater machte aber Einwände. Wenn er in der Nähe ist, kann man so verrückte Ideen nie lange haben ... dafür sollte der Leser sehr dankbar sein, sonst würde jedes Kapitel von Narrheiten strotzen. Er machte sich über mich und meine Zelte, Sonnenschirme und Glasbirnen lustig und erklärte kategorisch, das erste, was der arme Wein brauche, sei Luft.

Nun sorgten wir dafür, daß der Wein Luft hatte. Mit Gartenscheren und Zangen bewaffnet gingen wir in den Garten – denn jetzt war das ganze Haus mobilisiert worden, um den Wein zu retten – und jedes erreichbare Instrument wurde zu diesem Zweck verwendet. Wir hackten und schnitten an den erdrosselnden Schlingpflanzen herum. Der Gärtner ging gegen das Dornengestrüpp der Heckenrosen vor. Meine Mutter riß kleine Jasminzweige ab – es fiel ihr sehr schwer, denn sie ist keine Zerstörernatur –, mein Vater hackte grimmig auf den Efeu los, ich kletterte die Ulme hinauf und riß mit wahrer Berserkerwut riesige Äste ab. Wenigstens schienen sie mir in diesem aufregenden Augenblick riesig.

Licht und Luft fluteten hinein. Ich hätte schwören können, daß ich diese winzigen, bleichen, durchsichtigen Perlen schwellen sah und daß der Flaum auf ihnen sich verstärkte. Wir entdeckten noch mehr Trauben, die schüchtern in der von uns so schnell in Licht verwandelten Dunkelheit hingen. Wir hatten das Gefühl, als ob wir Gefangene aus dem Gefängnis retteten. Mit jedem dicken, widerwärtigen, aufdringlichen Zweig, der abgerissen wurde, glaubte man Kerkertore sich öffnen zu sehen ... man spürte einen Hauch dumpfer Luft ... und es war, als ob durch die seltsame Stille die schwache, gequälte Klage der Verdammten drang.

Jetzt waren wir fertig. Die letzte Ranke der Schlingpflanzen war entfernt. Gewissenhaft und mit einem traurigen kleinen Seufzer schnitt meine Mutter das letzte Blatt ab, das die Strahlen der erregenden Augustsonne von dem Wein fernhielt. Nun sahen wir das Wunder in seiner ganzen Größe.

Denn der Stamm des Weinstockes war krank ... von der grausamen Umklammerung des Efeus durchlöchert und wie mit Pokkennarben bedeckt. Die Blätter hingen schlaff herab, von den langen Angriffen der erdrosselnden Schlingpflanzen ganz entkräftet. Ein Geruch von Fäulnis umgab die tapfere Pflanze. Und doch ...

Jetzt brachte mein Vater uns alle aus den höheren Regionen auf die Erde zurück. Seine brummige Stimme brach das Schweigen. Er sagte:

«Natürlich ist es die Jauche. Das ist es eben. Jauche.»

Ich blickte mit schlecht verhehltem Widerwillen auf meinen Erzeuger. Diesen erhabenen Augenblick, der in seiner Schlichtheit wirklich etwas Biblisches hatte, profanierte er durch so unästhetische Ausdrücke wie «Jauche». Er fuhr jedoch unbeirrt fort:

«Keine Luft, keine Sonne, nichts. Dafür muß es irgendeine Erklärung geben. Die einzige Erklärung sind die Wurzeln. Wahrscheinlich erstrecken sie sich bis in den Bach jenseits der Hecke. Dieser Bach wird ständig von der Jauche verunreinigt, die vom Bauernhof herunterfließt. Verdammt unhygienisch. Ich habe ja immer gesagt, man müßte etwas dagegen tun.»

Nach diesen Worten ging er ins Haus zurück, um ein Glas Bier zu trinken, und ließ seine Gartenschere im Grase liegen. Ich blieb stehen und starrte auf den Wein.

«Jauche», dachte ich. Ich schauderte. Dann überlegte ich, daß es närrisch sei. Erstehen nicht alle schönen Dinge aus dem Schmutz? Ist nicht Dünger letzten Endes der Ursprung aller Dichtkunst? Schmutz und Schönheit haben mehr Gemeinsames als die bloße Alliteration. In dieser Stimmung küßte ich die Trauben und sagte ihnen Lebewohl. Dann ging auch ich hinein, um ein Glas Bier zu trinken.

# IV.

Der Winter verging. Der Frühling. Der Sommer. Im Sommer darauf reiften die Trauben zur Ernte. Der Weinstock dankte uns die Liebe, die wir an ihn verschwendet hatten.

Er empfing wirklich viel Liebe. Das erste, was wir taten, war, den Weinstock weiß anzustreichen, weil die Büsche ringsherum so eng mit ihm verschlungen waren, daß wir Angst hatten, ihn aus Versehen mit abzuschneiden. Dann griffen wir die Lorbeerwurzeln an. Eine sehr schwierige Arbeit. Nachher düngten wir ihn mit Unmengen von gemahlenen Knochen, um die kräftigende Wirkung der Jauche noch zu erhöhen.

Im Frühjahr, als die winzigen Blüten sich zu entwickeln begannen, breitete ich ein feines Tüllnetz über den ganzen Wein aus, um ihn gegen die Nachtfröste zu schützen. Es war erstaunlich, wie das nützte. Frost ist etwas seltsam Unberechenbares, Launenhaftes, leicht einzuschüchtern. Mein Tüllnetz schüchterte ihn sehr ein. Er vergeudete seine ganze Kraft an meinem Tüll, bis dieser steif und schneeweiß wurde, während die kleinen Weinblüten darunter vergnügt und unbeschadet gediehen. Ich wollte ihnen einen großen Vorsprung bei dem Wettrennen um den Sonnenschein im nächsten Sommer geben.

Sie hatten auch einen Vorsprung. Als die warmen Tage kamen, formten sich die Trauben, schwollen, färbten sich, speicherten ihre süßen Säfte auf und erröteten mit zartem Schimmer der Jugend. Es war ein furchtbarer Moment, als ich eine riesige, gemeine Drossel dabei ertappte, wie sie ihren abscheulichen Schnabel in eine der Trauben bohrte. Ich stürzte mich auf die Drossel, sie blinzelte mich aber nur an, flatterte träge fort und setzte sich auf einen Zweig, der außer Reichweite war. Nach dieser aufregenden Episode bedeckten wir den Wein mit einem Netz, damit die Vögel nicht naschen konnten.

Im September waren sechzehn Trauben mit wunderbar großen Beeren gereift. Die dichten, tief violetten Beeren waren mit herrlich zartem Flaum bedeckt (außer an den Stellen, wo man der Versuchung, sie zärtlich zu streicheln, nicht hatte widerstehen können).

Trauben! Trauben! Trauben! Ich bekam förmlich Genickstarre

von dem ständigen Hinaufschauen. Als wir die erste Traube abschnitten, sie auf eine silberne Schüssel legten, unsere Zähne in die kühle Schale gruben, bis der Saft herauslief ... als wir fanden, daß sie ganz süß waren, mit richtiger Schale, mit richtigen Kernen ... nun, ich wiederhole zum zehntenmale, da kam es uns wie ein Wunder vor.

## V.

Der Anblick der Trauben führte natürlich zu dem Gedanken, daß man sie zu Wein machen könne. Ich habe nie einen solchen Versuch unternommen, obwohl die Idee ganz leicht auszuführen wäre. Mehrere Flaschen guten starken Rotweins sind in einem Bauernhaus im Dorf zu haben. Sie sind vor fünf Jahren gefüllt worden, und obgleich der Weinstock, von dem sie herrühren, viel größer als der meine war, würde man von meinen Trauben mindestens zwei Flaschen gewinnen.

Diese Betrachtung bringt uns wiederum auf den Gedanken, ein Abendessen zu geben, bei dem es nur Speisen gibt, die aus dem eignen Garten stammen. Das würde, wie jeder zugeben wird, ein herrliches Dinner sein ... mindestens die Vorbereitung dazu, wenn nicht das Essen selbst! Für den Wein haben wir bereits gesorgt. Das Brot würde eine schwierigere Frage sein, aber wenn man Korn auf dem Kartoffelbeet säte, müßte es möglich sein, wenigstens einen Laib Brot daraus zu gewinnen. Salzmandeln könnte es auf alle Fälle geben, weil ich mehrere Mandelbäume besitze, an denen selbst in einem nassen Sommer einige reife Früchte sind. Haselnüsse habe ich in Hülle und Fülle und Gemüse ebenfalls.

Natürlich müßte es ein vegetarisches Dinner sein. Wir könnten jedoch ein Omelett machen. Ich habe zwar keine Hühner, könnte mir aber eine Henne für den Tag leihen, damit sie sich eine Weile im Garten aufhält und der Forderung Genüge getan würde, daß alle Speisen vom Grundstück kämen. Hätte sie ein paar Eier gelegt, so könnte sie sich wieder entfernen, da ich so viele Tiere nicht in meinem Garten haben möchte. Ich bin überzeugt, daß Hühner reizende Geschöpfe sind, aber ich habe keine Verwendung für sie.

Ebensowenig für Kühe. Wenn wir Sahne zum Abendessen haben müßten, würde ich gestatten, daß eine Kuh auf das Grundstück käme und dort gemolken würde; dann könnte sie wieder gehen. Ich habe Kühe nicht gern auf meinen Feldern. Die Leute sagen mir immerfort, ich müßte unbedingt Kühe halten, damit sie das Gras abfressen, aber das will ich aus verschiedenen Gründen nicht. Erstens, weil die Kühe das Gras nicht sauber abfressen. Sie lassen Disteln und Brennesseln stehen. Ich mache ihnen deshalb keine Vorwürfe, sondern stelle nur die Tatsache fest. Zweitens kann man unmöglich, wenn man Kühe hat, den Hund frei umherlaufen lassen. Sie haben eine lächerliche und unvernünftige Abneigung gegen Hunde. Drittens sind Kühe unordentliche Tiere. Ich liebe es nicht, daß ich fortwährend aufpassen muß, um nicht in Kuhmist zu treten. Wenn wir also unbedingt Sahne haben müßten, würde ich die Kuh nur so lange auf meinem Grundstück dulden, bis sie gemolken ist, dann könnte sie sich meinetwegen ertränken.

Man sieht also, daß wir ein wundervolles Abendessen aus Wein und Brot und Omeletts, und weiß der Himmel was noch sonst herrichten könnten, alles aus Produkten des Grundstücks. Das wäre tatsächlich ein Wunder. «Und was für ein Wunder!» bemerkt ein unhöflicher Amerikaner, der neben mir sitzt, während ich schreibe.


## VI.

Nun will ich von einem zweiten Wunder erzählen. Ich meine den Teich. Der Teich wurde schon früher einmal in diesem Buch erwähnt, und zwar als ein kleines am Fuß der Steinanlage liegendes Gewässer. Äußerlich ist er wohl auch nichts weiter. Wüßte aber der Leser so viel davon wie ich, so würde er mit mir übereinstimmen, daß dieser Teich eine ganze Menge erstaunlicher Phänomene birgt.

Nehmen wir zuerst mal die Geschichte von den Goldfischen. Ein guter Freund machte mich eines Tages darauf aufmerksam, welche Nachteile ein Teich mit sich bringt. Er besitzt nämlich die Eigenschaft, jedes Jahr Mücken in solchen Unmassen hervorzubringen, daß die ganze Umgebung von ihnen zerstochen wird.

Mein Freund fügte jedoch hinzu, daß, wenn sich Fische im Teich befänden, diese die Mücken verschlingen würden und daß dadurch alles wieder gut würde. Als ich ihn fragte: «Was für Fische?» erwiderte er: «Ganz gleich, irgendwelche.» Da besorgte ich Goldfische, da sie die einzigen Fische sind, die ich kenne.

Ich kaufte zwölf winzige Goldfische bei Woolworth. Sie sahen so blaß und zart aus, daß ich dachte, wenn es sich hier überhaupt um ein Verschlingen handle, würden die Mücken eher die Goldfische verschlingen als umgekehrt. Aber vielleicht würden die Goldfische sich durch Tauchen retten, wenn eine besonders große Mücke sich ihnen näherte. Oder da sie so klein waren, würden die Mücken sie womöglich gar nicht bemerken.

Die Goldfische waren in einer so entsetzlich kleinen Glasschale, daß sie nicht schwimmen konnten, ohne sich gegenseitig zu stoßen. Sie machten auch den Eindruck, als ob sie nach Luft rängen. Ich fuhr mit ihnen in der Eisenbahn aufs Land. Die Glasschale war mit einem Deckel aus perforiertem Metall versehen. Während der Fahrt schwappte eine ganze Menge Wasser über, so daß sich ständig kleine Lachen zu meinen Füßen bildeten, was die neu zugestiegenen Fahrgäste veranlaßte, mich mit sehr mißbilligenden Blikken anzustarren.

Es begann bereits zu dämmern, als ich mit der kostbaren Schale in den Händen durch das Feld stapfte. Ehe ich die Fische in den Teich schüttete, hob ich die Schale einen Augenblick empor. Die Strahlen der untergehenden Sonne flimmerten im Glase. In glühenden Emailfarben spiegelten sich die Bäume wider. Der Himmel war ein weiter Dom aus grauem Kristall. Und durch das Ganze glitten rhythmisch hin und her die Goldfische.

Ich schüttete den Inhalt der Schale in den Teich. Ein jäher Strahl von Gold und Silber, einige Bläschen, ein paar Kreise, die sich über der schwarzen Wasserfläche ausbreiteten, und die Goldfische waren verschwunden. Vollständig. Ich vermochte keinen einzigen zu sehen, und wenn ich noch so angestrengt in das Wasser spähte. Ein bißchen gekränkt dachte ich, daß einer von ihnen wenigstens den Anstand hätte haben können, an die Oberfläche zu kommen, und mir als Abschiedsgruß ein Bläschen zuzuwerfen und zu sagen: «Dein Teich gefällt uns sehr gut. Danke schön! Gute Nacht.» Es kam jedoch keiner.

Tage vergingen – Wochen – Monate. Und noch immer waren keine Spuren von Goldfischen zu sehen. Als der Winter kam, war der Teich oft mit einer fünf Zentimeter dicken Eisschicht bedeckt. Ich ging öfter zum Teich hinunter, um ein Loch in das Eis zu bohren, erstens, damit die Goldfische Luft bekämen, aber hauptsächlich, weil ich es immer sehr spaßig finde, ein Loch ins Eis zu bohren, die zackigen Ränder zu betrachten, ein Stück Eis zu nehmen und es über die gefrorene Fläche zu schleudern, damit es in tausend glitzernde silberhellklingende Scherben zerspringt ... Denn ich hatte eigentlich in Anbetracht des gänzlichen Verschwindens der Goldfische schon alle Hoffnung aufgegeben, sie je wiederzusehen. Der einzige Umstand, der mich vermuten ließ, daß sie vielleicht doch noch lebten, war die Versicherung meines Gärtners, daß sie an die Oberfläche kommen würden, wenn sie tot wären. Bis jetzt zeigten sie aber keinerlei Neigung dazu.

Der Frühling kam. Eines Tages, als ich am Teich vorbeiging, glaubte ich einen leichten Goldschimmer zu sehen. Ich blieb reglos stehen und hielt den Atem an. Wieder ein Goldschimmer! Die Goldfische! Aber wie anders sahen sie aus ... groß und leuchtend, ein einziges Glitzern! Das war aber noch nicht alles, denn mit den Goldfischen zusammen schwammen Unmengen anderer Fische umher ... während ich dastand, konnte ich über sechzig zählen. Jedoch das Amüsanteste an ihnen war, daß sie alle schwarz waren!

Auf Zehenspitzen trat ich etwas näher an den Teich, um zu sehen, ob ich mich nicht getäuscht hätte. Nein, da waren sie ... Es waren winzig kleine Fische, ungefähr so groß wie die Goldfische bei ihrem Debüt im Teich, und so schwarz wie mein Hut! Das schien mir ein ganz sonderbares Phänomen. Woher waren sie gekommen? Es existierte kein Bach, der in den Teich hineinfloß. Nicht die kleinste Wasserrille ergoß sich hinein. Das einzige Wasser, das in den Teich gelangte, kam vom Himmel, und es konnte doch unmöglich Fische geregnet haben? Die alleinige Erklärung, die ich fand, war, daß die schwarzen Fische die Kinder der Goldfische waren.

Doch schien mir etwas Unsittliches in dieser Vermutung zu liegen, darum zögerte ich zuerst, sie als endgültig anzunehmen. Es kam mir unfaßbar vor, daß Goldfische schwarze Kinder haben sollten. War vielleicht ein schwarzer Fisch irgendwie in den Teich gelangt, und hatte sich etwas Unschickliches abgespielt? Aber wo in aller Welt konnten die schwarzen Fische herkommen? Hatte etwa einer der Goldfische Negerblut in den Adern? Das Ganze war mir vollkommen unerklärlich. Ich fragte meinen Vater, und der sagte, er hätte nie so etwas gehört – ein Beweis, daß hier wirklich ein Rätsel vorlag, denn mein Vater weiß fast alles, was mit der Tierwelt zusammenhängt.

Dann klärte sich das Geheimnis allmählich auf. Oder vielmehr die Urheber des Rätsels begannen zu verschwinden. Denn alle die schwarzen kleinen Fische fingen einer nach dem anderen an, sich in goldfarbene zu verwandeln. Es war wie ein Märchen. Zuerst hatten zwei oder drei der Fische einen bronzefarbenen Schimmer. Dann entdeckte ich eines Tages einen richtigen goldfarbenen Fleck. Bald danach war die Hälfte der Fische im Teich scheckig, während ungefähr zwanzig die schwarze Farbe vollständig verloren hatten und in ebenso leuchtenden Röcken umherspazierten, wie die ursprünglichen Goldfische. Heute sind ein paar hundert herrlich glitzernde Wesen im Teich, die mit unnachahmlicher Grazie hin und her gleiten und nicht mit einer einzigen Flosse zukken, wenn man sich ihnen noch so plötzlich nähert.

## VII.

Natürlich könnte man ad infinitum so weiter erzählen. Zum Beispiel brauche ich nur aus dem Fenster zu schauen, um ein Wunder zu erblicken. Da sehe ich einen alten hohlen Baumstamm mit abgebröckelter Rinde, die wie verfaulte, schwarze Pappe aussieht. Klopft man darauf, so hört man ein dumpfes, tonloses Geräusch. Würfe man solches Holz ins Feuer, hörte man es kaum knistern, so weit erstrecken sich seine Wurzeln in die dunkle, muffige Vergangenheit hinein.

Doch durch diesen traurigen, leblosen Kanal fließt ein Strom sprühenden Lebens. Denn der scheinbar tote Baum ist ein Jasminstrauch, und hoch über dem ursprünglichen Stamm erwachen die Zweige zu einem seltsamen neuen Leben. So alt auch der Jasmin sein mag, noch immer streut er seine flimmernden Silbersterne über die frühen Septembertage, und an manchem hellen Morgen schleudert er seine Pfeile und Schaumwellen duftender Zweige über meine Gartenmauer. Er ist fein, aber kräftig, zart und duftig, aber seine leidenschaftlich verschlungenen Zweige könnten aus Stahl sein. Aus Stahl oder irgendeinem Zauber, der diese Sternenblüten aus einer scheinbar siechen Quelle hervorgelockt hat. Es ist das Mysterium des Werdens und Vergehens.

Das Werden der Pflanzen könnte das Thema für so manche Predigt liefern. Mein letztes Wunder betrifft das Werden einer rosa Geranie. Einem Berufsgärtner würde es nicht als Wunder erscheinen, aber vielen Menschen wird es ebenso wunderbar vorkommen wie mir. Denn die Unwissenheit des Durchschnittsmenschen von den Vorgängen bei der Vermehrung der Pflanzen ist weit größer, als die Unwissenheit des Durchschnittskindes von ähnlichen Vorgängen bei den Menschen. Die meisten Leute scheinen zu denken, daß die Bäume in einem schwarzen Sack auf die Erde kommen und Krokusse aus den Schnäbeln der Störche fallen. Die einzige Pflanze, über deren Ursprung sie wirklich etwas wissen, ist der Mistelzweig, anscheinend infolge der etwas peinlichen Prüfung, die alle Misteln bestehen müssen, ehe sie eine Lebensberechtigung haben.

Von all den Mysterien der Schößlinge, Setzlinge, Triebe, von den Geheimnissen des Niederbindens der Steckreiser, der Einteilungen, haben die Leute keine Ahnung. Es ist eigentlich sehr schade. Es stört mich nicht, wenn die Jugend in geschlechtlichen Dingen Unwissenheit zeigt, im Gegenteil, es ist mir viel lieber als die abscheuliche Frühreife, die gewisse moderne Erzieher der heutigen Jugend aufdrängen wollen.

Pflanzen sind viel zartfühlender. Mir ist es erst richtig zum Bewußtsein gekommen, wie zart sie zu Werke gehen, als ich die Episode mit der rosa Geranie erlebte.

Die Luft war voll bronzefarbener wirbelnder Blätter, die Krähen schrien verzweifelt, und unter dem großen Kastanienbaum erklang fortwährend das Echo fallender Kastanien, die beim Aufschlagen platzten und ihre blanken Früchte ins Gras kullern ließen. Ich ging in den Garten und stand mit dem Gesicht dem Wind zugewandt. Ich war aufgeregt. Heute noch erinnere ich mich, daß ich das Vorspiel von Cäsar Francks «Präludium, Arie und Fuge» summte. Es ist eine prachtvolle Musik und es ist schön, sie zu summen, wenn die Luft herb ist und man das Gefühl hat, daß sich bald ein dunkler Schleier auf die Welt senken wird. Da sah ich die rosa Geranie.

Sie zitterte. Eine einzige Blüte harrte tapfer am Ende ihres Stengels aus. Sie glich einem winzigen Hut ... dem Sommerhut einer unglücklichen Dame, die ihn krampfhaft auf dem Kopf festzuhalten versucht, wenn sie bei einem Gartenfest von einem Gewitter überrascht wird. Die Blume schien mich anzuflehen ... «Nimm mich herein, nimm mich herein ... gleich kommt der Frost ... er wird mich töten ... nimm mich herein!»

Ich beugte mich zu ihr hinab. Was sollte ich tun? Ich wagte nicht, die ganze Pflanze herauszureißen und sie in einen Topf zu setzen. Das schien mir ein allzu drastisches Verfahren. Doch mußte etwas geschehen. Die rosa Geranie war eine Dame in Not. Man konnte unmöglich vorbeigehen und sie jammernd im Sturm zurücklassen, während sie verzweifelt ihren kleinen rosa Hut mit müden grünen Fingern festhielt.

Da kam mir das Wort «Ableger» in den Sinn. Warum sollte ich nicht einen Ableger von der Geranie nehmen und ihn den Winter über in das Treibhaus tun? Nun, wenn Sie, lieber Leser, ein Berufsgärtner sind, werden Sie die Berechtigung haben, ungeduldig zu fragen: «Warum denn nicht? Wozu soviel Aufhebens darum machen ... um einen einfachen Geranienableger? Lächerlich!»

Aber Sie müssen bedenken, daß es mein erster Herbst im Garten war. Ich hatte noch nie in meinem Leben einen Ableger genommen. Obgleich ich gehört hatte, daß man es tun könnte und es sogar sehr häufig und in großen Mengen tut, schien mir der Gedanke, dieses Verfahren in die Praxis umzusetzen, so phantastisch, daß ich vor Angst zitterte.

Sind Sie sich nie darüber klargeworden, daß das Ganze an ein Wunder grenzt? Es ist genau dasselbe, als wenn Sie Ihrer Frau ein Bein abschnitten, es in den Rasen steckten und am folgenden Tag von einer vollkommen neuerstandenen Frau begrüßt würden, die aus dem einen Bein gewachsen ist und Ihnen über den Rasenplatz entgegenkommt. Sicherlich würden Sie erstaunt sein, wenn Sie sich den Finger abgeschnitten, ihn in einen Topf gesteckt hätten und am nächsten Tage eine Miniatur-Ausgabe von sich selbst vorfänden? Selbst wenn Sie darauf gefaßt gewesen wären, würde Ihre

Frau den Vorfall höchst verdächtig finden und vielleicht sogar eine Scheidungsklage deswegen einreichen.

Doch erweckt dieses Phänomen, das wie das phantastischste Märchen klingt, wenn man es bei Menschen anwendet, nicht das geringste Erstaunen bei vielen Gärtnern, die sogar gähnen, während sie Triebe abschneiden und sie in die Erde stecken.

Ich bin ganz sicher, daß ich nicht gähnte, als ich den kleinen Ableger von der rosa Geranie abschnitt. Erstens, weil ich Angst hatte, daß der Gärtner mich dabei ertappen könnte und mir sagen würde, ich mache alles falsch. Mir war es ganz gleich, ob es falsch war oder nicht. Ich wollte es ganz allein machen. Darum ging ich verstohlen nach dem Treibhaus, suchte einen Topf, füllte ihn mit der besten Erde, die ich finden konnte, und steckte den Ableger hinein.

Der Stengel versank in die Erde, die ich ringsherum festdrückte. Ich gab der Geranie ein wenig Wasser. Dann blieb ich eine Weile davor stehen und betrachtete sie. Sie stand einfach ganz still, in ihrem holden grünen Kleidchen. Ein zarter Hauch ihres lieblichen Duftes drang zu mir ... jenes Duftes, der an sonnegeküßte Zitronen und Rosen nach dem Regen erinnert.

Dann raffte ich mich zusammen, runzelte finster die Stirn, warf mich in die Brust und ergriff kurz entschlossen, wie ein starker schweigsamer Mann, den Topf und versteckte ihn. Darauf stürzte ich in die Nacht hinaus.

Am nächsten Morgen ging ich sehr früh in das Treibhaus. Die rosa Geranie ließ den Kopf hängen. Mein Herz zog sich zusammen. Ich sagte mir: «Es ist lächerlich, sich einzubilden, daß das alles so einfach ist. Es muß ja schwieriger sein. Wahrscheinlich muß man den Ableger von einer bestimmten Stelle des Stammes nehmen, ihn in eine besondere Sorte Erde stecken und irgendeinen Zauberspruch dabei murmeln, bis er einschläft.» Jedoch gab ich der Geranie etwas Wasser. Es sollte ihr jede Existenzmöglichkeit gegeben werden.

Am nächsten Tag hatte sich die Geranie etwas erholt. Mein Lebensmut stieg. Aber nur für kurze Zeit, denn wer weiß, ob ihr Dasein nicht durch das Wasser bloß künstlich verlängert worden war; würden die Blätter nicht genauso frisch aussehen, wenn ich den Ableger einfach in eine Vase mit Wasser gestellt hätte? Wie konnte man wissen, ob die Pflanze wirklich Wurzel faßte? Anscheinend nur dadurch, daß man sie herausnahm und nachsah. Mit übermenschlicher Anstrengung gelang es mir, mich davon abzuhalten.

Aber ich wurde die ganzen nächsten zehn Tage von qualvollen Zweifeln geplagt. Ich begoß die Geranie eifrig weiter, und nach jedem Trunk wurde der kleine Topf auf sein verstecktes Plätzchen hinter den Samenkasten gestellt. Aber allmählich, als die zweite Woche zu Ende ging, fing ich an, ruhiger zu werden. Als zwei ganze Wochen vorbei waren, schien es fast sicher, daß tatsächlich etwas mit der Pflanze vorging. Sie wurde jeden Tag kecker, und selbst wenn sie in einer Vase mit Wasser gestanden hätte, hätten ihre Blätter nicht frischer aussehen können.

Erst zu Beginn der dritten Woche jedoch hatte ich vollständige Gewißheit. Denn als ich die Pflanze wieder begoß, entdeckte ich plötzlich ein winziges grünes Pünktchen, das am Stengel hervorsproßte. Voll Ehrfurcht bückte ich mich und betrachtete es. Ich kannte die kleine Geranie so genau, daß ich bestimmt wußte, dieses Pünktchen sei vorher nicht dagewesen. Nach kurzer Prüfung war es mir klar, daß es ein neuer Schößling sei. Mit anderen Worten, daß die Pflanze Wurzel gefaßt hatte!

Heute besitze ich ein Dutzend blühender Geranien, die alle von dem kleinen Ableger stammen, den ich damals vor Jahren genommen habe. Man wird mir vielleicht sagen, daß das etwas ganz Alltägliches sei. Es mag sein. Für mich jedoch ist es etwas so Wunderbares, daß ich dieses Kapitel jetzt schnell schließen will, bevor ich in die Versuchung komme, in Jamben auszubrechen.

## Zehntes Kapitel

## AM WALDESRAND

### I.

In den letzten Kapiteln ist es unmöglich gewesen, irgendeine chronologische Reihenfolge innezuhalten. Jetzt wollen wir es aber tun, da wir im Begriff sind, in meinen Wald zu gehen. Erst im dritten Herbst wurde der erste Baum des Waldes gepflanzt. Bis dahin war es nur ein leeres Feld, das an der einen Seite von der Landstraße begrenzt wurde, an der anderen von der Gartenhecke und an den zwei entgegengesetzten Seiten von ähnlichen flachen, friedlichen Feldern, auf denen hie und da Ulmen und Weiden standen.

Zuerst möchte ich aber ein paar Worte über dieses Feld vorausschicken. Es war eine ungefähr drei Morgen große Wiese. Ich war sehr stolz darauf. Wenn man in der Mitte dieses Feldes stand und ein Auge schloß, sah es gewaltig groß aus. Man hatte das Gefühl, ausgedehnte Ländereien zu besitzen und Sklaven, die im Schweiße ihres Angesichts arbeiteten, und ähnliche herrliche Sachen. Doch konnte man seine Zeit nicht damit verbringen, in der Mitte des Feldes zu stehen und ein Auge zu schließen. Die Leute würden es sonderbar finden. Darum beschloß ich zu handeln.

Bis zu diesem Augenblick hatte ich nichts damit unternommen, außer daß ich versucht hatte, einige Pilze darauf zu säen, die, wie der Leser sich erinnern wird, nicht gediehen. Deshalb nahm ich mir vor, es in ein Wäldchen umzuwandeln.

Für mich sind alle Wälder verzaubert. Ich kann mir nicht vorstellen, wie man sich in ihnen einsam fühlen kann. Auch vermag ich nicht jenes seltsame psychische Unbehagen zu empfinden, das Algernon Blackwood in seinen Erzählungen über Wälder schildert ... jenes sonderbare Unbehagen, das manche Leute fühlen, wenn sie von dichten Zweigen umgeben sind und tausend grüne Arme das Licht und den Segen der Sonne verbergen. Es gibt Leute die schaudern und unruhige Blicke um sich werfen, wenn sie aus den Feldern kommen und in die Schatten der Wälder, in deren schmale gewundene Korridore tauchen ... Viele Menschen machen lieber einen großen Umweg um einen Wald herum, als daß sie seine dunkle Tiefe betreten. Doch ich habe das Gefühl, daß die Bäume meine Freunde sind, daß ich unbeschadet nackt unter ihnen wandeln und ruhig zwischen ihren kräftigen Wurzeln schlafen könnte.

Außerdem gibt es sehr viele aufregende Dinge, die man in einem Walde pflanzen kann. Zum Beispiel Veilchen zwischen den kühlen Moosen am Fuß der Bäume, und den Spindelbaum, jenen entzückenden Strauch, der die dunklen Novembertage mit seinen rosigen Blüten schmückt – man müßte ihn tatsächlich «Die Apfelblüte des Novembers» nennen. Ferner wachsen Anemonen und Glockenblumen im Frühjahr dort und im Herbst viele leuchtende Beeren. Die Atmosphäre eines Waldes hat etwas Reserviertes und zugleich Beschützendes ... er weicht vor einem zurück und doch behütet er einen ... im Herbst legt er dir einen weichen Teppich aus abgefallenen Blättern zu Füßen und umspannt mit seinen frostigen Armen den Winterhimmel wie mit einem eisernen Gitter.

Obgleich ich mich immer danach sehnte, einen Wald zu besitzen, wurde ich eigentlich zu seiner Anpflanzung durch eine Kette von Umständen getrieben, über die ich keine Macht hatte. Der erste Umstand war Frau Thyme.

## II.

Eines Tages empfing ich ein geheimnisvolles Telegramm von meinem Gärtner, das mich veranlaßte, mich unverzüglich zu meinem Landhäuschen zu begeben.

Als ich ankam, stürzte ich auf das Feld und sah sofort, daß ich alle Ursache hatte, beunruhigt zu sein. Unmittelbar hinter dem kleinen eisernen Zaun, nur einen Steinwurf von meinem Schlafzimmerfenster entfernt, war ein Stückchen Land als Bauplatz abgesteckt worden. Es stellte sich heraus, daß die baulustige Dame eine Frau Thyme aus dem Nachbardorf sei, die ihren Unterhalt durch die ehrenwerte Tätigkeit einer Hebamme bestritt. Alles was man zu Frau Thymes Gunsten sagen kann, ist, daß sie eine viel bessere Hebamme gewesen wäre, wenn sie eine weniger große Vorliebe für Alkohol gehabt hätte.

Die Aussicht, sie als Nachbarin zu haben, war entsetzlich. Das Feld gehörte allerdings nicht mir, aber ich war der Ansicht, daß ich ein moralisches Recht darauf hatte. Außerdem hoffte ich, es eines Tages selber zu kaufen. War es schon zu spät? Ich hätte absolut keine Skrupel gehabt, es Frau Thyme abzujagen, da es überall in der Gegend ähnliche Felder gab, die sie ebensogut erwerben konnte. Sie brauchte sich nicht gerade mir vor die Nase zu setzen. Ich muß jedoch gestehen, daß selbst, wenn dieses kleine Stückchen Land die letzte erwerbbare Baustelle auf der Welt gewesen wäre, ich ebenfalls versucht hätte, es Frau Thyme fortzunehmen. Denn ich ahnte, was für ein Gebäude sie darauf errichten lassen würde. Ein dreizimmeriges Blockhäuschen mit einem grellroten Dach und hygienischen Einrichtungen, die man sich eher vorstellen als schildern kann.

In den nächsten vierundzwanzig Stunden entfaltete ich eine fieberhafte Tätigkeit. Ich bekam heraus, daß Frau Thyme ihren Kontrakt noch nicht unterschrieben hatte. Es sei auch möglich, sagte mir der Anwalt, der den Verkäufer vertrat, daß man sie überreden könne, sich etwas weiter entfernt von mir niederzulassen. «Und natürlich», bemerkte der Anwalt, «bin ich davon überzeugt, daß es für uns alle angenehmer wäre, wenn Sie anstatt Frau Thyme das Land kaufen würden. Ja, wirklich? Das haben Sie getan? Tatsächlich? Nein, ich kenne den Ministerpräsidenten nicht persönlich, doch wenn Sie sagen, es sei möglich, daß er Sie nächstens besucht ... ja, ich würde überaus gern kommen ... vielleicht auch meine Frau? ... sehr liebenswürdig ...»

Ich hatte ihm nämlich in meiner Verzweiflung zu verstehen gegeben, daß ich den Besuch von Ramsay MacDonald, Charlie Chaplin, Lord Rothermere und Marlene Dietrich erwartete, und daß alle begeistert sein würden, den Anwalt kennenzulernen, hingegen die Nachbarschaft von Frau Thyme als höchst unsympathisch empfinden würden. Es wurde also verabredet, daß der Anwalt in eigner Person nach Wegscheide kommen sollte, um die ganze Angelegenheit an Ort und Stelle mit Frau Thyme und mir zu besprechen.

Ich muß gestehen, daß ich eine große Abneigung gegen die Frau Thyme empfand, als ich sie sah ... und roch. Sie war sehr klein, hatte Augen wie ein bösartiges Frettchen, und eine dünne Perücke, die wie durch Saugkraft an ihrer Stirn befestigt schien. Sie sprach mit klagender Stimme.

Als ich ihr auf meinem Feld vorgestellt wurde, versuchte ich, sie so höflich zu behandeln, als wäre sie irgendeine elegante Dame, nach deren Bekanntschaft ich mich schon lange gesehnt hatte.

«Ach, Frau Thyme?» Während ich es sagte, überlegte ich, wie es möglich sei, daß ein so erstaunlicher Geruch von einem lebenden Geschöpf ausgehen könne.

«Hm», brummte sie.

«Ich höre, wir interessieren uns beide für dasselbe Stückchen Land? Ha, ha!» Schnell blickte ich umher, ob nicht vielleicht irgendein sehr krankes Schwein in der Nähe sei, das für diesen Duft verantwortlich zu machen wäre. Aber nein. Es mußte Frau Thyme sein. So zog ich ein Taschentuch heraus, und während der ganzen übrigen Unterhaltung sprach ich durch das Tuch; infolgedessen klang meine Stimme etwas gedämpft. Hin und wieder wandte ich den Kopf ab und holte tief Luft.

«Das geht doch über die Hutschnur», rief Frau Thyme, «daß unsereinem nicht so 'n Stückchen Land gegönnt wird!»

«Na, na», sagte der Anwalt. «Sie wissen ganz genau, daß ich Ihnen ein Dutzend gleicher Baustellen für einen niedrigeren Preis angeboten habe.»

«Das geht doch über die Hutschnur!» wiederholte Frau Thyme.

Durch das Taschentuch dröhnend, fragte ich: «Was gefällt Ihnen denn gerade an diesem Bauplatz so sehr?»

«Daß er in der Nähe meiner Arbeit ist.»

Sie sprach das Wort «Arbeit» mit seltsam finsterer Betonung.

«Aber hören Sie», unterbrach sie der Anwalt, «mindestens sechs von den Baustellen, die ich Ihnen empfahl, waren Ihrer ... hm ... Ihrer Arbeit einen Kilometer näher als gerade dieser hier.»

«Und wenn ich nu gerade nicht immer an demselben Platz zu tun kriege?» fragte sie verdrießlich.

Das war eine so sonderbare und schwierige Frage, daß weder der Anwalt noch ich eine passende Antwort darauf geben konnten.

Ich entfernte das Taschentuch einen Augenblick, holte tief Atem und sagte: «Ich sehe aber noch immer nicht ein, warum gerade dieses Stückchen Land ...»

«Es gefällt mir eben», bemerkte Frau Thyme.

Die Lage war wirklich peinlich. Denn das war ein Grund, für den ich volles Verständnis hatte. Schließlich war Frau Thyme ebenso berechtigt wie ich, ein Stückchen Land zu kaufen, das ihr gefiel. Die ganze Sache wurde äußerst schwierig. Hier stand die Frau mit verschränkten Armen mitten auf meinem Feld und erklärte mir, daß ihr gerade dieses Stückchen Land gefiele, und stank zehn Meilen gegen den Wind. Es war wirklich recht kompliziert.

Der Anwalt rettete die Situation.

«Unsinn!» sagte er schroff.

Frau Thyme sah ihn finster an. «Das geht doch über die Hutschnur, daß unsereinem ...»

«Unsinn!» wiederholte der Anwalt. «Sie tun, als ob Sie kein Dach über dem Kopf hätten. Dabei haben Sie schon ein Haus dort drüben ...»

«Daraus mache ich mir aber nichts mehr!»

Ich sah Frau Thyme mit zunehmender Achtung an. Jedenfalls hatte sie den Mut der Überzeugung.

«Das mag sein. Aber Sie besitzen es doch. Nun wollen Sie noch eines bauen. Man hat Ihnen ein ebenso vollwertiges Stück Land angeboten, mit den gleichen Hecken, den gleichen Bäumen, dem gleichen Wasser ...»

Frau Thyme schaute zum Himmel empor. «Das stimmt schon. Aber die Sache ist nämlich die, daß so feine Herren eine arbeitende Frau nicht als Nachbarin haben wollen.»

Das war eine so bittere Wahrheit, daß ich mein Taschentuch fast fallen gelassen hätte.

«Arbeitende Frau!» fuhr sie der Anwalt an. «Ich bin ein arbeitender Mann! Wie arbeiten alle! Reden Sie bitte nicht von arbeiten!»

Ich hatte das Gefühl, daß man Frau Thyme tyrannisierte und

trotz ihres penetranten Geruchs wollte ich ihre Gefühle nicht verletzen.

«Da haben Sie wirklich eine total falsche Auffassung», protestierte ich. «Es hat nichts mit Ihnen persönlich zu tun.» Ich holte tief Luft, schluckte krampfhaft und fuhr fort: «Es wäre mir ebensowenig recht, wenn ... wenn ... nun, wenn zum Beispiel der Prinz von Wales ein Blockhäuschen hier errichten lassen würde.»

Unglücklicherweise hatte meine Antwort eine ganz andere Wirkung, als ich beabsichtigt hatte. Sie schien einen wahren Wutanfall bei der Frau hervorzurufen.

«Der Prinz von Woiles?» rief sie. «Was hat der Prinz von Woiles hier im Dorf zu suchen?»

«Er sucht ja gar nichts hier. Ich meinte nur ...»

«Hat denn der Prinz von Woiles nicht schon genug Häuser?»

«Natürlich. Ich meinte bloß ...»

«Jawoll auch ... Sie meinten bloß ...» Unbeschreibliche Verachtung lag in ihrem Ton und in ihrem ganzen Wesen. «Sie meinten!»

Sie blickte uns beide wütend an. Dann sagte sie: «Schön, meine Herren. Wenn es so steht, lege ich mein Geld woanders an. Jawohl, Herr! Woanders! Sie können Ihr dreckiges Land behalten!»

Ohne nähere Erklärungen entfernte sie sich und hinterließ den Geruch eines Stinktiers.

«Wirklich», sagte der Anwalt, «eine Nachbarschaft mit einem Stich!»

«Jawohl», stimmte ich ihm zu und dachte, wie treffend er sich ausgedrückt hatte.


IV.


Trotz des Sieges über Frau Thyme ist es möglich, daß ich das Land nicht gekauft, den Wald nicht gepflanzt hätte, wenn die internationale Lage anders gewesen wäre.

Es handelte sich darum, einen Schlupfwinkel zu haben, ein stilles Plätzchen, wo ich mich verstecken konnte. Überall in der Welt sah es recht schwarz aus. Jedesmal, wenn ich die Zeitung öffnete, stellte ich fest, daß meine bescheidenen kleinen Industrieaktien noch weiter gefallen waren; alles schien zu krachen. England war unglaublich müde, Amerika stand kurz vor einem Nervenzusammenbruch, Deutschland litt an Schwindsucht, Italien an Größenwahn, Spanien war im Begriff, sich zu übergeben, Rußland hatte delirium tremens, und Frankreich, das sich überfressen hatte, litt an Hysterie. Die ganze Welt schien mir ordinär, inkonsequent und gefährlich. Darum sagte ich mir egoistisch: «Ich werde mir ein Wäldchen anlegen und darin meine Zuflucht nehmen, ehe es zu spät ist.»

Es lag etwas sehr Anziehendes in diesem Gedanken. Ich würde mit gerunzelter Stirn von meiner Zufluchtsstätte aus auf die Welt blicken. Sobald sich ein furchterregendes Wesen näherte, würde ich schnell hinter einem Baum verschwinden und so tun, als ob ich nicht da wäre. Kam eine Revolution, und marschierte der Mob durch meinen Heckengang, so würde er den Wald sehen und vorbeigehen. Erblickte mich aber zufällig jemand und jagte mir nach, so konnte ich auf einen Baum klettern und eine höfliche Ansprache über die wirtschaftliche Lage halten, der ich die Bitte hinzufügen würde, die Leute möchten beim Herausgehen meinen Rittersporn nicht zertreten.

Mein Entschluß war also gefaßt. Ich kaufte das Feld, und der Wald sollte sofort angepflanzt werden.


## V.

Jetzt mußte aber die Geldfrage überlegt werden, denn ich ahnte, daß es ein teurer Spaß werden würde, einen ganzen Wald ins Leben zu rufen. Aber dann fiel mir ein, daß ich außer der Gabe, Theaterstücke zu schreiben, die nur von kleinen Bühnen aufgeführt wurden, noch das besondere Talent besaß, den Frauen die Wahrheit zu sagen ... ein Talent, das viele Journalisten besitzen, aber nicht den Mut haben, auszuüben. Früher war ich ebenso vorsichtig, aber die neue Leidenschaft für meinen Wald spornte mich an und gab mir Courage.

Zu meiner Verwunderung wurden meine Artikel ernstgenommen. Meine Post nahm riesige Dimensionen an. Ich wurde in unzähligen Posen fotographiert. Rosita Forbes raste durch die ganze Wüste, um mir zu antworten, und tat es in einer Prosa, die so blendend und fließend war wie ihre entzückenden Kleider. Rebecca West – ein reizendes Geschöpf – warf ihre Zigarette ins Kaminfeuer und machte mir in einer Frauenzeitschrift einen Heiratsantrag. Sie sagte, das müßte uns beide kurieren. Fräulein E. M. Delafield, die einzige lebende Schriftstellerin, mit der ich jemals wagen würde, eine Reise nach Cranford zu unternehmen, schleuderte mir in mehreren Zeitungen niederschmetternde Beleidigungen an den Kopf. Frau Clemens streckte mir auf jeder Seite der «Frauen-Zeitschrift» eine kleine rosa Zunge aus. Ich habe alle diese Damen stark in Verdacht, daß auch sie Wälder kaufen wollten. Jedenfalls schrien sie mich an, knirschten mit den Zähnen, und sämtliche Frauen Englands sahen diesem Streit belustigt zu.

Als wir uns alle ganz heiser gebrüllt, eine ganze Menge Geld verdient und nebenbei viele englische Heime abwechselnd ruiniert und gerettet hatten, hörte ich plötzlich auf, Artikel zu schreiben, weil ich das Gefühl hatte, nun so viel Geld verdient zu haben, daß ich meinen Wald anpflanzen konnte. Darum ging ich in die nächste Gärtnerei – die zum Glück nur ungefähr fünfzehn Kilometer entfernt lag, sehr groß war und den besten Ruf genoß.


VI.


Es war ein herrlicher Tag, als ich die Gärtnerei zum erstenmal betrat. Ein gelber Septembertag, der wie eine Zitronenschale roch. Das Herz schlug mir bis in den Hals hinauf vor Aufregung, als ich vorfuhr und die einsame Zufahrt hinaufschritt. Rings um mich standen blühende Sträucher und Bäume. In der Brieftasche trug ich ein dickes Bündel Banknoten, die ich der Zeitschrift: «Das moderne Mädchen» (die «melkende Kuh» aller Schriftsteller) verdankte. Das einzige, was mir nun noch fehlte, war jemand der meinen Auftrag entgegennahm.

Ich irrte in den einsamen Alleen umher und durch verlassene Anlagen. Ich habe seitdem gefunden, daß man das immer tut, wenn man eine Gärtnerei besucht. Man trifft nie jemanden an. Doch bei diesem ersten Besuch kam es mir etwas sonderbar vor.

Ich hatte Lust, an dem Zweig einer Trauerweide zu zupfen und «Fräulein!» zu rufen. Endlich, als ich um eine Ecke bog, sah ich einen großen Jüngling, der in einer eigentümlichen Stellung vor einem kleinen grünen Busch kauerte. Ich muß an einen Kinderreim von Lears denken, und während ich den Wortlaut etwas umänderte, um ihn der Lage anzupassen, ging ich auf den jungen Mann zu und murmelte dabei:

> Ein alter Mann sagte mal: «Husch!
> Ich seh jemand hinter dem Busch!»
> Wenn man fragt: «Ist er klein?»
> Hört man: «Nein, leider nein,
> Er ist viermal so groß wie der Busch!»

Ich sagte zu dem jungen Mann, daß ich, wenn es ihm recht wäre, einen Wald bestellen möchte. Es schien ihm sogar sehr recht zu sein, denn er steckte die Finger in den Mund und stieß einen ohrenbetäubenden Pfiff aus. Sofort erwachte der Garten. Es war mir, als ob Direktoren die Baumstämme herunterrutschten und Angestellte wie Walnüsse von den obersten Zweigen hinabkullerten. Schließlich löste sich aus dieser Ansammlung ein kleiner Mann, der augenscheinlich hier der Chef war. Wir wollen ihn Herrn Honig nennen, weil diese Bezeichnung seinem richtigen Namen etwas ähnelt und sehr gut zu ihm paßt.

Herr Honig sprach ausschließlich lateinisch.

Das erste, was ich ihm sagte, nachdem ich ihm erklärt hatte, daß ich einen Wald haben wollte, war, daß mir «der große Strauch mit den roten Beeren da drüben sehr gefiele.»

«*Pyracantha Gibsii*», säuselte Herr Honig.

Ich holte tief Atem und war gerade im Begriff, etwas zu erwidern, als Herr Honig nach rechts zeigte und murmelte:

«*Ribes sanguineum splendens.*»

Das ist doch bezaubernd, dachte ich. Man hat das Gefühl, ein Jünger zu sein, der neben seinem Meister dahinwandelt. Über uns wölbte sich der klare blaue Himmel, ringsherum standen Blumen und Sträucher, wunderbar gruppiert. Während wir dahinschritten, erklang durch die stille Luft die melodische Stimme von Herrn Honig, die lateinisch sprach:

«*Cornus mascula variegata*», bemerkte er.

Ich zerbrach mir den Kopf nach einer passenden Antwort. Aber es wollte mir nichts anderes einfallen als nur: «*Et tu Brute?*» Das ist eben der Nachteil der humanistischen Erziehung.

Darum sagte ich nur schwach: «Ich möchte gern wissen, wie groß Kastanienbäume bei der Umpflanzung sein dürfen.»

Herr Honig schenkte mir ein wehmütiges Lächeln. «*Cytisus scoparium andréanum*», flüsterte er.

Aber er zeigte mir trotzdem die Kastanien. Er zeigte mir auch noch eine ganze Menge anderer Dinge. Ich will jetzt die Rechnung für die erste Bestellung Bäume, die ich jemals in meinem Leben machte, folgen lassen.

| | | | |
|---:|---|---:|---:|
| 4 | hochstämmige Linden | DM | 30,00 |
| 4 | hochstämmige Weißbirken | DM | 15,00 |
| 2 | halbstämmige Goldregen | DM | 6,00 |
| 2 | hochstämmige Ebereschen | DM | 10,00 |
| 2 | hochstämmige Rüstern | DM | 10,00 |
| 6 | österreichische Kiefern | DM | 36,00 |
| 4 | Douglas-Tannen | DM | 40,00 |
| 2 | *Rosa Moyesii* | DM | 3,00 |
| 1 | Kastanie | DM | 5,00 |
| 2 | hochstämmige Zierbirken | DM | 7,50 |
| 2 | hochstämmige Walnußbäume | DM | 20,00 |
| 2 | Kolorado-Tannen (*Abies concòlor*) | DM | 36,00 |
| 6 | Haselnußsträucher | DM | 12,00 |
| 1 | hochstämmiger Bergahorn | DM | 3,50 |
| 1 | hochstämmiger Silberahorn | DM | 3,00 |
| 1 | hochstämmiger Rotdorn | DM | 4,00 |
| 20 | Pfähle, Taue, Stricke usw. | DM | 31,50 |
| | Arbeitszeit | DM | 22,50 |
| | Fahrgelder und sonstige Spesen | DM | 4,10 |
| | Transportspesen | DM | 37,20 |
| | Packmaterial | DM | 13,00 |
| | 3 Pfähle | DM | 4,30 |
| | | DM | 353,60 |

Das klingt alles sehr mäßig und bescheiden. Das war es auch. Denn damals hatte ich mich noch sehr in der Gewalt. Heute ist es anders. Ich habe die furchtbare Ahnung, daß, ehe mein Wald fertig ist, er mindestens 800,– DM kosten wird.

# VII.

Doch wenn man erst einige Kniffe kennt, weiß man, daß es verschiedene Möglichkeiten gibt, einen Wald mit verhältnismäßig wenig Unkosten anzulegen. Ich kann noch nicht die aufregende Reise meiner Bäume schildern, wie sie von der Gärtnerei bis zu meinem kleinen Feld, über die große Nordstraße, durch die schmalen Heckengänge gelangten. Erst muß ich die Geschichte von den Weiden erzählen.

Ich hatte bereits mehrere Besuche in der Gärtnerei gemacht, und bei jedem Besuch hinterließ ich Aufträge für unzählige Bäume. In lichten Augenblicken begann ich, mir Sorgen über die Rechnung zu machen. Es wäre doch schrecklich, wenn ich noch mehr Artikel über das moderne junge Mädchen schreiben müßte. Andrerseits würde es noch viel schrecklicher sein, wenn ich riesige Lücken in meinem Wald hätte. Darum wandte ich mich an meinen Vater ... wie man es meistens in kritischen Augenblicken tut. Mein Vater ist so arm wie alle Väter heutzutage, aber er weiß wirklich sehr viel von Wäldern, Bäumen und Pflanzen. Das ärgert mich eigentlich am meisten an ihm.

«Ich pflanze einen Wald an», sagte ich.

«Hm! Hm!» sagte er.

«Das Anlegen eines Waldes scheint mir eine etwas kostspielige Angelegenheit», bemerkte ich alsdann.

Er sah von der «Times» auf, starrte mich finster an und sagte wieder: «Hm!»

«Ich dachte ...» und ich legte so viel Gleichgültigkeit in meinen Ton, wie ich nur aufbringen konnte, «du könntest mir vielleicht einige billige Bäume vorschlagen ... bloß um Lücken auszufüllen, weißt du ... oder etwas, was schnell wächst ... vielleicht eine besondere Sorte Eiche, wie?»

Mein Vater sagte zum drittenmal «Hm!» und versprach, mich am nächsten Wochenende in meinem Landhäuschen zu besuchen.

Ich freute mich sehr, daß er gekommen ist, weil ich durch ihn viele der entzückendsten Eigentümlichkeiten der Bäume kennenlernte. Bisher hatte ich so gut wie nichts von Bäumen gewußt. Ich besaß nur oberflächliche Kenntnisse, zum Beispiel wußte ich, daß die Knospen der Esche im März schwarz sind. Aber das hatte ich nicht durch Beobachtung gelernt, sondern von Tennyson, und zwar nicht, weil ich Tennyson gelesen hatte, sondern Cranford. Wer erinnert sich nicht an jene Stelle in dem Kapitel: «Ein Besuch bei einem alten Junggesellen?» Sie lautet:

«*Wir kamen an einer alten Zeder vorbei, die an einer Ecke des Hauses stand.*

*Die Zeder breitete ihre dunklen, grünen Schattenschichten aus.*

«*Wundervoller Ausdruck, Schattenschichten! Wundervoller Mann!*»

*Ich wußte nicht, ob er mit mir sprach oder nicht, aber trotzdem warf ich ein zustimmendes «Wundervoll!» dazwischen.*

*Er wandte sich um. «Jawohl, Sie haben recht, wenn Sie ‹wundervoll› sagen. Als ich eine Kritik seiner Gedichte in der Blackwooder Zeitschrift las, machte ich mich sofort auf den Weg und ging zwölf Kilometer zu Fuß nach Misselton (die Pferde waren gerade nicht zu haben) und bestellte den Gedichtband. Nun sagen Sie mir, welche Farbe haben Eschenknospen im März?»*

*Ist denn der Mann verrückt geworden? dachte ich. Er erinnerte mich an Don Quichotte.*

«*Was für eine Farbe haben sie? frage ich», wiederholte er energisch.*

«*Ich weiß es tatsächlich nicht», sagte ich mit der Demut der Unwissenheit.*

«*Das dachte ich mir. Auch ich wußte es nicht – so ein alter Narr bin ich! –, bis dieser junge Mann es mir sagte. Schwarz wie Eschenknospen im März. Dabei habe ich mein ganzes Leben auf dem Lande verbracht. Es ist eine Schande, daß ich es nicht wußte. Schwarz: sie sind so schwarz wie Jett, gnädige Frau.» Damit ging er weiter und schwenkte seinen Stock nach der Melodie eines Liedes.*»

Deshalb pflege ich immer, wenn ich im März mit einem Freund einen Spaziergang im Walde mache, nicht nur die Schritte, sondern auch die Unterhaltung auf die Eschenknospen zu lenken. Dadurch gewinne ich den unverdienten Ruf, literarisch sehr gebildet zu sein.

So wertvoll wie diese Auskunft auch sein mag, ist sie weit davon entfernt, erschöpfend zu sein. Es gibt noch eine Menge Dinge, die man über einen Wald wissen muß, die nichts mit Eschenknospen zu tun haben. Eins dieser Dinge lernte ich von meinem Vater gleich nach seiner Ankunft. Er prüfte die Liste der

Bäume, die ich bestellt hatte, und sagte: «Hm! Wir wollen erst mal dein Feld ansehen.»

Schnaubend stapfte er auf dem Felde umher. Dann wandte er sich zu mir und sagte:

«Warum hast du keine Weiden?»

Es war mir noch gar nicht aufgefallen, daß ich keine hatte. Deshalb sagte ich nur: «Ich mache mir nicht viel aus Weiden!»

«Wie meinst du das: du machst dir nichts aus Weiden?»

Ich meinte eigentlich gar nichts. «Ich glaube nicht, daß sie hier sehr gut gedeihen würden», erklärte ich.

«Nicht gut gedeihen? Nicht gut gedeihen?» fauchte er und schwenkte seinen Stock in die Richtung der benachbarten Felder.

Ich blickte dorthin. Über das ganze Feld zerstreut sah ich reizende Bäume mit silberglitzernden Blättern und dicken knotigen Stämmen. Jetzt erst kam mir zum Bewußtsein, daß es Weiden waren. Wenn ich daran zurückdenke, kann ich kaum glauben, daß ich wirklich nicht gewußt habe, daß diese Bäume Weiden waren. Heute könnte ich meiner Meinung nach mit verbundenen Augen die Namen der meisten Bäume angeben, die in England wachsen.

«Ach!» sagte ich.

«Großer Gott!» schnaufte mein Vater. «Du verdienst es gar nicht, ein Grundstück zu besitzen, wenn du nicht mal eine Weide erkennst, wenn du sie siehst. Dieser Platz ist überhaupt für Weiden wie geschaffen. Du könntest Unmengen davon haben ...»

«Ich werde gleich ein paar bestellen.»

«Bestellen? Wozu bestellen? Alles, was du zu tun brauchst, ist, ein paar abzuschneiden, soviel wie du haben willst, und sie in die Erde stecken.»

«In die Erde stecken?»

«Gewiß!»

«Meinst du, daß sie so wachsen werden?»

Er sah mich mit einem verzweifelten Blick an. Dann sagte er: «Komm, wir wollen den alten W. aufsuchen. An seinem Teich stehen so viel Weiden, daß du für dein ganzes Leben damit versorgt sein wirst.»

Wir fanden den alten W. und begaben uns alle drei nach dem Weiden-Teich. Es war ein naßkalter Tag mit einem schneidenden

Wind. Mein Vater war aber in seinem Element. Er hat immer für das Landleben großes Interesse gehabt. Zwischen ihm und jedem Landarbeiter entsteht sofort dicke Freundschaft. Er weiß immer das richtige Wort zur richtigen Zeit zu sagen. Er klemmt sein Monokel ein, blickt über ein Feld, macht irgendeine treffende Bemerkung über die Kohlrüben, und der Landarbeiter stößt ein bewunderndes Grunzen aus und stimmt ihm zu. Oder er bohrt seinen Stock in irgendein Stück Scholle und bemerkt, daß es ... ich weiß nicht mehr, welches Eigenschaftswort das richtige ist ... Jedenfalls würde ich sehr viel drum geben, so über Landwirtschaft sprechen zu können wie er. Ich finde, es ist dumm, in irgendeinem Fach ein Amateur zu bleiben, wenn einem die Gelegenheit geboten wird, sich darin auszubilden. Aber ich habe leider noch nicht genug über Bodenbeschaffenheit und Saatfolge und alle diese aufregenden Geheimnisse gelernt. Eines Tages werde ich es jedoch tun.

Als wir am Teich ankamen, setzte mein Vater dem alten W. seine Wünsche auseinander.

«Sie können sie ungefähr hier abschneiden», sagte er zu ihm, «es sind vielleicht ein Dutzend nasser Stellen im Feld, wo wir die Weiden einen Fußbreit voneinander entfernt setzen können.»

«Wollen Sie sie gleich pflanzen, Herr?»

«Nein. Sie würden ja am selben Tag verfaulen. Ich möchte, daß Sie sie erst mal ungefähr achtzehn Zoll tief einschlagen. Aber passen Sie auf, daß Sie die kleinen Zweige nicht abbrechen.»

Wir sahen uns die Stellen an, wo die Weiden hinkommen sollten. «Natürlich werden Sie Pfähle brauchen, damit sie nicht windschief werden», sagte mein Vater. «Was werden Sie mir für diese kleine Arbeit rechnen?»

Darauf begannen mein Vater und der alte W. mit sichtlichem Genuß und gegenseitiger Achtung miteinander zu feilschen. Da ich bisher gewohnt gewesen war, für den kleinsten Baum mindestens ein Pfund zu bezahlen, machte ich mich darauf gefaßt, daß ich für diese zwölf Weiden wenigstens zwölf Pfund würde berappen müssen. Meine Achtung für meinen Vater stieg gewaltig, als er schließlich mit dem alten W. vereinbarte, daß er ihm für jede Weide einen Schilling und als Extrabelohnung einen Schoppen Ale geben würde.

## VIII

Der Handel war kaum abgeschlossen, als eine schrille Stimme jenseits der Hecke die Anwesenheit von Frau M. ankündete.

«Ah! Sie gehen wohl spazieren?» rief sie und fixierte uns mit neugierigen Blicken.

Mein Vater murmelte: «Großer Gott! Ich drücke mich!» Er grüßte Frau M. sehr höflich, winkte dem alten W., und die beiden verschwanden schleunigst.

«Wo geht Ihr Vater hin?» fragte Frau M.

«Ich weiß nicht. Ich glaube, ihm ist nicht gut.»

Frau M. ließ sich aber nichts einreden. «Nichts Ernstes, hoffe ich?» bemerkte sie sarkastisch.

«Ach nein.»

Sie starrte mich noch immer unentwegt an. Ich merkte, daß sie fest entschlossen war, herauszufinden, was wir alle am Teich gemacht hatten. Unter normalen Umständen wäre ich ebenso fest entschlossen gewesen, ihr nichts zu erzählen. Aber heute war ich so glücklich bei dem Gedanken, daß ich nur zwölf Schilling für zwölf Weiden bezahlen sollte, daß ich weniger feindselig gegen Frau M. gestimmt war als sonst. Darum sagte ich es ihr.

«Der alte W. will mir für zwölf Schilling Weiden verkaufen», platzte ich heraus.

Sie spitzte die Ohren. «Was für Weiden? Wozu?»

Ich wiederholte meine Antwort und erklärte ihr, wo die Weiden gepflanzt werden sollten.

Sie schüttelte den Kopf. «Sehr gefährlich», bemerkte sie. «Sie werden nicht genügend Feuchtigkeit haben. Außer natürlich, wenn Sie sie an einen Fluß pflanzen. Aber da Sie keinen Fluß auf Ihrem Grundstück haben ...» sie hielt inne und wartete.

«Ach, das ist alles nicht so gefährlich», entgegnete ich siegesbewußt. «Das haben wir oft gemacht. Die wachsen wie Pilze. Ich will sie im übrigen gar nicht in der Nähe meines Baches haben ... weil er im Augenblick übergetreten ist ... sie könnten weggeschwemmt werden.»

Eine feindselige Atmosphäre strömte von uns beiden aus.

«Wo wollen Sie sie denn sonst hintun?»

«In meinen Wald.»

Nachdem ich das gesagt hatte, wandte ich mich ab, als ob ich die Unterhaltung nun für beendet hielt.

«Aber Sie haben doch gar keinen Wald?» rief Frau M. Es lag so viel Neugierde in ihrer Stimme, daß ich es nicht fertig bekam, sie länger zappeln zu lassen. Sie hätte die ganze Nacht kein Auge geschlossen, wenn sie dieses Geheimnis des Waldes nicht vorher erfahren hätte. Deshalb wandte ich mich ihr wieder zu.

«Nein», erwiderte ich. «Noch nicht. Ich lege aber einen an.»

«Sie legen einen Wald an!» Sie wurde dunkelrot. Das war eine höchst interessante Neuigkeit. Sie fuhr mit der Zunge über die Lippen, schluckte und fragte dann:

«Wo werden Sie ihn denn pflanzen?»

Ich erzählte es ihr.

«Sie meinen doch nicht das Feld mit der großen Ulme?» Es lag etwas Unheildrohendes in Frau M.s Stimme.

«Ja ... warum nicht?»

«Ach, mein lieber Freund ... das ist wirklich Pech ... Es tut mir außerordentlich leid ...»

Sie schüttelte wieder den Kopf. Aber unheimliche Schadenfreude leuchtete aus ihren Augen.

«Warum? Wa ist los mit dem Feld?»

«Nun ...» begann sie und zischte förmlich, «weil die Pferde und das Vieh dort begraben wurden, die an Maul- und Klauenseuche krepierten.»

Das war allerdings eine so erschreckende Nachricht, daß ich doch ein wenig bestürzt war. Aber ich nahm mich zusammen.

«Wann sind sie dort verscharrt worden?»

«Ach, es müssen jetzt ungefähr vierzig Jahre her sein.»

«Aber sicherlich können Sie sich dessen nicht mehr erinnern, gnädige Frau?»

Sie lächelte süß-sauer. «Nein, das natürlich nicht. Aber der Onkel meines Gärtners erinnert sich noch sehr gut daran. Bevor Sie das Feld kauften, hat man dort einen Teich graben wollen und fand eine Menge Knochen.»

«Und was schadet es übrigens, wenn Pferde auch auf meinem Feld verscharrt worden sind?» fragte ich. «Meiner Meinung nach kann das nur ein Vorteil sein, weil der Boden dadurch gedüngt worden ist.»

«Die Pferde», begann Frau M. mit aufreizender Überlegenheit, «wurden mit Unmengen Kalk verscharrt, damit sie nicht ... hm ... damit sie nicht ... hm ... so fürchterlich ... hm ... so fürchterlich ...»

Ich konnte es nicht mehr ertragen, daß sie sich so wiederholte wie eine steckengebliebene Grammophonplatte, deshalb sagte ich: «Damit sie nicht so fürchterlich stanken?»

«Ja, und das Ende davon wird sein», fuhr Frau M. hastig fort, «daß alle Ihre Bäume wuchern werden.»

Ich starrte Frau M. stirnrunzelnd an und empfand einen Haß gegen sie, den ich kaum zu verbergen suchte. Da stand sie jenseits der Hecke mit ihrem verbeulten Hut und ihren Kaninchenzähnen und erzählte mir seelenruhig, daß meine Bäume «wuchern» würden. Ich hatte zwar keine Ahnung, was sie eigentlich damit meinte, aber es war mir ganz klar, daß irgend etwas sehr Unangenehmes damit verbunden sei. Meinte sie, daß meine Bäume weglaufen oder fürchterliche Formen annehmen würden? Oder einen entsetzlichen Gestank verbreiten? Es war wirklich zu grausam von Frau M. Ich haßte sie. Denn ich wußte, daß sie hoffte, meine Bäume würden «wuchern». Ich hatte das Gefühl, daß sie sie in diesem Augenblick verfluchte.

Ich verabschiedete mich sehr kurz von ihr.

Als ich nach Hause kam, stürzte ich ins Wohnzimmer, wo mein Vater im bequemsten Lehnstuhl saß und «Legenden und Traditionen Huntingdonshires» las.

«Frau M. sagt, die Wurzeln von meinen Bäumen werden wuchern», rief ich atemlos.

«Was ist los?»

Ich erzählte ihm die Geschichte von den verscharrten Pferden.

Er hörte mir mit unbeweglichem Gesicht zu.

«Die dumme Pute», sagte er, als ich fertig war. «Das werden sie nicht tun. Und wenn sie es tun sollten, hat sie denn nie etwas von Wurzelbeschneiden gehört?»

«Nein, sicherlich nicht.» Ich sprach mit äußerster Verachtung, obgleich ich auch noch nie etwas von Wurzelbeschneiden gehört hatte.

«Na also, wozu muß sie denn herumschnüffeln und ihre Nase in dein Feld stecken? Pferde in Kalk verscharren! Pah! Wenn *sie* in dem

Feld verscharrt worden wäre, dann hätte man vielleicht Grund, sich Sorgen zu machen», sagte er und lachte laut über seinen Witz.

Trotzdem merkte ich einen etwas beunruhigten Ausdruck in seinen Augen. Die nächsten Tage lief er um den alten W. herum, der Löcher für die Bäume grub. Von Zeit zu Zeit nahm mein Vater etwas Erde in die Hand und sah sie prüfend an. Auch bemerkte ich, daß er verschiedene Briefe geschrieben hatte, die zur Postzeit auf dem Tisch in der Diele lagen und an den Landwirtschaftsbund gerichtet waren. Wenn mein Vater eine Korrespondenz mit dem Landwirtschaftsbund begann, konnte man mit Zuversicht behaupten, daß wenigstens *ein* Steuerzahler etwas für sein Geld bekam.

Doch als die Zeit verging, erwies sich Frau M. als ein falscher Prophet. Denn die Bäume gediehen so gut, daß der Kalk sicher schon längst von der versöhnlichen Erde aufgenommen worden war. Was die Pferde anbetrifft, so waren ihre Knochen verschwunden, und wir wollen hoffen, daß ihre Seelen friedlich auf den elysäischen Feldern weiden.

## ELFTES KAPITEL

## IM WALDE

### I.

Bis Mitte November hatte ich ungefähr sechzig Bäume bestellt. Dazu kamen noch die zwölf Weiden von Herrn W. Außerdem hatte ich eine Kollektion Pflanzen, die ich in den vergangenen Monaten angesammelt und versteckt gehalten hatte. Darunter befand sich auch ein kleiner grüner Schößling von einem Apfelsinenkern, den ich in einem Topf gezogen hatte, ferner kamen noch mehrere Pfirsichkerne hinzu, ein ziemlich kläglich aussehender kleiner Bergahorn und ein paar garstige Bäumchen von Harrods, in blaßrosa Töpfen, die voriges Jahr von einer langweiligen Weihnachtsgesellschaft übriggeblieben waren.

Doch alles in allem hatte ich das Gefühl, daß wir auf dem besten Wege waren, einen Wald zu bekommen.

Nun hatte ich beobachtet, daß die Wälder, durch die ich gegangen war, einen bedauernswerten Mangel an System aufwiesen. Ich wollte allerdings nichts Steifes haben. Es brauchten keine düsteren Eibenalleen zu sein. Ebensowenig war ich auf terrassenförmig angelegte Zypressenhaine erpicht. (Im übrigen hätte es mir herzlich wenig genützt, wenn ich auch darauf erpicht gewesen wäre!) Aber ich hatte bestimmte Ideen, die ich mit dem beliebten allgemeinen Ausdruck «ästhetische Form» bezeichnen möchte.

Unter «ästhetischer Form» meine ich, daß ich mit der Zeit Durchblicke in meinem Walde zu schaffen hoffte, die ästhetisch und harmonisch wirken würden. Banal gesagt, ich wollte hohe Bäume hinter niedrige pflanzen, und helle hinter dunkle. Schließlich bin ich der Verfasser dieses Buches und bis jetzt war es nicht banal. Es ist ein Flüstern und Rauschen darin gewesen, und es soll weiter flüstern und rauschen, solange ich etwas damit zu tun habe.

«Ästhetische Form.» Oft habe ich an diese Worte denken müssen, wenn ich am Zaun meines Feldes stand und nach dem Wald hinüberblickte, der noch im Werden ist. Da sah ich eine Reihe Bäume und dahinter den grauen gestreiften Himmel. Im Vordergrund einen Klecks saftigen Grases. Zu meinen Füßen war es grün, über mir grau und zwischen dem Grün und dem Grau das schwarze und silberfarbige Muster der Bäume. Solche Augenblicke sind bezaubernd, wenn man mit der Natur spielen kann, wie ein Künstler mit seinem Pinsel ... wenn man mit einem eingebildeten Bleistift Striche an dem blassen Horizont zieht und ein immer wechselndes Netzwerk von Zweigen und Blättern zeichnet. Hier hinter dieser spilligen Eiche wollen wir eine Pappel als lustige grüne Fackel pflanzen, die die Sonne begrüßen soll. Dort auf jener freien Stelle brauchen wir die herbstlichen Flammen des Bergahorns. Sobald der erste Farbton auftaucht, geht ein Leuchten durch die schlummernde Phantasie, und das geistige Auge ist von dem märchenhaften Feuer ungeborener Ulmen, unbekannter Eichen und geisterhafter Ahornbäume geblendet ...

## II.

Wir wollen aber jetzt zu Tatsachen zurückkehren.

Als ich mit der Anpflanzung meines Waldes begann, beschloß ich, ihn auf einen Raum von etwa achtzig Metern im Quadrat zu beschränken. Es klingt lächerlich klein, aber man ahnt nicht, wie viele Bäume ein solcher Platz verschlingen kann. Je mehr Bäume man hereinsetzt, desto größer erscheinen die Lücken zwischen ihnen.

Ich wollte nicht, daß mein Wald viereckig sei, darum machte ich an einer Seite eine Beule nach innen, an der anderen eine nach außen. Die Leute schienen meine Absicht jedoch nicht zu verstehen und fragten mich, ob die Bäume an dieser Stelle nicht etwas schief ständen. Ein wenig ungeduldig erwiderte ich, daß mein Waldesrand einer Woge gleichen sollte, die am Strande verläuft. Sie meinten aber, daß er gar nicht so aussähe, sondern nur den Eindruck erwecke, als ob einige Linden, Kastanien und Ulmen aus der Reihe gekommen wären.

Aber sobald sich der Rand ausfüllte, begriffen sie, was ich

meinte. Um ihre blinden Augen sehend zu machen, füllte ich eine Gießkanne mit chemischem Unkrautvertilgungsmittel und zog einen langen, wellenförmigen Pfad durch das Gras, bis zum Rand des Waldes. (Das ist übrigens ein sehr gutes Mittel, einen Pfad in einem Feld zu ziehen, falls einer meiner Leser das noch nicht wissen sollte.)

Um den Schaum darzustellen, besorgte ich eine Menge Kirschbäume, Mandelbäume, Holzäpfelbäume, Ginsterbüsche und ein halbes Dutzend jenes entzückenden Strauchs *Exochorda grandiflora*, den der Volksmund in England «Perlenstrauch» nennt. Es ist in der Tat ein ausgezeichneter Name für die Büsche, denn bei einem gut gediehenen Strauch sehen die Früchte wirklich wie Reihen milchweißer Perlen aus, die im Winde schaukeln.

Dann setzte ich mich hin und wartete. Vielmehr ich stand und wartete. Noch nie ist mir ein Winter so lang vorgekommen. Allerdings hatte ich die Freude an den Winterblumen, doch selbst diese vermochten meine Gedanken nicht vollständig abzulenken. Überdies trieb mich das beständige Erscheinen von Frau M. fast zum Wahnsinn. Sie hatte die Gewohnheit, wenn ich zwischen meinen Bäumen umherschlenderte und nach Knospen Ausschau hielt, unerwartet hinter einer Hecke aufzutauchen.

«Na, Ihre Bäume stehen noch immer da, was?» pflegte sie mit ihrer tiefen Stimme zu rufen.

«Ja», erwiderte ich ablehnend.

«Sind Sie nun bald fertig mit dem Zählen? He, he!»

Die finstersten Blicke hinderten sie nicht, über ihren abscheulichen Witz zu lachen, und nie versäumte sie hinzuzufügen:

«Einen richtigen Wald haben Sie! Ha, ha! He, he!»

Ich sagte schon einmal, daß ich Frau M. für eine Hexe hielt, und jetzt war ich mehr denn je davon überzeugt. Sie fragte andauernd, ob sie nicht in meinen Wald kommen könne, aber ich erlaubte es ihr nicht. Ich wollte das nicht riskieren.

Endlich begannen die Blätter zu sprießen. Zuerst kamen die goldbraunen Knospen der Kirsche, dann die himmlischen, klebrigen der Kastanie, und nachher die der Ebereschen und der Ahornbäume. Wenn ich an jenes erste Jahr zurückdenke, frage ich mich, ob ich jemals wieder die gleiche Begeisterung empfinden werde, die diese ersten blassen Blüten in mir erweckten. Jene zögernden

Blättchen, jene spärlichen, fast geisterhaften Beeren! Werden die kräftigen, üppigeren Früchte späterer Jahre das Herz so schnell schlagen lassen vor Dankbarkeit und Besorgnis?

Was hatte ich in meinem Wald? So wenig, daß man wohl darüber lachen könnte ... ich nehme es auch keinem übel, wenn er lacht, denn niemand kann mir die Erinnerung an meine Freude fortlachen. Einige rosa Kirschblüten, einige Schneebälle, die aus einem Puppenhaus hätten stammen können, eine rosa Kastanienblüte – ja, wirklich nur eine einzige, aber sie war auf der obersten Spitze des Baumes und sah großartig aus –, ein bißchen Frühlingsginster, etwas Sommerginster, ungefähr drei Syringenblüten, ein paar dünne Fäden Ebereschenbeeren, ein oder zwei Stechpalmenzweige. Weiter nichts.

Bei den Bäumen war auch nicht viel mehr zu sehen. Aber nur ein Baum ging ein. Das war die große Ulme, die ich in meinem Eigensinn, gegen den Rat von Herrn Honig, aus der Gärtnerei nach meinem Wald hatte bringen lassen. Sie sollte die Königin meines Waldes werden, aber sie starb. Als der Frühling immer weiter vorschritt und wir schon im Frühsommer waren und ihre Zweige schwarz und leblos blieben, wurde mir das Herz schwer. Ich kam mir wie ein Mörder vor. In der Gärtnerei hatte sie so gesund und glücklich ausgesehen ... und jetzt war sie tot. Es ist etwas Entsetzliches, einen Baum zu töten, und oft wenn ich durch den kleinen Wald gehe, fahre ich zurück und stolpere fast, als ob ich in einen unsichtbaren Baumstamm hineingerannt wäre. Dann wird mir klar, daß ich über das Grab der Ulme gehe, die ich getötet hatte.

Die Weiden gediehen wundervoll. Zur Wut von Frau M. Es war ein unglückliches Frühjahr für sie. Sie schlug jedoch soviel Kapital wie möglich aus dem Tod der Ulme. Aber schließlich konnte sie nicht blind gegen das blühende Aussehen der anderen Bäume sein.

Darum betonte sie fortwährend die Lücken. In der Mitte des Feldes war auch tatsächlich noch gar nichts. Deshalb pflegte sie die leere Stelle anzustarren und zu sagen:

«Ein herrlicher Anblick, was?»

Ich stimmte ihr zu.

«Sie werden bald ausgelichtet werden müssen, ha, ha! He, he!»

«Jawohl, das werden sie müssen, sobald ich alles das gepflanzt habe, was ich im Herbst von der Gärtnerei erwarte.»

Sie warf mir einen giftigen Blick zu. «Ihr reichen jungen Autoren!»

Dann entdeckte sie einige meiner früheren Artikel über das moderne junge Mädchen, die sie wahrscheinlich im Wartezimmer eines Zahnarztes oder an einem ähnlichen Ort gelesen hatte, denn sie war viel zu geizig, um sich eine Zeitschrift zu kaufen. Sie hatte die sonderbare Gabe, immer gerade jenes Thema bei einer Unterhaltung zu wählen, das ihren Zuhörer ärgerte, und sie merkte bald, daß jede Anspielung auf diese Artikel mich reizte. Darum versäumte sie keine Gelegenheit, davon zu sprechen.

Wenn sie plötzlich hinter der Hecke auftauchte, rief sie:

«Was für ein Wetter!»

«Furchtbar, nicht wahr?»

«Ich habe eben Ihren faszinierenden Artikel gelesen: ‹Was man seiner Frau kaufen sollte.› Sagen Sie mir bloß eins: glauben Sie das alles wirklich, was Sie schreiben?»

«Ich weiß nicht. Warum?»

«Würden Sie wirklich Ihrer Frau einen Spiegel kaufen, damit sie sehen kann, wie sie altert?»

«Wie kommen Sie auf diese Idee?» rief ich. «Ein Spiegel ist das allerletzte, was ich einer Frau kaufen würde. Spiegel sind ihrer Natur nach vollkommen unfähig, die Wahrheit zu sagen.»

Frau M. ließ ihre Kaninchenzähne in einer wütenden Grimasse blitzen. «Aber Sie sagten doch ...»

«Was ich damals sagte, hat gar nichts damit zu tun. Ich habe meine Meinung seitdem geändert.»

«Aber ...»

III.

Nun genug von Frau M. Es ist eigentlich sehr häßlich von mir, sie so zu verspotten. Alles schien sich gegen sie zu verschwören. Selbst das Wetter. Denn der erste Frühling nach der Anpflanzung meines Waldes war der nasseste, den man in England je erlebt hatte ... nichts hätte nasser sein können, außer dem Sommer, der darauf folgte. Jeden Tag, wenn ich morgens aufstand und die Gardinen zurückzog, sah ich, wie der Regen herabströmte. In gewöhnlichen Zeiten wäre ich durch dieses Wetter halb wahnsinnig geworden, aber jetzt preßte ich die Lippen zusammen, unterdrückte einen Schauder und sagte mir: «Sehr gut für die Bäume.»

Das gehört überhaupt zu den Freuden des Gärtners. Wie das Wetter auch sein mag, wie sehr die Elemente toben, man kann sich immer mit dem Gedanken trösten, daß es zu irgend etwas gut ist. Selbst als das berühmte Erdbeben im Frühjahr 1931 stattfand – wer erinnert sich seiner nicht? –, murmelte ich vor mich hin, während ich im Bett lag und auf das Klappern der Nippsachen auf dem Kaminsims horchte: «Das wird einige herrliche gesunde Risse in der neuen Staudenrabatte machen!» Wenn der Winter streng ist und sich gar nicht trennen will, kann man seinen Überzieher fest zuknöpfen und sich mit dem Gedanken trösten, daß wenigstens keine Obstblüten sich versucht fühlen werden, ihr Debüt zu früh zu machen. Wenn die Sonne strahlend gelb ist, nun, dann gibt es tausend Gründe, sich zu freuen. Und selbst wenn die Novemberwinde stürmisch und rauh sind, kann man sich an dem Gedanken erheben, wie viele Vorteile der Boden von einer frühen und reichlichen Kost modernder Blätter hat.

Natürlich besitzt man nicht immer diesen philosophischen Optimismus. Oft grämt man sich, flucht und ist der Verzweiflung nahe. Aber in diesem Sommer – dem ersten Sommer, in dem ich meinen Wald hatte – gewährte mir tatsächlich während der langen trüben Regentage der Gedanke an jene jungen Wurzeln, die noch so dünn, so zart und durstig waren, recht viel Trost.


IV.


Es ist noch zu früh, um von wirklichen Waldfreuden zu berichten. Bis jetzt kann man meinen Wald nur ein Wäldchen nennen. Es gibt noch eine Menge Lücken, die ich ausfüllen muß, sobald ich es mir leisten kann. Aber ich habe schon viel gelernt, und bevor ich den Schutz dieser Bäume verlasse, in dem wir lustwandeln, möchte ich meine Erfahrungen anderen zugute kommen lassen.

Erstens: Man soll die Bäume nicht zu groß kaufen. Es ist eine sehr große Versuchung für den Amateur, in diesen Fehler zu verfallen. Ich hatte viele Auseinandersetzungen mit Herrn Honig darüber. Ich sah fünf Meter hohe Ebereschen und Spiräen, die so hoch waren wie ein erwachsener Mann, und Stechpalmensträucher, die mir bis zur Schulter reichten. Sofort verlangte ich, daß sie auf mein Feld verpflanzt wurden. Meistens gelang es Herrn Honig, mich davon abzubringen, aber in wenigen Fällen, wo ich mich nicht überzeugen ließ, ging der Baum jedesmal ein.

Natürlich, wenn Sie ein Rothschild sind und es sich leisten können, hundert Pfund zu zahlen, damit die Hälfte der Grafschaft Northampton mit einer einzigen Birke zusammen – zum peinlichen Erstaunen der daran hängenden Erde – auf Ihr Feld verpflanzt wird, ist es etwas anderes. Aber wenn Sie in meiner Lage sind, werden Sie viel mehr von Ihrem Geld haben, wenn Sie die Bäume ganz jung nehmen. Außerdem wird man auf andere Weise dafür entschädigt. Wenn man auch nicht auf hohe, über seinen Kopf ragende Zweige blicken kann, so kann man dafür auf zarte Triebe hinabschauen. Es liegt etwas ungemein Unschuldiges und Kindliches in dem zarten Grün eines noch in den Kinderschuhen steckenden Walnußbäumchens. Wie faszinierend sind auch die jungen Tannen, weil man sie fast wachsen sehen kann. Die halbe Freude an einem solchen Wald liegt in diesen Erinnerungen des Werdens ... Erinnerungen an jene Zweige, die als Babies anfingen, sich jetzt dem Jünglingsalter nähern und uns eines Tages Schutz gewähren werden, wenn wir langsam unter ihnen dahinschleichen, der sterbenden Sonne entgegen.

Zweitens darf man die Bäume nicht zu dicht nebeneinander pflanzen. Diese Ratschläge klingen zwar kindisch, das weiß ich. Man kann sie für einen halben Schilling viel ausführlicher in jedem «Leitfaden» bekommen. Aber ich muß sie trotzdem betonen. Denn der Pflanzer ist so unvernünftig ungeduldig. Hier muß er ein kleines Dickicht haben, dort eine dichtere Baumgruppe ... es ist alles eine Hetze und ein Durcheinander. Ist man nicht mehr jung, dann hat man eine Entschuldigung für diese Eile. Aber wenn man wie ich, aller menschlichen Voraussicht nach, noch vierzig Jahre leben wird, gibt es gar keine Entschuldigung. Schließlich wachsen die Bäume; die Zweige breiten sich aus, und die Stämme werden stärker. Sogar in dem kurzen Zeitraum von fünfundzwanzig

Jahren werden sie beträchtlich stärker. Dann wird mein Wald vermutlich für mich am wertvollsten sein.

Drittens muß man Katalogen mißtrauen. Nicht wenn es sich um Blumen handelt, aber ganz entschieden beim Einkauf von Bäumen. Der gewöhnliche Katalog über Bäume bringt als Beispiel eines Tulpenbaumes eine Abbildung von einem Exemplar, das von der Königin Anna im Jahre 1708 in Kew Gardens gepflanzt wurde und seitdem mit Dünger überschüttet worden ist. Bestellt sich der Leser nach dieser Illustration einen Tulpenbaum, wird er sehr enttäuscht sein, wenn das kümmerlich aussehende Ding ihm schließlich von einem mürrischen Fuhrmann in einen Sack gewickelt (ich meine den Baum, nicht den Fuhrmann) geliefert wird. Die einzige vernünftige Methode, Bäume zu bestellen, ist, in die nächste Gärtnerei zu gehen und sich den Baum anzusehen, den man kaufen will. Dann wird man keine Enttäuschungen erleben. Überdies muß man jeden Monat in die Gärtnerei gehen, um festzustellen, was gerade blüht und in dem jeweiligen Monat gut aussieht und in der Gegend, in der man lebt, am besten gedeiht.

Schließlich – und das ist außerordentlich wichtig, wenn es auch sehr oberflächlich klingt – muß man ein paar Cocktails trinken, bevor man die Gärtnerei aufsucht, weil ein leichter Rausch den Blick klar macht und den Geist befreit. Ist man vollkommen nüchtern, wenn man in die Gärtnerei geht, bleibt man zu lange im ersten Teil und überstürzt den letzten. Außerdem ist man geneigt, zu feilschen, und es hat wirklich keinen Zweck, zu feilschen, wenn es sich um den Garten handelt.

Trinkt man vorher ein oder zwei vorzügliche herbe, gut gekühlte Martinis, wird der Besuch viel zufriedenstellender ausfallen, nicht nur für einen selbst, sondern auch für den Gärtnereibesitzer. Man wird aus seinem Auto springen, einen himmlischen rosafarbenen Klecks in einer Ecke sehen, den Gartenarbeiter, der das sauberste Gesicht hat, herbeirufen und sagen: «Ich muß ein Dutzend von diesen Blumen haben!» Dann wird man den schönsten Pfad leichtfüßig herunterlaufen, immer von dem sauberen Gartenarbeiter begleitet, und seine Schritte instinktiv zu den herrlichsten Blumen lenken und sie, ohne zu feilschen, bestellen. Die Folgen sind natürlich verheerend, aber es lohnt sich.

Wäre ich nicht damals ein wenig beschwipst gewesen, hätte ich niemals meine Allee von *Viburnum plicatum* bestellt. Ich sah diesen entzückenden Strauch eines Abends im Juli, nachdem ich mehrere Toaste in einem alten Wirtshaus gehalten hatte. Kennen Sie ihn? Er ist ein schöner Bruder des Schneeballs. Der Schneeballstrauch ist etwas Bezauberndes ... er läßt seine lustigen Bälle in der steifsten Brise schaukeln und gräbt seine Wurzeln tief in den härtesten Boden hinein. Aber an Schönheit ist er nicht mit dem *Viburnum plicatum* zu vergleichen. Das *Viburnum plicatum* ist weißer, wächserner und hat eine weit zartere Schönheit.

Ich sah es das erste Mal in dem Garten eines schönen Hauses in Kent. Ich ging mit Reginald McKenna spazieren, der mir sehr viel Deprimierendes über die wirtschaftliche Lage erzählte. Seitdem McKenna nicht mehr Schatzkanzler ist, sehe ich sehr schwarz. Aber gerade als er den schlimmsten Teil seiner Tirade erreichte, kamen wir um die Ecke, und siehe da, die Allee des *Viburnum plicatum* begrüßte uns in ihrer ganzen schneeweißen, tanzenden Tollheit.

Herr McKenna sagte: «Wenn der französische Bauer weiter sein Geld hamstert, wenn die Vereinigten Staaten weiter ihre schon ohnehin gewaltig angesammelten Goldreserven vermehren, wenn die Engländer ihr Geld weiter auf die Bank tragen, anstatt es zur Belebung des Binnenmarktes zirkulieren zu lassen ...»

«Was sagten Sie da?» Ich packte McKenna am Arm.

«Ich sagte, wenn die Engländer weiter ihr Geld auf die Bank tragen ...»

«Meinen Sie, daß wir das Geld lieber ausgeben sollten?»

«Natürlich sollten wir es ausgeben ... ich habe Ihnen das doch seit zwanzig Minuten auseinandergesetzt.» Es lag eine gewisse Kühle in seinem Ton.

«Ja, ja, natürlich! Entschuldigen Sie bitte.» Ich fuchtelte mit den Armen umher. «Diese herrlichen weinroten Rhododendron lenken einen so ab ... wenn man von Volkswirtschaft spricht. Aber ich bin entzückt von dem, was Sie sagen.»

«Warum denn?»

«Weil ich jetzt jeden Groschen, den ich besitze, für *Viburnum plicatum* ausgeben werde.»

«Für *Vibumbum plahaha* ...?» murmelte McKenna verdutzt.

«Ich werde jeden Groschen, den ich besitze ...

... für *Viburnum plicatum* ausgeben.» – Wer so vernarrt in seinen Garten ist, der kann wohl nicht anders handeln. Dieser Zierstrauch ist in der Tat von zarter Schönheit, Früchte trägt er indessen nicht.

Mr. McKenna, der ehemalige Schatzkanzler, ist denn auch einigermaßen irritiert von solchen Plänen seines Freundes; hat er doch ganz andere Ansichten von wirtschaftlichem Wachstum.

# Pfandbrief und Kommunalobligation

**Meistgekaufte deutsche Wertpapiere - hoher Zinsertrag - schon ab 100 DM bei allen Banken und Sparkassen**

Verbriefte  Sicherheit

«Ja, ganz recht. Sehr schön. Nun also, wie ich vorhin sagte . . .»
Er versenkte sich von neuem in eine geistreiche Auseinander-
setzung über die zerrüttete Weltwirtschaft und über das Goldham-
stern der französischen Bauern, das an allem schuld sei. Ich wünsche, ich könnte mich an das, was er gesagt hat, erinnern, aber ich
erinnere mich nur noch an silberglitzernde Zweige, die in der
Abenddämmerung leise schaukelten.

## Zwölftes Kapitel

## DER PROFESSOR

### I.

Unterdessen kamen und gingen die Besucher. Meistens waren es junge Leute, die in schnaufenden Autos ankamen, einen Blick durchs Fenster in den Garten warfen und in einem Atemzug sagten: «Fabelhaft! Reißen Sie das Unkraut selber aus? Danke ... ich möchte lieber einen Sherry.» Zufällig mag ich solche jungen Leute gern. Oder es waren junge Damen, die ebenfalls in schnaufenden Autos ankamen, entzückend aussahen, einen flüchtigen Blick durchs Fenster in den Garten warfen und in einem Atemzug sagten: «Himmlisch! Reißen Sie das Unkraut selber aus? Nein, danke, ich bin auf Diät gesetzt.» Zufällig mag ich solche jungen Damen gern.

Es kamen auch ein paar alte Freunde, die nicht über den Garten sprachen, sondern einfach hinausgingen und sich an ihm freuten. Sie zeigten ihre Freude und auch ihren Takt als Gäste dadurch, daß sie ganze Vormittage auf den Knien lagen und Unkraut jäteten.

Es waren sehr wenige richtige Gartenliebhaber dabei, weil ich aus bitterer Erfahrung weiß, daß richtige Gartenliebhaber in fremden Gärten nicht zu gebrauchen sind. Sie denken nur immer an ihren eigenen Garten. Es entspinnt sich meistens ungefähr folgendes Gespräch.

Ich (meine Staudenrabatte zeigend): Es geht nichts über *Cosmos* für September, nicht wahr? Ich meine, wenn man wirklich etwas für die Augen haben will ...

Der richtige Gartenliebhaber: Sie müßten meinen rosa Rittersporn sehen. Fabelhaft, sage ich Ihnen! Besuchen Sie mich doch mal. Es ist nur eine Stunde von London.

Ich: Sehr gern. Diese japanischen Anemonen sind wunderschön, finde ich. Ich habe die beiden Stauden vor zwei Jahren von einer Wurzel genommen.

Der richtige Gartenliebhaber: Ja, wenn Sie mich nächstes Wochenende besuchen, werden Sie gerade zur Zeit kommen, um meine *Coreopsis* in Blüte zu sehen.

Ich: Meine eigene *Coreopsis* ist ...

Der richtige Gartenliebhaber: Ach ja ... ich sehe ... dort drüben ... Sie müssen aber wirklich kommen. In Dorking müssen Sie umsteigen.

Ich (schroff): Alle diese Dahlien habe ich von Samen gezogen.

Der richtige Gartenliebhaber: Ja ... Ja ... Sie müssen unbedingt meine Dahlien sehen ... und wenn Sie in Dorking umgestiegen sind, dauert es nur noch zwanzig Minuten. Ich kann Sie von der Bahn abholen.

Gartenbesitzer sind wohl genauso wie Eltern. Niemals wollen Eltern über ein fremdes Kind sprechen. Die Wucherungen in der Nase des eigenen Sohnes finden sie viel interessanter als die Leistungen eines fremden Kindes. Ich würde viel lieber Ohrwürmer aus meinen eigenen Dahlien schütteln als die seltensten Orchideen aus den heißesten Treibhäusern von Baron Philipp Sassoon pflükken.

Richtige Gartenliebhaber kamen darum selten nach Wegscheide. Meistens waren es ganz nette Leute, die plauderten, tranken und den Hund spazierenführten und sich sehr freuten, wenn sie mit Blumen beladen wieder abreisten.

Doch außer diesen Gästen kam noch ein Professor zu mir, aber er verdient ein besonderes Kapitel für sich.


## II.


«Warum muß ein Rad rund sein? Warum kann es nicht viereckig oder dreieckig sein?» Das war eine der ersten Fragen, die er an mich stellte, als ich ihn vor ein paar Jahren für eine Sonntagszeitung interviewte. Ich war damals ein ganz junger, grüner Journalist und glaubte, ich hätte eine wahre Goldmine an dem Professor gefunden. Wenn ein Professor solche erstaunlichen Fragen über ein Rad stellen konnte, was würde er erst über das «moderne junge Mädchen» sagen? Das war nämlich das Problem, das die Redakteure damals am meisten beschäftigte.

Der Professor war zu jener Zeit mehr oder weniger mein Monopol. Jetzt ist er eine internationale Größe, aber er sieht noch sehr jung aus. Er hat eine tiefschwarze Mähne, ein reizendes zerstreutes Lächeln und die größte Brille, die je ein Mensch getragen hat. Er ist der geistigste Mensch, den ich kenne. Essen, Schlafen, Trinken sind ihm gleichgültig. Er hat eine tiefe Verachtung für alles, was mit seinem Körper zusammenhängt ... aber auch für die Körper aller anderen Leute. Er hält die Körper für primitive und hinderliche Dinge ... die lange nicht so hübsch oder sauber sind wie ein schöner Motor. Sein einziges Laster ist Rauchen. Er hat beständig eine Zigarette im Mund. Sobald die eine heruntergebrannt ist, steckt er die nächste an dem Stumpf der letzten an.

Ich holte ihn vom Bahnhof ab. Er war am anderen Ende des langen, sehr belebten Bahnsteigs, aber es war nicht schwer, ihn zu finden, da jeder, der in seiner Nähe war, sich umdrehte und ihn anstarrte. Nicht etwa weil er seltsam oder exzentrisch aussah. Nein, nur weil er seiner alten Gewohnheit, Notizen zu machen, nachging. Wenn jemand auf einem belebten Bahnsteig Notizen macht, halten ihn die Engländer sofort entweder für einen Privatdetektiv oder für verrückt. Besonders wenn er, um eine Notiz zu machen, plötzlich zur großen Beunruhigung der karrenschiebenden Gepäckträger stehenbleibt, seinen Handkoffer hinstellt, sich darauf setzt, ein paar Zeilen kritzelt und dann ebenso plötzlich wieder aufsteht.

Bevor er mich sah, hatte er sich gerade zum drittenmal hingesetzt und schrieb etwas auf die Rückseite einer Zigarettenschachtel. Dann erhob er sich, begrüßte mich und reichte mir ein kleines Päckchen.

«Ihre Erfindung», sagte er.

Nun muß ich erklären, daß wir ein Abkommen getroffen hatten, wonach er jedesmal, wenn er mich besucht, etwas für mich erfindet. Da er mindestens zehn Erfindungen täglich macht, strengt ihn das nicht weiter an. Er schenkt mir natürlich keine wichtigen Erfindungen, obgleich ich sicher bin, daß er es täte, wenn ich ihn darum bitten würde. Er gibt mir nur die unbedeutenden.

Diesmal war es eine Zigarette, von der die Asche nicht herabfällt. «Als ich das letzte Mal in Ihrem abscheulichen Auto fuhr», erklärte er, «fiel mir auf, daß Ihre Weste durch das Schütteln ganz mit Asche bedeckt war. Die Asche dieser Zigarette fällt nicht ab. Bei sehr starkem Wind wird sie sich höchstens etwas biegen.»

Sie bog sich nicht einmal. Während der ganzen Fahrt ragte sie schnurgerade hervor. Als ich die Zigarette so weit wie möglich heruntergeraucht hatte, konnte ich sie am anderen Ende wie eine kleine Wurst anfassen. Eine entzückende Erfindung. Aber eine scheußliche Zigarette.

## III.

Mit dem Professor durch den Garten zu gehen, war eine dauernde Freude. Er kam immer mit den unerwartetsten Bemerkungen heraus.

Zum Beispiel, als wir durch den Laubengang gingen, über den mein kleiner Weinstock sich rankt, blieb er stehen und zeigte auf die winzige grüne Weintraube, die sich in der langersehnten Wärme sonnte.

«Ich möchte zu gern wissen, was eigentlich eine solche Weintraube bedeutet.»

«Was sie bedeutet?»

«Ja. Ist eine Weintraube ein Freudenschrei oder ein Schmerzensruf? Sagen diese Trauben: Hurra! Seht mal, was wir geleistet haben! Oder sind sie nur eine Art Ausschlag, wie zum Beispiel Pikkel?»

«Ich verbitte mir, daß Sie meine Weintrauben Pickel nennen!»

«Dann wollen wir sie für ein Symbol der Freude halten.»

Wir sahen eine *Rosa Moyesii* an ... eine jener wunderbaren chinesischen Strauchrosen, die im Herbst mit unzähligen langen, korallenartigen Hagebutten behangen sind. Er befühlte eine dieser Hagebutten mit seinen weißen mageren Fingern.

«Ist nur ein Samenkorn drin? Oder mehrere?»

«Ach, Tausende von Samenkörnern stecken darin», sagte ich.

«Eine furchtbare Verschwendung, wenn man es überlegt.»

«Verschwendung? Verschwendung?! Pah! Was ist das für ein Unsinn!» Er tippte ungeduldig auf die Schote und sah mich stirnrunzelnd an. «Wie können Sie sich erlauben, zu behaupten, daß die Natur verschwenderisch sei? Das sagen die Menschen immer. Wie die Papageien plappern sie es einander nach. Nun, erklären Sie mir, mit welcher Berechtigung stellen Sie eine solche These auf? Haben wir das Recht, zu sagen, bloß weil die Natur tausend Samenkörner hervorbringt, um eine einzige Pflanze ins Leben zu rufen, daß all die anderen Samenkörner überflüssig sind? Wir wissen nicht – wir haben nicht die geringste Ahnung, was diese anderen Samenkörner tun, ob sie zur Erde fallen und sie zum Wohl des einen auserwählten Samenkorns befruchten, oder ob sie die Ätherwellen beeinflussen ...» Er richtete sich auf und starrte mich finster an. «Eins aber ist sicher, daß in unserem rätselhaften Universum Energie niemals verlorengeht. Sie wird verwandelt, aber sie verschwindet nicht.»

Das war das Thema so mancher Unterhaltung, die wir im Garten führten. Er wollte wissen, was aus der Energie würde, die mein Hund verschwendete, wenn er hinter einem Gummiball herlief. Er könne absolut keinen Grund sehen, warum ich Unkraut ausrisse, weil Unkraut ein Symbol der Energie sei. Als ich bemerkte, daß es einer Unmenge Energie bedürfe, um Ampferkraut herauszureißen, sagte er, daß ich der Verschwender sei und nicht die Natur.

Das ganze Argument ging etwas über meinen Horizont, aber ich möchte trotzdem noch eine der Theorien erwähnen, die er mir mit verträumter Stimme an jenem Abend auseinandersetzte, als wir auf einem Feld standen und die grellen gelben Flammen beobachteten, die von einem Feuer aus trockenem Laub hervorschlugen.

«Das würden Sie vermutlich Schönheit nennen», sagte er. «Aber es macht mir Kopfzerbrechen und stimmt mich traurig. Ich weiß allerdings nicht, warum es mich traurig stimmt. Aber vielleicht, weil es ein Problem ist, das ich niemals durch eine wissenschaftliche Formel werde lösen können.»

«Sie müssen es hinnehmen, wie es ist», sagte ich unsicher.

«Ja ... aber der Anblick aller Schönheit erinnert mich daran, daß ich ein Wilder bin ... Jawohl, ein Wilder ... mit stumpfen Sinnen ... blind gegen tausend Dinge, die ich sehen müßte, taub gegen tausend Dinge, die ich hören müßte. Sehen Sie bloß das Feuer dort an. Das ist ein Beispiel von Energie in einem bestimmten Stadium der Entwicklung. Die Form der Energie ändert sich, aber die Elemente sind dieselben. Die Elemente werden genau dieselben sein, wenn jene glühenden Reiser in graue, stumpfe Asche verwandelt sind und die Flammen sich in Gas aufgelöst haben. Doch wenn ich hierher zurückkehre und die Asche sehe, werde ich keinen Eindruck der Schönheit haben, obgleich die Elemente sich die ganze Zeit um mich herum im Weltall weiter so reizend tummeln. Das wollte ich damit sagen. Alles ist noch da, man kann es nur nicht sehen. Es ist, als ob man ein Wort genommen, die darin enthaltenen Buchstaben zusammengewürfelt und ihm dadurch den Sinn geraubt hätte. Wir müßten allein die Buchstaben wieder aussortieren und deren Sinn lesen können, ohne daß die Natur sie für uns wieder schön ordnet, als ob wir Kinder wären.» Er drehte sich um und sagte vor sich hin: «Doch wenn wir eine solche Gabe hätten, würden wir vermutlich in einem derartigen Zustand der Ekstase leben, daß unsere idiotischen Körper ihm nicht standhalten könnten ...»

Am nächsten Morgen beim Frühstück schüttelte er wieder düster den Kopf.

«Ihr Garten ist ein großes Problem», sagte er.

«Ja», erwiderte ich. Ich überlegte gerade, ob ich nicht noch einen Arbeiter nehmen müßte, um das Gras im Obstgarten zu mähen.

«Ein großes Problem», wiederholte der Professor. Er schlürfte seinen Kaffee und schüttelte den Kopf über einen langen Jasminzweig, der quer über dem Fenster hing. «Zum Beispiel dieser Jasmin.»

«Ach, der braucht nur abgeschnitten zu werden.»

«Das meinte ich nicht. Ich meinte, ob wir recht tun, ihn zu bewundern?» – «Ob wir ... was?»

«Ich meinte, ob wir unserer Seele nicht Schaden dabei antun?»

«Ach, ich verstehe.» Ich merkte, daß er sein Argument von gestern abend fortsetzte.

«Nun, ich glaube nicht, daß es mir sehr schadet. Ich finde, es ist ein recht guter Anfang für den Tag, wenn man Jasmin bewundert.»

Der Professor runzelte die Stirn. «Diese Bewunderung ist aber sehr primitiv», murmelte er.

«Im Gegenteil ...»

«Richtig primitiv. Warum sollte man denn einen Jasminzweig mehr bewundern als eine rote Rübe oder einen blauen Fleck? Gestern gerieten Sie in Begeisterung über den Anblick eines Schmetterlings, der sich auf einer roten Dahlie schaukelte. Warum? Sie würden nicht beim Anblick der Raupe, aus der der Schmetterling kam, oder des Kohlkopfes, der ihn ernährte, in Begeisterung geraten. Warum nicht? Weil Sie ein primitiver Wilder sind.»

«Aber auch Sie fanden den Schmetterling sehr schön.»

«Weil ich ebenfalls ein primitiver Wilder bin.»

Er warf seine Zigarette fort und stand auf. Als wir in mein Arbeitszimmer kamen, schlenderte ich auf das Klavier zu und spielte die ersten Takte von Bachs italienischem Konzert. Es schien mit dem harten Glanz der Morgensonne draußen übereinzustimmen.

«Sehen Sie wohl!» Der Professor zeigte mit anklagendem Finger auf mich. «Jetzt sind Sie wieder der primitive Wilde!»

«Wie? Bei Bachs italienischem Konzert?»

«Natürlich! Das ist alles nur eine Frage des Magens. Alle Musik kommt ursprünglich aus dem Magen.»

«Wirklich?»

«Sehen Sie!» Es lag ein eigenartig vibrierender Klang in seiner Stimme, der immer darin zu hören war, wenn der Professor etwas ernst nahm. «Musik ist Rhythmus, nicht wahr? Schön! Woher hat der Mensch seinen Sinn für Rhythmus? Von den Gezeiten! Warum? Weil die Gezeiten ihm früher seine Nahrung brachten. Als wir noch Quallen waren – um einen einfachen Ausdruck für alle Lebewesen zu gebrauchen, solange sie noch aus dem Meer auf das trockene Land krabbelten – als wir noch Quallen waren, war die regelmäßige Ebbe und Flut der Gezeiten das einzig Wichtige für uns. Die Gezeiten brachten uns unser Essen. Die Gezeiten brachten uns das Leben selbst. Wegen dieser Erinnerung an die Gezeiten lieben wir die Musik ...»

Wirklich eine faszinierende Theorie! Eine Theorie, die verlangt, daß man die Augen schließt, sich in die ferne Vergangenheit versetzt und sich in der Phantasie an ein fernes, dampfendes Gestade begibt, die Ohren spitzt und im Schluchzen urzeitlicher Gewässer das schwache, ferne Echo eines Saxophons hört ...

Der Professor ließ mich jedoch nicht weiter darüber grübeln. Er hatte auf dem Plattenweg draußen einige Löwenzahnpflanzen entdeckt und ging ihnen mit bedauernswerter «Wildheit» zu Leibe ... mit einem Spaten, der so verrostet war, daß selbst Adam ihn für vorsintflutlich gehalten hätte.

## IV.

Es macht mir selten Freude, Frau M. zu sehen, aber als sie zwei Tage, nachdem der Professor als Logierbesuch bei mir eingetroffen war, plötzlich hinter der Hecke auftauchte und ihre Kaninchenzähne in der Sonne blitzen ließ, war ich entzückt. Denn kaum hatte der Professor sie erblickt, als er sein Notizbuch hervorzog und, während er sie mit ernster Miene betrachtete, eine Notiz machte. Nie habe ich einen intensiveren Ausdruck gespannter enttäuschter Neugier auf dem Gesicht einer Frau gesehen.

Es gibt wohl nichts, was Frau M. schlechter ertragen kann, als ein Geheimnis, in das sie nicht eingeweiht ist. Sie hat ihre eigenen Geheimnisse. Unzählige ... die sie in der aufreizendsten Weise für sich behält. Geht man mit ihr durch ihr entsetzlich mustergültiges Haus, bleibt man vielleicht vor einem sehr blank geputzten silbernen Photographierahmen mit dem Bild eines jungen Mädchens stehen und fragt: «Wer ist das?» Worauf Frau M. mit dem Finger droht, ein heiseres Lachen ausstößt und sich weigert, es einem zu verraten. Die einzige Möglichkeit, ein solches Geheimnis aus ihr herauszulocken, ist, mit der größten Ruhe zu behaupten, daß man es weiß. Zum Beispiel erfuhr ich den Namen einer entzückenden jungen Dame dadurch, daß ich vor der Photographie stehenblieb und immer wieder sagte: «Nein, das ist kein sehr gutes Bild von Greta Garbo.»

«Aber das ist ja gar nicht Greta Garbo.»

«Nein, der Photograph hat es nicht verstanden, den sehnsüchtigen Ausdruck in ihren Augen wiederzugeben.»

«Ich sage Ihnen ja, das ist nicht Gre –»

«Natürlich ist das Greta Garbo. Ich kenne den Hut.»

«Na, hören Sie mal. Ich werde es wohl besser wissen, da ich ...»

«Ganz recht. Wahrscheinlich waren alle Bilder in der anderen Pose vergriffen. Ich muß wirklich an Greta schreiben.»

Nachdem ich sie noch eine Weile auf diese Weise geärgert hatte, sagte mir Frau M. aus lauter Verzweiflung nicht nur den Namen der betreffenden jungen Dame, sondern auch ihre Adresse und gab mir eine Schilderung ihres Charakters. Leider stimmte alles, was sie mir erzählte, ganz genau.

Das ist jedoch eine unverzeihliche Abschweifung. Doch während ich schreibe, vergoldet eine träge Septembersonne die Seiten, und die Luft ist von Träumen schwer. Man möchte sogar behaupten, daß selbst in dem Blütenstaub, den die Bienen in den purpurnen Kelchen der Blumen vor meinem Fenster aufrühren, ein Betäubungsmittel steckt. Es ist Zeit, die Feder hinzulegen, zu schlafen und dann zurückzukommen, einen Cocktail zu trinken und zu versuchen, wieder einige von den Funken aufzufangen, die der Professor zurückgelassen hat.

## V.

Es ist getan. Der Cocktail, der sehr mild war, ist getrunken. Aber es liegt eine Zärtlichkeit in diesem duftenden Monat, die einen für die leisesten, zartesten Eindrücke empfänglich macht. Darum hätte der Cocktail auch kräftiger sein können.

Wenn man in dieser Stimmung ist, geht einem Frau M. noch mehr auf die Nerven als sonst.

Ich machte sie also mit dem Professor bekannt und legte besonderen Nachdruck auf das Wort «Professor», weil ich wußte, daß es ihre Neugierde bis zum Äußersten steigern würde. Und das tat es auch.

Während wir im Garten spazierengingen, versuchte sie fortwährend, in erregtem Flüsterton aus mir herauszubekommen, was für ein Professor der Herr sei.

«Ja», erwiderte ich boshaft mit lauter Stimme, «der Regen hat die Astern vollkommen vernichtet.»

«Ja, gewiß ... gewiß», bemerkte hastig Frau M., die sich nicht im geringsten für die Astern interessierte. Sobald wir um die nächste Ecke bogen, zischte sie mir ins Ohr: «Der Naturwissenschaft?»

Worauf ich mit bewußter Ungezogenheit erwiderte: «Nein. Das sind Geranien.»

«Aber ich meine doch ...»

«Pst!» Ich sah Frau M. mit so finsterem Stirnrunzeln an, als ob ich irgendein schreckliches Geheimnis über den Professor wüßte, das niemals verraten werden dürfte. Natürlich war alles sehr kindisch, aber jeder, der Frau M. kennt, hätte dasselbe getan.

Unterdessen machte der Professor unentwegt mit ernster Miene Notizen.

Die Szene erreichte aber ihren Höhepunkt, als wir an das Ende des schmalen, von einer Blumenrabatte eingesäumten Weges im Obstgarten gelangten. Eine Menge neuer Pflanzen blühten zum erstenmal, und Frau M. wollte sich für die eben erlittene Niederlage rächen.

«Um Himmels willen!» rief sie. «Wie schade, daß Sie die Fuchsien neben die Gauklerblumen gepflanzt haben!»

«Warum?» fragte ich. Ich wußte sehr wohl, was sie meinte, aber Frau M. reizt mich immer zum Widerspruch. Sie wollte damit sagen, daß die Fuchsien leuchtend violett seien, während die Gauklerblumen eine aggressive rotbraune Farbe haben. Die beiden Blumen machten sich natürlich gegenseitig tot. Aber es fiel mir nicht ein, Frau M. die Tatsache zuzugeben. Darum bemerkte ich nur:

«Finden Sie sie nicht schön nebeneinander?»

«Schön? Sie beißen sich ja förmlich!»

«Ach was! Ich glaubte immer, man könne alle Blumen zusammentun, ganz gleich, welche Farbe sie haben. Blumen beißen sich niemals.» Ich habe zwar nie so etwas gedacht, aber wie gesagt, man ist bereit, alles zu behaupten, nur um Frau M. zu widersprechen.

Was Frau M. darauf erwidert hätte, kann ich nicht sagen, denn in diesem Augenblick zog der Professor sein Notizbuch hervor. Während er Frau M. unter seinen schwarzen Augenbrauen mit todernster Miene betrachtete, kritzelte er einige Worte, rümpfte die Nase und steckte das Buch wieder in die Tasche.

Das war zuviel für Frau M. Sie kicherte schrill und sagte: «Sie wollen wohl eine Skizze von mir machen?»

Der Professor blinzelte. Er schien durch sie hindurchzusehen.

Frau M. kicherte von neuem. «Ich müßte mich wohl sehr geschmeichelt fühlen», fuhr sie in einem Ton fort, in dem ein Gemisch von Beunruhigung und Wut lag. «Seitdem ich in den Garten gekommen bin, hat er über alles, was ich gesagt habe, Notizen gemacht.»

Schweigen. Sie zog die Schultern hoch, legte die gefalteten Hände auf den Magen, während sie abwechselnd ihre Kaninchenzähne zeigte und verbarg. Die ganze Zeit keuchte sie förmlich.

Dann brach der Professor das Schweigen. Er sprach mit so ritterlicher Höflichkeit, daß selbst Frau M. vorübergehend entwaffnet wurde. Er sagte: «Ich bitte um Verzeihung, aber ich habe die schlechte Gewohnheit, alles, was mich interessiert, zu notieren, damit ich es nicht vergesse. Sie haben mich im Augenblick interessiert.»

«Ach!» sagte Frau M.

«Ja. Es ist in Wirklichkeit ganz einfach, warum Sie diese beiden Farben als störend empfinden. Sobald die rote Sie trifft . . .»

«Mich *trifft*?»

«Ja, Sie trifft . . .» wiederholte der Professor, «und sobald das geschieht, werden Sie gleichzeitig – ich gebrauche das Wort mit Vorbedacht – von der violetten getroffen. Die Wellenlängen verwirren sich. Es ist, als ob die eine Wellenlänge so wäre» (und er zeichnete eine lange Kurve in die Luft) – «und die andere so.» (Er skizzierte eine Serie kürzerer Kurven.) «Dabei fragt sich Ihr Verstand: ‹Welche ist es? Ich muß eine jener Schwingungen auffangen.› Darum also gefallen Ihnen jene beiden Farben im Blumenbeet nicht.»

Ich hatte meine eigenen Ansichten darüber, warum Frau M. die beiden Farben nicht mochte, und zwar nur deshalb, weil sie sich zufällig in meinem Blumenbeet befanden und nicht in dem ihren. Aber ich hatte keine Gelegenheit, das zu sagen, weil sich der Professor in diesem Augenblick bückte und einen Ziegelstein aufhob. Er hielt ihn in der Hand und ging auf Frau M. zu. Diese trat entsetzt einen Schritt zurück, während sie den Professor wie gebannt anstarrte. Wollte er sie töten? Oder wollte er – um die Ausdrucksweise der «Sonntagsblätter» zu gebrauchen – «Annäherungsversuche machen»?

Der Professor löste gleich das Rätsel. «Wenn ich diesen Ziegelstein auf Ihren Fuß fallen lassen würde . . .» begann er.

«Was?!» Frau M. trat noch ein paar Schritte zurück.

Er machte eine lässig abwehrende Geste. «Eine bloße Hypothese ...»

«Das will ich hoffen!» zischte Frau M. und warf mir blitzartig einen Blick zu, der zugleich Abneigung, Erregung, Empörung und verletztes Schicklichkeitsgefühl ausdrückte. Sie konnte keine weiteren Gefühle ausdrücken, da sie den Blick sehr rasch dem Professor wieder zuwenden mußte, um zu sehen, was er mit dem Ziegelstein zu tun beabsichtigte.

«Ich sagte nur, wenn», wiederholte der Professor.

«Ganz recht.» Sie zeigte eine Sekunde mit eisiger Miene ihre Kaninchenzähne, und ihr Gesicht wurde wieder starr wie steifegewordene Sülze, als der Professor hinzufügte:

«Sie dürfen unter solchen Umständen nicht sagen, daß sich der Schmerz von meiner Hand auf Ihren Fuß übertragen hätte, nicht wahr?»

«Es ist kaum vorauszusehen, was ich in diesem Fall sagen würde.» Und in dem Gefühl, soeben etwas sehr Geistreiches und Schlagfertiges geäußert zu haben, stieß sie eine halb unterdrückte Lachsalve über ihren eigenen Witz aus.

Der Professor blinzelte. Verträumt bemerkte er: «Nein. Sie würden sagen, daß der Schmerz entstand, als der Ziegelstein Ihren Fuß erreichte. Genauso ist es mit dem Licht. Das wird erst in dem Augenblick als Licht wahrgenommen, wenn es den Gegenstand erreicht, den es erwärmen oder von dem es ausstrahlen soll. Man kann eigentlich nicht sagen, daß ‹ein Lichtstrahl von der Sonne ausgeht›. Er tut nichts dergleichen. Es gibt im Grunde genommen kein Licht als solches ... ich meine, nicht etwas, was man im Weltenraum auffängt, zukorkt und festhält ... es bedarf Ihrer Existenz, um selbst ins Leben gerufen zu werden.»

Über Frau M.s erstarrtes Gesicht lief nicht das leiseste Zucken. Der Professor fügte dann hinzu:

«Ist Ihnen klar, daß der Vorgang genau derselbe ist, ob ein Lichtstrahl Sie erreicht oder der Geruch einer Zwiebel?»

Frau M.s Gesicht verlor etwas von seiner Starre und wurde merklich länger. Sie stierte den Professor einen Augenblick schweigend an, dann wandte sie sich mir zu und sagte mit äußerster Überlegenheit:

«Ich glaube, das alles ist ein wenig zu hoch für mich.»

«Nein, da irren Sie sich, das ist es gerade *nicht*!» rief der Professor in so schroffem Ton, daß Frau M. sich jäh zu ihm umdrehte wie ein ungezogenes Schulmädchen, das gerade dabei ertappt worden ist, als es sonderbare Figuren ins Heft zeichnete.

«Es ist sehr töricht», sagte er, «zu glauben, daß die Dinge zu hoch für Sie sind, wenn es nicht der Fall ist. Außerdem ist das ja gerade mein Vergleich. Solange das, worüber ich spreche, d. h. das Licht, zu hoch für Sie ist, existiert es noch gar nicht. Es gewinnt erst in dem Augenblick Leben – gestatten Sie mir den Ausdruck –, wenn es Sie trifft.»

Gern hätte ich seine Auseinandersetzungen in ihrer ganzen Fülle und Schönheit wiedergegeben, anstatt gezwungen zu sein, sie in so armselige Worte zu kleiden. Jedoch kann ich wenigstens das Bild des kleinen Trios ganz deutlich vor mir sehen. Hinter dem Professor befand sich ein Heckenrosenstrauch, von leuchtend roten Hagebutten dicht besät. Diese schienen sich sogar in sein Haar verwickelt zu haben, Frau M. stand vor einer weißen Mauer, und über ihr wölbte sich der reine blaue Himmelsdom. In dieser schlichten Umgebung machte sie einen grotesken Eindruck. Ich hatte mich gebückt und versuchte, einen Regenwurm zu überreden, sich von der Wurzel eines Stiefmütterchens zu entfernen.

Da ich das Gefühl hatte, daß die Unterhaltung eine gefährliche Wendung zu machen drohte, sagte ich ganz laut: «Dieser gräßliche Regenwurm hat keinen Verstand. Er scheint nicht zu begreifen, was man von ihm will.»

«Der Wurm hat viel mehr Verstand, als Sie ahnen», fuhr mich der Professor an.

«Der *Wurm*?» schrie Frau M.

«O Himmel», dachte ich, «da haben sie wieder was!»

Und so war es; denn der Professor wandte sich von neuem an Frau M. und sagte:

«Jawohl, gnädige Frau. Der Wurm fühlt Ihre Schritte, wenn er sich unter der Erdoberfläche befindet, sehr viel deutlicher, als Sie ihn jemals spüren würden.»

Frau M. scharrte nervös mit den Füßen. Ihre Füße waren sehr groß. Sie öffnete den Mund, um etwas zu erwidern, aber der Professor ließ sie nicht zu Wort kommen.

«Was verstehen Sie von Insekten? Nichts! Darum auch halten Sie sie für dumm. Und doch ist der Tastsinn der Spinne ein wahres Wunder. Und was den Mistkäfer anbetrifft . . .»

Ich konnte nicht umhin, Frau M. anzublicken, als dieses unästhetische Wesen genannt wurde. Ich freue mich, daß ich es tat, denn ihr linker Nasenflügel schoß in die Höhe und verharrte bebend in dieser Lage.

«Der wunderschöne Mistkäfer . . .» wiederholte der Professor, und etwas wie Begeisterung klang aus seiner Stimme.

«Der herrliche Mistkäfer . . . Wissen Sie denn nicht», rief er, «daß dieser Käfer sehr viel besser für seine Kinder sorgt, als Sie es jemals für die Ihren tun würden, gnädige Frau?»

«Aber wirklich», keuchte Frau M., «ich muß gestehen, ich sehe nicht ein, welcher Zusammenhang . . .»

Ich muß hier die Erklärung einschalten, daß der Professor unbewußt Frau M. an ihrer empfindlichsten Stelle getroffen hatte. Ihr Geiz gegen ihre Tochter Elsenore, ein liebenswürdiges, bleichsüchtiges Mädchen, das in London Violinunterricht nahm, war in Wegscheide sprichwörtlich geworden.

«Ganz recht», bemerkte der Professor. «Sie sehen nicht ein . . . Und wenn Sie schließlich einsähen, würden Sie noch lange nicht begreifen.» (Um dem Professor Gerechtigkeit widerfahren zu lassen, der sonst wirklich die Höflichkeit in Person ist, muß ich hier erklären, daß er im Augenblick nicht eine einzelne Dame in Frau M. sah, sondern ein Auditorium unaufmerksamer Studenten, denen er einen Vortrag hielt.)

«Ihre Fußnägel zum Beispiel . . .»

Jetzt wagte ich tatsächlich nicht, Frau M. anzublicken. Der kritische Augenblick war gekommen. Man konnte nur hoffen, daß keine allzu große Katastrophe eintreten würde. Aber sie kam doch. Die Stimme des Professors fuhr fort und klang fast schrill in der stillen Luft:

«Ihre Fußnägel! Warum finden Sie nichts Unästhetisches an Ihren Fußnägeln? Wissen Sie denn nicht, daß Fußnägel äußerst unästhetisch sind? Wissen Sie nicht, daß Sie vor ganz wenigen Jahren mit Ihren Fußnägeln Wurzeln aus der Erde buddelten?»

Er fuhr sich mit den Händen durchs Haar. «Eigentlich dürfte ich gar nichts Unästhetisches daran finden . . . aber ich tue es doch.

Das ist sehr unlogisch von mir. Es ist nur meine lähmende Unwissenheit, durch die mir manches so erscheint ... meine Unwissenheit über den Plan des Weltalls, meine ich ...»

Jetzt erst sah ich auf und merkte, daß Frau M. verschwunden war. Ich lief ihr schnell nach. Der Professor redete noch ganz bezaubernd, als ich zwanzig Minuten später zurückkam. (Frau M. stand kurz vor einem hysterischen Anfall und war kaum zu beruhigen gewesen.)

Der Professor sah auf, als ich mich ihm näherte.

«Ach, da sind Sie ja!» sagte er mit einem verträumten Lächeln, «ich arbeitete gerade eine sehr interessante Theorie aus ...»

Mir war noch ein wenig wirr im Kopf, darum erwiderte ich nur zerstreut:

«So?»

«Ja ... Über Nahrungsmittel», fuhr der Professor gelassen fort. «Es ist mir immer lächerlich vorgekommen, daß Personen, die die verschiedensten Berufe ausüben, alle von denselben Nahrungsmitteln leben sollen. Sie sind zum Beispiel Schriftsteller, ich bin Ingenieur, Chemiker und sonst noch verschiedenes Dummes. Ist Ihnen nie der Gedanke gekommen ...?»

Aber ich weiß nicht mehr, wie seine Ausführungen endeten. Der Nachmittag war etwas zu anstrengend gewesen.

## VI.

Es war der letzte Tag, mein Professor mußte abreisen. Das Auto stand vor der Tür. Wir schlenderten noch einmal durch den Garten und verabschiedeten uns stumm von den Blumen.

«Ich werde Ihnen ein paar schöne Rosen abschneiden», sagte ich. «Sehen Sie, diese dunklen hier sind herrlich, wenn man sie so in der Knospe pflückt ...»

«Nein, nein, bitte nicht!» Es lag eine Eindringlichkeit in seinem Ton, die ich nie bei ihm gehört hatte. Ich drehte mich überrascht zu ihm um.

Er hielt die Hände ausgebreitet, als ob er die Blumen beschützen wollte. Seine Stirn war gerunzelt, und er sah ganz erregt aus. Er erinnerte an einen erschrockenen Schuljungen. Dann aber entspannte sich sein Ausdruck. Seine Hände fielen herab, und ein entzückendes Lächeln erhellte langsam sein Gesicht.

«Halten Sie mich bitte nicht für einen Idioten», sagte er, «aber ich kann es nie ertragen, zu sehen, wie Blumen abgeschnitten werden.»

«Ich verstehe.» Dummerweise war ich ein wenig gekränkt. Ich schneide Blumen so oft ab.

Ich will keine ästhetische Pose annehmen oder irgend etwas anderes Dummes. Ebensowenig will ich behaupten, daß ich mir viel daraus machte, ob der Blume weh getan wird oder nicht. Es gibt so furchtbar viel Schmerz und Qual in der Welt, daß man sich nicht um jeden einzelnen Fall verrückt machen kann. Nein ... ich habe nur das Gefühl, wenn ich mit der Schere in der Hand vor einer Blume stehe, daß die Blume zu mir hinaufblickt und sagt: «Was bist du für ein aufgeblasener Narr! Was für ein armer, gottverlassener Narr! Siehst du denn nicht, daß ich lebe und du auch, und doch willst du meinen Tod herbeiführen? Denn in dem Augenblick, in dem ich abgeschnitten werde, sterbe ich.»

«Aber manche Blumen bleiben viel länger in einer Vase am Leben als im Garten.»

Er packte mich am Arm und sprach sehr eindringlich. Es lag eine wilde Weisheit in seinen Worten, die sich nur schwach wiedergeben läßt. Denn er sagte:

«Ja. Aber wir wissen nicht, was mit der Pflanze geschieht, wenn wir die Rose abschneiden. Wir wissen nicht, welchen guten oder schlechten Einfluß jene Handlung auf den Äther ausübt, oder auf die Wurzeln oder auf die Larven, die in den Blättern versteckt liegen ... Wir wissen nicht, bis zu welchem Grad wir die Luft ärmer machen oder ändern, die wir um den Duft dieser Rose gebracht haben (und Duft ist außerordentlich wichtig) – wir wissen nicht, wie wir die Ätherausstrahlungen, die von der Sonnenwärme ausgehen, beeinflußt haben ...»

Er hielt jäh inne und lächelte wieder. «Schneiden Sie also bitte die Blumen nicht ab», sagte er.

Ich tat es nicht.

Während wir wieder auf das Haus zuschlenderten, faßte er all seine Argumente zusammen und kristallisierte seine Philosophie in den wenigen Worten:

«Sie sehen, ich versuche mich von der Notwendigkeit des Maskotts zu befreien.»

«Des Maskotts?»

«Jawohl. Das meine ich. Die meisten von uns finden es unmöglich, an etwas zu denken, ohne erst irgendeine körperliche Handlung auszuführen. Wenn wir zum Beispiel das Vergnügen des Rauchens genießen wollen, müssen wir ein kleines Bündelchen Kräuter nehmen und es anzünden. Wir können nicht einfach die Augen schließen und den erforderlichen Empfindungen gebieten, vom Äther aus auf uns zu wirken. Sie sind alle da, diese Empfindungen. Aber wir können sie nicht erleben ohne den kleinen Maskott der verdorrten Kräuter. Es ist dasselbe bei der Liebe. Wir können diese Ekstase nicht herbeirufen. Wir müssen erst einen Maskott in der Form eines Körpers anbeten. Ebenso ist es bei der Rose ...»

Er stieg in das Auto. «Sie sind alle hier ... alle Ihre Rosen», sagte er und tippte sich auf die Stirn.

Das ist meine letzte Erinnerung an ihn, wie er mir zulächelte, den Kopf voll Rosen.

## DREIZEHNTES KAPITEL

## DAS TREIBHAUS

### I.

Ich kann mich nicht der Zeit erinnern, in der meine Familie nicht arm war. Sie hatte früher einmal Geld, aber das meiste davon ging im Krieg verloren, und nachdem mein Vater meine Brüder und mich nach Oxford geschickt hatte, blieb ihm nicht mehr viel übrig. Wir hatten ein Haus in Devonshire, das jetzt in ein Hotel verwandelt worden ist, und der Garten dort war bezaubernd ... es stehen einige der herrlichsten Bäume darin, die es in ganz England gibt. Aber wir konnten uns nur einen Gärtner leisten, und er hatte vollauf zu tun, um bloß den Rasen in Ordnung zu halten.

«Warum haben wir nicht ein Treibhaus, so wie die G.s, damit wir auch Weintrauben ziehen können?» Ich erinnere mich deutlich, wie ich als Kind diese Frage an meine Mutter richtete. Sie schüttelte den Kopf und sagte, daß Treibhäuser sehr kostspielig seien. Diese Antwort machte einen tiefen Eindruck auf mich. Ich wurde nie den Gedanken los, daß ein Treibhaus Tausende kostete – daß nur ein Millionär sich so etwas leisten könne.

Und doch besitze ich heute ein Treibhaus und bin kein Millionär!

Ich muß meine Erzählung einen Augenblick unterbrechen, um nachzudenken. Mir scheint, ich unterbreche sie sehr oft ... aber ich habe die Entschuldigung, daß das ganze Buch eigentlich nur ein Schlendern durch einen Garten ist, eine gemütliche Pilgerfahrt. An dieser Stelle möchte ich die seltsame Tatsache erwähnen, daß Eindrücke, die man in der Kindheit über Geldfragen bekommt, niemals ganz verschwinden. Wenn einem als Kind etwas als Luxus erschienen ist, dann bleibt es das ganze Leben ein Luxus.

Daher kommt es, daß mein kleines Treibhaus – obgleich es nicht so viel kostet wie mein jährlicher Klubbeitrag – mich noch immer mit einem leisen Gefühl der Sorge erfüllt. Ich gehe an frostigen Vormittagen hinaus in den Garten und sehe die blasse dünne Rauchspirale, die vom Schornstein aufsteigt, betrete das Treibhaus und atme die milde, wohlriechende Luft ein ... und zittere über meinen Leichtsinn. «Das ist ein furchtbarer Leichtsinn ... das ist unerhörte Verschwendung ...», sagt mir mein Unterbewußtsein. Es nützt nichts, daß mein Oberbewußtsein mich zu beruhigen sucht durch die einfache Überlegung, daß die Kosten des Treibhauses für das ganze Jahr nicht so hoch sind wie ein einziges Mittagessen im Savoy. Das Gefühl der Angst bleibt trotzdem bestehen. Ich habe die Empfindung, als hätte ich mir eine Yacht angeschafft mit einer großen Mannschaft und einer grauenhaften Rechnung, die jede Woche beglichen werden muß. Und alles nur, weil mir meine Mutter vor vielen Jahren einmal sagte, daß «Treibhäuser sehr kostspielig» seien.

Aber es lohnt sich doch. Ja, das kleine Treibhaus mit seinem kleinen Ofen und seiner einzelnen Reihe Dampfröhren würde sich lohnen, und wenn sein Unterhalt meinen wirtschaftlichen Ruin bedeutete!

## II.

In das Treibhaus zu gehen, wenn es draußen stürmt, die Türen zu schließen, stehenzubleiben und auf den Wind draußen zu horchen, auf den Regen, der gegen das schwache Dach peitscht, durch die beschlagenen Fensterscheiben die schwarzen, sturmgepeitschten Zweige der fernen Ulmen zu sehen und tief den seltsamen und fast unheimlichen Frieden einzuatmen, den dieses schwache kleine Gebäude ausströmt, ist für mich eine der innerlichsten, echtesten Freuden, die das Leben einem zu geben vermag.

Man hat das Gefühl der Befreiung – der Zuflucht in ein Heiligtum. So war vielleicht den Flüchtlingen zumute, als sie sich am Altargitter anklammerten, wenn der wütende Mob hinter ihnen her war. Denn hier ist man gefeit. Hier hinein kann kein schneidender Wind, kein Frost dringen. Ich möchte sogar, der Sturm draußen würde noch stärker, der Wind tobte noch heftiger, der Regen verwandelte sich in Hagel und schlüge einen teuflischen

Trommelwirbel auf dem Glasdach. Um so süßer wäre dann das seltsame Gefühl des Geborgenseins in meinem Treibhaus.

Hört zu! Tausend stürmische Echos klingen draußen. Stöhnen im Wald, Zischen in der nahen Hecke. Wie die ungleichmäßigen Schläge einer grausamen Peitsche wirft sich der Regen gegen die Scheiben, die bald ganz blind, bald völlig reingewaschen sind, so daß man einen Blick in den gequälten Garten bekommt. Und dazwischen klingt immer das erregte hohe Glucksen des Wassers, das durch die Dachtraufen in die untenstehenden leeren Bottiche fließt. Aber wirklich ... die Geräusche sind alle nichts ... sie haben keinen Anteil am Weltall, solange man im Treibhaus bleibt. Im Treibhaus ist Vernunft, Ruhe, und diese Geräusche sind krankhafte Vorstellungen eines verstörten Gemüts. Hier herrscht Stille und Schweigen.

Schweigen. Aber kein völliges. Denn wenn man den Atem anhält, kann man die Pflanzen wachsen hören ...


### III.

Als ich zum erstenmal nach Wegscheide kam, hatte ich noch kein großes Interesse für Treibhäuser. Es gab noch so viele Dinge draußen, die meine Aufmerksamkeit in Anspruch nahmen. Darum haben wir im ersten Winter nicht einmal den Ofen darin angezündet.

Erst im zweiten Winter, als ich anfing, mich für Winterblumen zu begeistern, begannen die Möglichkeiten, die ein Treibhaus bietet, mich zu interessieren. In den Katalogen der Sämereien entdeckte ich, daß es viele Sommerblumen gibt, die man im Winter zum Blühen bringen kann, wenn man sie im Herbst sät, beim ersten Frost ins Treibhaus stellt und während der dunklen Monate in einer milden Temperatur hält.

So wurden diese anfänglichen Experimente mit einfachen, widerstandsfähigen Blumen gemacht ... mit Vergißmeinnicht, Schlitzblumen, Nemesia und Wicken. Außer den Wicken gedieh alles ausgezeichnet. Die Temperatur durfte nie unter vierzig Grad Fahrenheit sein. Die Schlitzblumen blühten zuerst. Ich werde nie vergessen, mit welchem Stolz ich diese orchideenartigen Blumen

Mitte Januar nach London brachte. Ungefähr drei Wochen darauf waren die Vergißmeinnicht soweit. Ich hatte sie in flache irdene Schalen gesät. Noch nie habe ich so tiefblaue Vergißmeinnicht gesehen. Die Nemesia kam ziemlich spät. Die Wicken waren leider ein völliges Fiasko. Drei Jahre hintereinander habe ich es mit ihnen versucht, aber niemals habe ich mehr als ein halbes Dutzend Blüten erreicht. Vielleicht mißhandelte ich sie auf irgendeine geheimnisvolle Weise, ohne es zu ahnen. Ich weiß aber tatsächlich nicht, wie. Ich säe sie immer zur richtigen Zeit in richtige Erde und führe die Instruktionen so gewissenhaft aus, wie eine besorgte Mutter, die ihrem Kind den ersten Löffel Lebertran eingibt. Aber es geschieht trotzdem nie etwas.

Im dritten Jahr begann ich, meine Treibhausmanie wirklich ernst zu nehmen. Zum Beispiel bekam ich eine Alpenveilchenmanie. Bis dahin hatte ich nur mit dem *Cyclamen coum* experimentiert, jener kostspieligen, im Freien wachsenden Sorte, die aus der Türkei kommt und, während der Schnee noch auf der Erde liegt, winzige weinrote Blüten hervorbringt. Ich hatte noch nicht die großen Treibhaussorten ausprobiert. Nun beschloß ich, sie von Samen zu ziehen.

Wenn der Leser Gärtner von Beruf ist, hat er das Recht, jetzt vor Wut zu schnauben, das Buch fortzuwerfen und zu sagen: «So eine Frechheit! Der Kerl wagt über eine derartige einfache Sache zu schreiben und so zu tun, als ob es ein Wunder wäre, Alpenveilchen von Samen zu ziehen! Nichts einfacher, wenn . . .»

Nun gut. Meinetwegen. Ich halte es aber noch immer für erstaunlich. Wenn ich das Alpenveilchen auf meinem Schreibtisch betrachte, mit seinen Blütenblättchen von zartester Elfenbeinfarbe . . . ein Alpenveilchen, das so aussieht wie eine Schmetterlingsschar, die während eines einzigen köstlichen Augenblicks im weißen Herzen der Zeit erstarrt ist . . . dann versuche ich den Vorgang zurückzuverfolgen, von den Blüten bis zur Knospe, von der Knospe zum jungen, noch krausen Stengel, vom Stengel zum ersten fächerförmigen Blättchen und von jenem Blättchen zum winzigen Samen. Ich kann es kaum begreifen. Hier in den Fältchen der Blüte sind Äderchen, durch die das kalte, süße Blut fließt . . . hier ist ein Stengel, der sich rasch und stolz erhebt, ein Blatt von zartester, phantastischster Form. Das Ganze ist ein Gedicht –

das den steifen Rhythmus des Sonetts mit dem überstürzten Tempo einer Ode von Francis Thompson in sich vereint.

Ein Wort der Warnung muß jedoch allen denen gesagt werden, die zum erstenmal Alpenveilchen von Samen ziehen. Auf dem Päckchen steht, daß der Samen nach vier bis sechs Wochen «keimen» wird. Das ist eine fürchterliche Lüge. Man kann natürlich sagen, daß der Samenhändler mit «keimen» irgendeinen dunklen Vorgang in den Tiefen der Erde meint. Ist dies der Fall, so ist der Samenhändler entschuldigt. Aber ich verstehe unter «keimen» etwas, was man tatsächlich sehen kann ... ein richtiges Alpenveilchenblatt, das durch das Erdreich stößt. Meine eigene etwa dreijährige Erfahrung hat mich gelehrt, daß man mindestens mit drei, gewöhnlich vier Monaten nach dem Säen rechnen muß, bevor das Alpenveilchen zu sprießen beginnt.

Die ermunternden und optimistischen Prophezeiungen auf dem Samenpäckchen verursachen dem Käufer stets wochenlanges Hangen und Bangen. Als ich zum erstenmal Alpenveilchen säte, begann ich schon gegen Ende des ersten Monats mit großer Sorge die Saatkästen zu beobachten. Alle möglichen Dinge geschahen darin. Sonderbar behaarte Blättchen sprossen hervor, streckten mir die Zunge aus und verschwanden wieder über Nacht. Waren das die Alpenveilchen? Zum Teufel! Warum wußte man das nicht? Majestätische grüne Speere zeigten sich, sahen ganz entzückend aus, hatten aber keine Ähnlichkeit mit Alpenveilchen. Waren es aber vielleicht trotzdem Alpenveilchen? Und wenn nicht, müßte man sie nicht herausreißen? Zum Kuckuck noch mal! Warum war niemand da, der es einem sagen konnte?

Am Ende der nächsten Woche, als die Saatkästen eine erstaunliche Auswahl von Trieben zeigten, war ich der Verzweiflung nahe. Ich will nicht undankbar gegen diese Triebe sein. Es war sehr nett von ihnen, herauszukommen. Aber da keiner von ihnen den Anspruch erheben konnte, ein Alpenveilchenkind zu sein, war meine Dankbarkeit nicht ganz aufrichtig.

Am Ende der zehnten Woche ging ich mit leisem Hohnlächeln an den Saatkästen vorbei. Ich versuchte, mir einen Haß gegen alle Alpenveilchen einzureden. «Es sind doch ganz ordinäre Pflanzen», murmelte ich vor mich hin. «Zu protzig! Sie erinnern einen an Schleifen und Bändchen, an furchtbare, strohbeflochtene Blumentöpfe und an heiße Hoteldielen. An lästige Frauen, die in Etagenwohnungen leben, elektrische Öfen haben, ständig an Verdauungsstörungen leiden und ein schnarchendes Pekinesenhündchen besitzen.»

Dann aber ... an einem naßkalten Tag, als ich der Verzweiflung nahe war und die ganze Welt feucht und kalt schien – als der Tag lustlos dämmerte und der Abend düster herangeschlürft kam, wie ein Leichendiener, der erscheint, ehe der letzte Atemzug ausgehaucht ist, ging ich in das ersterbende Licht hinaus, und dort im Saatkästchen fand ich, daß die Alpenveilchen zu leben begonnen hatten! Durch die dunkle Erde hatten sich winzige, zarte, aber lebenskräftige Blätter hindurchgedrängt. Ja, das waren zweifellos die Alpenveilchen, zweifellos. Sie hielten tapfer stand gegen die schleichenden Unkräuter ... es lag eine feine Vornehmheit über ihnen, die sie von den wuchernden Eindringlingen trennte. Als ich mich über sie beugte, blickten sie mich ernst an, als ob sie sagen wollten: «Nun, hat es sich nicht gelohnt, auf uns zu warten?»


IV.


Nach der Alpenveilchenmanie verfiel ich dem Zauber der zigeunerhaften, wilden Schönheit der Cineraria, der Aschenpflanze. Sie hat die Farbe der Zigeunerkopftücher, und ihre leuchtenden Blüten, in deren Kelchen ein Schimmer liegt, erinnern an die Sonne in den Augen der Zigeuner. Ich wußte nicht, wie wunderschön Aschenpflanzen sein können, bevor ich sie auf Malta im Freien hatte wachsen sehen. Es war April, ich war von England ausgerückt, um nach einem bißchen Sonnenschein zu suchen, und hatte den verhängnisvollen Fehler begangen, mir einzubilden, daß es um so sonniger sein müsse, je weiter man nach Süden ginge. Da ich an der Riviera keine Sonne fand, reiste ich nach Algier, das mich an Manchester im November erinnerte – so schmutzig und naß waren seine Straßen, durch die unsympathisch aussehende Araber ihre schmutzigen Lumpen schleiften. Ich blieb einen Tag in Algier und schiffte mich dann nach Sizilien ein. Unterwegs hielten wir in Malta. Endlich hatte ich Sonnenschein, aber selbst wenn er auch nicht dagewesen wäre, hätte es mir nichts ausge-

HERBST

macht, da ich hier die Aschenpflanzen fand, die die ganzen Abhänge in ein Flammenmeer verwandelten. Ihres Samens wegen pflückte ich einige von den abgeblühten Blumen und nahm sie mit nach England. Sie akklimatisierten sich so wunderbar, daß mich meine Aschenpflanzen im nächsten Jahr gar nichts kosteten, und ihre Farben schienen um so lustiger, weil sie nicht aus einem Päckchen stammten, sondern von den heißen duftenden Beeten eines Gartens im Süden.

Ich möchte hier eine Bemerkung machen über die Gewohnheit, Samen und Pflanzen aus dem Ausland mitzubringen. Gelingt das Experiment, dann ist man entzückt, aber ich habe in dieser Beziehung bittere Erfahrungen gemacht. In Sizilien zum Beispiel nahm ich von den braunen Abhängen Unmengen reizender kleiner Pflanzen mit den Wurzeln: Sonnenröschen, Flachs, Anemonen, wilde Alpenveilchen, Boretsch und einige seltsame blaßgelbe Margueriten. Ich konnte die Zeit kaum erwarten, um sie mit heißen Wünschen für ihr Gedeihen in die kühle englische Erde zu pflanzen. Aber bis dahin hatten sie noch viele Prüfungen zu ertragen.

Für diese Pflanzen war die Heimreise eine einzige Qual. Ich hatte versucht, die Wurzeln sauber zu waschen, aber es schien, als ob sie die Fähigkeit besaßen, Erde aus ihrem eignen Innern abzusondern, und sie zeigten eine auffallende Vorliebe, meine Oberhemden als Ablagerungsstätte dafür zu benutzen. Eine Zeitlang probierte ich es, sie in einem mit Wasser gefüllten Marmeladenglas zu transportieren, aber bald gab ich diese Methode auf, weil sie mehrere Male zu Szenen auf den Stationen führte. Zärtliche Mütter, die sich einbildeten, daß ich Fische, Schnecken oder gar Eidechsen in den Gläsern hatte, verlangten stürmisch, daß ich sie ihren Kindern zeigte, und wenn ich das ablehnte mit der Versicherung, es seien keine Fische darin, nicht einmal eine einsame Ellritze, sondern nur Pflanzen, warfen sie den Kopf zurück und durchbohrten mich mit mißtrauischen Blicken.

Doch mit den Zollbeamten hatte ich die meisten Scherereien. Wir sind nie ganz auf der Höhe, wenn wir mitten in der Nacht von einem großen Mann mit einem weißen Schnurrbart geweckt werden, der eine Menge Dinge in unserem Gepäck entdeckt, die wie feuchte, in alte Pyjamas eingewickelte Kohlstrünke aussehen, und die er uns vor die Nase hält, während er in grobem Ton fragt, was das sei. Was sie sind? Man weiß es nicht. Es wäre herrlich, wenn man es wüßte. Kräuter? Zu essen? Nein, nein! Einmal hat ein abscheulicher schweizer Beamter, um die Unerschrockenheit der schweizerischen Zollbehörde zu beweisen, den Stengel einer Anemone durchgebissen. Ich hoffe, er hat die ganze Nacht Bauchschmerzen davon gehabt.

Trotz der Hitze des Schlafwagens und der Zähne des Schweizers haben jedoch einige der Pflanzen die Reise überstanden. Darunter ein hübsches, kleines, leuchtend orangegelbes Sonnenröschen und eine Flachsblume von so zartem Blau, daß man sich fragt, wie sie ein so anstrengendes Abenteuer überstehen konnte.

## V.

Alle diese Abschweifungen haben uns aber sehr vom Treibhaus entfernt, das wir nun wieder betreten können.

Alpenveilchen und Aschenpflanzen ... ich muß zugeben, daß diese beiden nichts besonders Sensationelles als exotische Gewächse haben. Kein Mitglied eines Gartenbauvereins wird vor Neid platzen, wenn es hört, daß ich Alpenveilchen und Aschenpflanzen unter Glas gezogen habe. Wahrscheinlich wird mir auch niemand einen Orden verleihen, wenn er erfährt, daß ich zwei sehr schöne Mimosen besitze, die wie Goldstücke an einem dunklen Februarmorgen funkeln.

Natürlich wissen wir in diesem Lande nicht, wie sich eine Mimose entwickeln kann. Nicht einmal im Süden Frankreichs entfaltet sie ihre volle Pracht. Man muß bis nach Australien reisen, um sie in ihrer ganzen Schönheit zu sehen. Dort ist sie unbeschreiblich schön. Ich habe nie begreifen können, weshalb die Australier ihr den abscheulichen Namen «wattle» (Rute) beigelegt haben. Die herrlichste Mimose, die ich je gesehen habe, war im Garten der Sängerin Melba in Coombe bei Melbourne. Die Mimose war gut siebeneinhalb Meter hoch, und im September, dem Monat des Frühlingsanfangs in Australien, war sie derartig mit Blüten übersät, daß sie wie eine gewaltige Puderquaste aussah. Man konnte darunter stehen, und wenn man die Zweige leise schüttelte, fiel einem der zarte Staub auf den Kopf, und man genoß die Freuden einer Blondine ... allerdings weiß ich nicht, worin diese Freuden bestehen ... Die Melba pflegte sich unter den Baum zu setzen und die herrliche Barcarole von Massenet zu singen ...

«Dans ton cœur dort un clair de lune.»

Ihre Stimme schwebte wie eine silberne Spirale zu den dichten Goldmassen der Mimose empor, rings um uns war der süße betäubende Duft, und in weiter Ferne lagen die Berge wie brütende Geister am Horizont. Wirklich zauberhafte Augenblicke waren es, Augenblicke, die oft, wenn ich in meinem Treibhaus stehe und meine Mimose blühen sehe, in meiner Seele wieder auferstehen.

Ich habe zwei Mimosen. Als ich sie kaufte, waren sie ungefähr fünfzehn Zentimeter hoch. Jetzt sind sie gut zwei Meter, und da es nicht so aussieht, als ob sie aufhören wollten zu wachsen, machen sie mir Sorgen, denn die Mimose ist eine stolze Pflanze und liebt es nicht, daß man versucht, ihren Kopf zu beugen oder sie zu unnatürlichen Stellungen zu zwingen. Doch wird die Zeit sicher irgendeine Lösung dieses Problems bringen. Jemand könnte mir vielleicht ein größeres Treibhaus schenken.

Während ich über die Mimose schreibe, fällt mir etwas ein, was jeder Gartenliebhaber in seinem Treibhaus haben müßte – etwas, was ich noch in keinem anderen gesehen habe als in meinem –, nämlich, einen kleinen hochstämmigen Goldregenbaum.

Vielleicht ist das nichts Erstaunliches. Wenn nicht, bitte ich um Entschuldigung. Mir fiel nämlich plötzlich eines Tages ein, daß man einen gewöhnlichen Goldregenbaum als Zwergbäumchen züchten könnte. Ich will damit nicht sagen, daß ich irgendeinen chirurgischen Eingriff an dem Baum vorgenommen habe, denn das ist gar nicht nötig. Man nimmt einfach einen ganz jungen Goldregenbaum, der erst zwanzig bis dreißig Zentimeter hoch ist, und steckt ihn in einen Topf. Der beschränkte Raum im Topf hindert den Baum am Weiterwachsen, aber er blüht trotzdem sehr üppig. Außerdem blüht er im Treibhaus mindestens vier bis sechs Wochen früher als draußen. Er sieht sehr exotisch und kostbar aus. Wenn man ein solches Bäumchen nach der Stadt mitnimmt und in den Salon stellt, wundern sich alle Leute und fragen sich, woher man so viel Geld hat.

Ich könnte endlos über Azaleen, Seidelbast, Grevillien, Begonien, Gloxinien sowie über die vielen glücklichen Familien der Farnkräuter schreiben, über das uns allen vertraute Heliotrop und über die Aufregungen, die uns die frühblühenden Zwiebeln verursachen. Ich habe aber leider keinen Platz dafür.

Doch wird es manche meiner Leser vielleicht interessieren, von einem meiner kleinen Experimente zu hören, selbst wenn sie dadurch nur lernen, wie sie sich ähnliche Freuden verschaffen können.

Dieses Experiment machte ich mit einer gewöhnlichen wilden Orchidee. Ich weiß ihren botanischen Namen nicht genau, aber es ist eine Orchidee, die in meiner Gegend allgemein ist. Sie hat unter normalen Umständen eine tiefviolette Farbe, und die dunkelgrünen Blätter sind glänzend, mit schokoladenfarbenen Pünktchen bedeckt. Im Sommer sind die Hecken ganz violett von diesen Blumen. Die Kinder pflücken große Sträuße davon und nennen sie Schwertlilien.

Ich habe diese orchideenartigen Blumen immer sehr gern gehabt und wollte sie auf meinen eigenen Feldern ziehen, aber sie schienen das Verpflanzen nicht zu vertragen. Ich grub eine Menge mit den Wurzeln aus, nachdem die Blütezeit vorüber war, und steckte sie in genau das gleiche Erdreich, aber im darauffolgenden Jahr war keine Spur von ihnen zu sehen. Darum beschloß ich zu probieren, was sie in dem behaglicheren Aufenthalt des Treibhauses tun würden.

Was sie taten, verblüffte mich. Sie wurden zweimal so groß und begannen weiß zu werden! Ich hatte noch nie eine weiße wilde Orchidee gesehen, und es wäre sogar nicht ganz wahrheitsgetreu, wenn ich jetzt behauptete, ich hätte eine gesehen. Aber wenn sie weiter so ausbleicht, wird sie in zwei Jahren wirklich schneeweiß sein. Im ersten Jahr waren die Blüten hellila, im zweiten blaßrosa und im letzten Jahr weiß mit einem blaßrosa Rand. Jedes Jahr werden sie größer, und ihr ganzes Aussehen macht den Eindruck, als ob sie ihre früheren Beziehungen zum Feld schon längst vergessen hätten und in ihrem neuen Heim als Aristokraten gelten wollten.

Dieses Experiment mit den Orchideen bringt mich in die Versuchung, über die unendlichen Möglichkeiten nachzudenken, die sich einem bieten würden, wenn man sich die Mühe machte, andere Feldblumen zu verpflanzen und ihnen den Schutz des Treibhauses zu gewähren. Ich habe das Gefühl, daß es Tausende von winzigen Blumen geben müsse, die mehr oder weniger unbeachtet in Feldern und Wäldern blühen und auf jemand warten, der ihnen eine hilfreiche Hand bietet. Ich will nicht damit sagen, daß man das mit allen oder nur mit einem kleinen Teil der Feldblumen machen sollte. Manche Blumen sind von Natur Feldblumen und würden sich in einem Treibhaus ebensowenig wohl fühlen wie ein Bauer in einem Salon. Aber es gibt andere, die Besseres zu verdienen scheinen als die kalten Winde und die rauhe Scholle. Zu diesen rechne ich den Boretsch, die Kuckuckslichtnelke, die Bibernell und den Ehrenpreis.

## VI.

Ich fürchte, daß ich auf den letzten Seiten wieder wie gewöhnlich zuviel Betrachtungen angestellt und zuwenig Tatsachen berichtet habe. Wollen wir jetzt nicht einige Augenblicke versuchen, einen etwas sachlicheren Eindruck zu machen? Nein, das wollen wir doch nicht. Ein Treibhaus ist viel zu schön, um sachlich behandelt zu werden.

Doch die meisten Menschen haben nicht so viel Spaß an ihren Treibhäusern, wie sie haben könnten. Wir wollen ein ganz einfaches Beispiel nehmen: die Frage der künstlichen Beleuchtung. Schließlich passieren die aufregendsten Dinge in einem Treibhaus gerade im Winter. Trotzdem hat von zehn Treibhausbesitzern nur einer sein Treibhaus richtig beleuchtet, die anderen neun werden infolge der mangelnden Beleuchtung so mancher zauberhaften Stunde beraubt, die sie angenehm unter dem warmen Schutz des Glases verbringen könnten. Der gewöhnliche Besitzer pflegt höchstens, ehe er zu Bett geht, nach dem Treibhaus zu stolpern, ein Streichholz anzuzünden, um nachzusehen, wie die Temperatur ist. Dabei verbrennt er sich die Finger und läßt das Streichholz auf irgendeinen unglücklichen Schößling fallen, der gerade seinen Kopf aus der Erde gesteckt hat.

Man muß sein Treibhaus richtig beleuchten, um den vollen Genuß an ihm zu haben. Elektrisches Licht ist natürlich das Beste, aber wenn das nicht möglich ist, so soll man sich eine jener kleinen Petroleumlampen mit starkem Reflektor leisten. Ich würde nicht zu einer elektrischen Taschenlampe raten, weil man immer etwas aufgeregt ist, während sie brennt. Ich muß immer daran denken, daß die Batterie sich mit jeder Minute mehr verbraucht, und ich sage mir zähneknirschend, daß ich gleich nicht nur im Dunkeln sein werde, sondern mich auch finanziell ruiniere. Zweifellos ist das wieder ein Komplex aus der Kinderzeit. Denn als ich noch ein Kind war, wurde mir immer gesagt, ich solle sparsam mit der großen Taschenlampe umgehen, die auf dem Tisch in der Diele für diejenigen lag, die spät nach Hause kamen. Ich kann mich noch erinnern, wie ich an manchem Abend meine Schienbeine gegen das Treppengeländer stieß, weil ich mich gewissenhaft mit einem bloßen Aufleuchten der Laterne begnügt hatte ... einem jener jähen weißen Lichtstreifen, der mir eine erschrockene weiße Treppe und ein erhelltes vorwurfsvolles Familienbild zeigte ...

Nein ... man wird nie mit einer Taschenlampe zufrieden sein, wenn man im Zauberbann eines Treibhauses steht. Denn wie kann man durch ein bloßes Aufblitzen beurteilen, ob die Knospen der Schlitzblume sich öffnen, wie kann man jene zarten Formen betrachten, um festzustellen, ob dieser Farbenton nur ein Schatten ist, den die eigene entzündete Phantasie wirft? Wie kann man bei den dunklen und geheimnisvollen Kästen verweilen, wo die Sämlinge der Wicken versteckt liegen, wie vergrabene Juwelenkästchen, die den ganzen Duft des Frühlings in sich bergen? Wie kann man mit der Spitze eines Bleistifts oder mit einem Strohhalm die zarten grünen Schößlinge berühren, die aus so vielen nicht benannten Erdfleckchen hervorschießen, während man sich fragt, ob das eine Blume oder Unkraut ist?

Eine Blume oder Unkraut? Wenn ich im Winter im Treibhaus stehe, ist es mir ganz egal, ob es Unkraut ist, das in jenen kleinen geschützten Kästen sprießt. Es genügt mir, daß es etwas Grünes ist, daß die Blätter wie Fächer aussehen, daß die Stengel unendlich zart sind, von einem Schleier bedeckt, der leichtem Haarflaum gleicht und im Lampenschein einen goldenen Schimmer hat. Mir fällt dabei jener alte Ausspruch ein, daß man die Unendlichkeit in der Handfläche hält und die ganze Erde in einem Körnchen Sand sieht ... es ist ein so alter Ausspruch, daß ich mich seines genauen

Wortlauts nicht entsinnen kann, und nicht einmal mehr weiß, von wem er stammt. Doch es ist ein so treffender Ausspruch, daß man ihn nicht unbeachtet lassen kann. Hier, während man sich über die Saatkästen beugt und das keimende Leben in ihnen sieht ... das Unkraut wie einen Speer, das Unkraut wie einen Pfeil, das Unkraut wie eine ausgestreckte Hand, und hin und wieder, wenn das Glück einem günstig ist, den Trieb irgendeines Samenkorns, das man gesät hat, wird einem die gewaltige Lebenskraft klar, die einige Pfund Erde enthalten, und man ist ganz verblüfft von der an ein Wunder grenzenden fruchtbaren Energie dieses Weltalls.

## VII.

Ein Treibhaus hat entschieden seine Sympathien und Antipathien. Ich bin ganz davon überzeugt, daß das meine eine Antipathie gegen Frau M. hat. Sie besitzt ein viel größeres Treibhaus, das ihr ein hiesiger Tischler für eine ganz geringe Summe gebaut hat. Alles darin wächst so üppig, daß es förmlich wuchert. Man hat das Gefühl, daß ihre Pflanzen nach einem Überstunden-System arbeiten.

Es war ein stürmischer Novembertag, als sie mein Treibhaus das erste Mal besuchte.

«Was für ein reizendes kleines Treibhaus!» sagte sie. «Was haben Sie dafür bezahlt?»

«Ich habe gar nichts dafür bezahlt ... es wurde von dem früheren Besitzer errichtet.»

«Aha!» Sie holte so tief Atem, daß es wie Zischen klang, und dann schnalzte sie mit der Zunge. «Ich möchte bloß wissen, warum er es so in die Nähe der Hecke aufgestellt hat. Erlauben Sie mal ... ja, die Hecke liegt gerade südwestlich ... da kriegen Sie natürlich gar keine Morgensonne.»

«Im Gegenteil», zischte ich zurück, «wir haben den ganzen Tag Sonne.»

Sie lächelte bloß und zeigte ihre Kaninchenzähne. Dann stürzte sie sich auf das kleine Thermometer, das an der Wand hing. «Nur fünfundvierzig Grad Fahrenheit!» rief sie.

«Vielleicht, weil Sie die Tür so lange aufließen.»

«Das ist viel zu kalt für die Mimose. Das geht nicht. Wie oft lassen Sie den Ofen auffüllen?»

«Morgens und abends.»

«Nein! Aber so was! Ich lasse meinen Ofen nur nachts auffüllen, und er bleibt den ganzen nächsten Tag warm, und die Temperatur ist nie unter fünfzig, obgleich mein Treibhaus zweimal so groß ist wie das hier. Womit heizen Sie Ihren Ofen?»

«Mit Anthrazit.»

Wieder schnalzte sie mit der Zunge. «Schrecklich teuer und ganz unnötig. Hören Sie ... ich heize meinen einfach mit allem, was ich gerade habe ... man kann einen solchen Ofen mit allem heizen!»

«Zum Beispiel mit alten Korsetts und Stiefeln und so was?»

Sie ließ wieder ihr Kaninchen-Lächeln spielen, allerdings etwas gezwungen.

«Würde man eine Leiche darin verbrennen können?»

«Wie meinen Sie denn das?»

«Ich dachte nur ... da manchmal ein so merkwürdiger Geruch in der Nähe Ihres Treibhauses zu merken ist ...»

«Aber erlauben Sie mal, das ist ein bißchen stark!»

«Ja, richtig! Ich hatte ganz vergessen ... es kommt sicher von der Brauerei ...»

Es war wirklich sehr häßlich von mir, diese Bemerkung über die Brauerei zu machen, denn Frau M. verstummte sofort, und ich wußte warum. Frau M.s Garten hat nämlich einen Nachteil. Er liegt in der Nähe einer winzigen Dorfbrauerei. Diese ist zwar sehr selten in Betrieb und ist wirklich nicht größer als eine Scheune. Der Garten ist außerdem ringsherum von einem schönen Baumgürtel umgeben, und meistens merkt man nichts von der Nähe dieses unsympathischen Gebäudes. Aber manchmal macht die Brauerei Überstunden, und bei Ostwind dringt ein scharfer Geruch in den Garten, verdirbt den Duft der Rosen und taucht die Lavendelsträucher in einen leicht alkoholischen Geruch. Sowie das geschieht, eilt Frau M. mit ihren Besuchern ins Haus und redet sehr viel und lebhaft. Ich bin sicher, sie möchte am liebsten die Nasen ihrer Besucher in Schalen mit getrockneten Rosenblättern stecken.

Darum war es wirklich sehr unpassend von mir, sie an die Brauerei zu erinnern. Aber wenn ich mich nicht sehr irre, so werde ich noch manchmal gezwungen sein, Frau M. wieder daran zu erinnern.

## VIERZEHNTES KAPITEL

## GARTENLIEBHABERINNEN

I.

Man wird vielleicht, wenn wir zusammen durch den Garten schlenderten, manchmal gedacht haben, daß die Frauen, denen wir auf seinen verschlungenen Wegen begegneten, nicht sehr liebevoll gezeichnet sind ... Das sage ich mir zuweilen selber. Natürlich muß ich zugeben, daß ich Frau M. als ein Scheusal geschildert habe, aber das ist sie auch. (Nicht daß ich eine ernste Antipathie gegen sie hege; im Gegenteil, ich habe eine heimliche Sympathie für Frau M. Sie reizt mich zwar manchmal derartig, daß ich ihr am liebsten Ohrwürmer in den Nacken schütten möchte, aber sie kann reizend sein, wenn sie will. Und ich achte sie, weil sie, trotz allem, eine tüchtige Gärtnerin ist.)

Die prachtvollste Gartenliebhaberin aber, die ich jemals gekannt habe und jemals kennen werde, ist – meine Mutter. Ich wünschte, sie hätte eine Rolle in diesem Buch spielen können. Aber obgleich ich mir einbilde, daß ich mich sonst ganz gut auszudrücken verstehe, traue ich es mir nicht zu, über meine Mutter zu schreiben. Sie ist für mich eine Religion, an die man glaubt, die man aber nicht in Worte kleiden kann. Der bloße Gedanke an sie läßt alle anderen Frauen wie Schemen erscheinen – farblose oder farbensprühende – je nach meiner Stimmung. Darum kann ich die erste und einzige und anmutigste Frau, die mich gelehrt hat, die Blumen zu lieben, nicht schildern.

Was nun die anderen Frauen betrifft, so sind sie – ich bitte sehr um Entschuldigung für diese Bemerkung – meist zu *sanft,* um gute Gärtnerinnen zu sein. Hätte der Ausdruck nicht durch Mißbrauch einen so häßlichen Beiklang bekommen, würde ich «zimperlich» gesagt haben. Denn Zimperlichkeit ist ihre größte Untugend. Man kann zum Beispiel nicht «zimperlich» sein, wenn man Osterglocken pflanzt. Man kann unmöglich auf Zehenspitzen umhertrippeln und eine Zwiebel hinter einem Lorbeerbusch flüchtig in die Erde stecken, schnell eine zweite in den Stumpf eines alten Baumstamms tun, und eine dritte mit einer gezierten Geste in die Mitte des Rasens werfen.

Man kann hübsche Träume haben ... ach ja, Träume von zarten weißen Fingern, die nach den Sternen zeigen ... Träume von einer blassen, einsamen Blüte, die sich in dem sie umhüllenden Grün schaukelt ... Träume von einer einzelnen prachtvollen Osterglocke, die im Frühling ein Solo singen wird. Aber diese Träume gehen nicht in Erfüllung.

Nein! Es bedarf eines Mannes, um Osterglocken zu pflanzen. Eines starken Mannes mit schwellenden Muskeln, mit aufgeblähten Nasenflügeln, der skrupellos und ohne Mitleid ist. Er muß so gefühllos wie ein Mathematiker sein, so pedantisch wie ein Sergeant, und so zynisch wie ein Spitzel. Er muß auch imstande sein, wild verschwenden zu können. Denn will man wirklich, daß «das Herz mit den Osterglocken jubelt», so muß man Vierecke, Dreiecke und sonderbare Formen in die Erde zeichnen, sie bis zum Rande vollpacken und mindestens so viel Osterglocken hineinstecken, wie man gern blühen sehen möchte, und dann – und dann, wenn der April kommt, wird das Herz so jubeln wie die Blumen! Dann wird man sich an dem Anblick der vielen lustigen Blumen freuen, die so tun, als ob sie von der Erde, der sie entsprossen sind, nichts mehr wissen wollten.

## II.

Doch zurück zu den Gartenliebhaberinnen!

Meine hauptsächlichste Beschwerde gegen Frauen besteht darin, daß sie so entsetzlich lügen, wenn es sich um ihre Gärten handelt. Eine Frau haßt dich ebenso intensiv, wenn du dir erlaubst, ihre Staudenrabatte zu kritisieren, wie wenn du ihren liederlichen Sohn kritisieren würdest. Genauso wie sie immer für den Sohn eine Entschuldigung findet. («Wissen Sie, er ist so zart und so ungewöhnlich begabt, ich denke immer, er müßte Schriftsteller werden! Er hat sogar schon manches geschrieben, nicht viel natürlich, aber doch sehr bedeutende Sachen ... das hat er mir selber gesagt ... und sehr bald ... wird er sicher ... obgleich ich finde, vielleicht ... einige seiner Freunde nicht ganz ... doch immerhin, die Jugend muß sich die Hörner ablaufen.») – Genauso wird sie eine Entschuldigung für ihre verwilderte Rabatte haben und sagen: «Natürlich hätten Sie früher kommen müssen, um unsere Blumenpracht zu sehen ... Sie würden es gar nicht glauben ... Sie sind leider gerade acht Tage zu spät gekommen ... Vorige Woche war unser Cosmos (*Cosmea* = Schmuckkörbchen) ein wahres Blütenmeer ... nicht daß wir sehr viel davon gepflanzt hätten, aber ich glaube, die Blumen wachsen immer am üppigsten für diejenigen, die sie lieben ... ich glaube, Sie erzählten, daß Sie nicht viel Glück mit Ihrem Cosmos gehabt hätten. Nein? Wie seltsam! Wenn Sie erst nächsten Monat gekommen wären, hätten Sie natürlich die Chrysanthemen ... ja, sie sehen so aus, weil es eine Zwergsorte ist ... Ach was? ... Sie lieben sie langstieliger? Wie interessant!»

Doch sind die Entschuldigungen, die die Damen haben, wenn man bei ihnen zu Besuch ist, nichts im Vergleich zu den Geschichten, die sie erfinden, wenn man sich in der sicheren Entfernung von ... sagen wir, hundertfünfzig Kilometern befindet. Hat man als Tischdame eine Gartenbesitzerin, so wird sie, ehe der Diener ihr zum zweitenmal das Glas gefüllt hat, den Eindruck erwecken, als ob ihr Garten, obgleich sie in Surrey wohnt, ein wahres Wunder von Schönheit aus Tausendundeiner Nacht ist. Man könnte fast denken, daß sie sich kaum durch ihren Rosengarten einen Weg erzwingen kann, so dicht stehen die Rosenbüsche, oder daß sie allnächtlich von dem starken Duft ihrer Glyzinien berauscht wird. Nach ihren Erzählungen wächst alles so mühelos und üppig wie Unkraut ... Ja, mein lieber Freund, wie Unkraut!

## Fünfzehntes Kapitel

## UND DOCH...

### I.

Die einzige Frau, der ich begegnet bin, die nicht zwei der schlimmsten Sünden der Gartenliebhaberinnen besitzt: erstens einen entsetzlichen Geiz und zweitens eine übertriebene Ordnungsliebe, auf Kosten aller Schönheit, ist Fräulein W. Sie ist arm und hat nur einen winzigen Garten, aber dieser strotzt förmlich von Blumen. Jeden Herbst kommen ganze Säcke voll Blumenzwiebeln auf dem kleinen Bahnhof an, die an sie adressiert sind, und wenn sie hingeht, um sie abzuholen, ist es ein richtiger Feiertag für den ganzen Bahnhof. Mit den Säcken auf dem Rücken torkelt sie heimwärts; fällt eine Zwiebel aus einem Sack heraus, so spielt sie Cricket damit, und der Stationsvorsteher ist Schiedsrichter. An einem solchen Tag begegnete ihr zufällig Frau M., die im schönsten Sonntagsstaat nach dem Bahnhof ging, um nach London zu fahren. Aber ehe sie ihren Zug erwischen konnte, erwischte eine sehr gut entwickelte Henry Irving Osterglockenzwiebel ihre Nase. Sie beschwerte sich deswegen bei der Bahnverwaltung.

Wie Fräulein W. ihre vielen Blumenzwiebeln bezahlen kann, ist allen ein Rätsel. Sie hat sicherlich nicht viel mehr als zweihundert Pfund jährliche Einkünfte, doch gibt sie bestimmt mindestens den zehnten Teil davon für Zwiebeln aus; und da sie ebenso verschwenderisch mit Samen und Sträuchern ist, wird die Gesamtsumme ungefähr den fünften Teil ihres Einkommens betragen. Wenn ich mal sehr reich bin, werde ich ihr einen ganzen Waggon voll Tulpen schenken, aber nicht die Papageien-Sorte, die ich nicht ausstehen kann.

Ich wünschte, es gäbe mehr solche Frauen wie Fräulein W. Nicht weil die Damen sich weigern, Geld für ihren Garten auszugeben, sondern weil sie es meistens auf so dumme Weise tun. Von zehn Frauen werden neun nur für die Quantität Interesse haben, ohne auf die Qualität zu achten. Eine Frau ist schwer davon zu überzeugen, daß, wenn sie Samen oder Zwiebeln oder Pflanzen kauft, das Beste stets das Billigste ist. Sie besteht immer darauf, billige Blumen zu kaufen, gerade als ob sie in einem Ausverkauf wäre. Man hat häufig ein peinliches Gefühl, wenn man eine Frau in einer Blumenhandlung sieht – sie schenkt den Preisauszeichnungen viel mehr Aufmerksamkeit als den Pflanzen selbst.

Ich bin überzeugt, daß die ausländischen, minderwertigen Samenhandlungen ihre Kataloge ausschließlich an Frauen schicken. Die kaufen alles, wenn es nur billig ist. Aber wenn die Zwiebeln ankommen und klein, halb verfault und offensichtlich untauglich sind, scheint sie das nicht im geringsten zu stören. Die Hauptsache ist, daß sie ein paar Schilling gespart haben.


## II.


Die andere Sünde, von der ich Fräulein W. freisprach, ist die übertriebene Ordnungsliebe. Niemand könnte Fräulein W. diesen Fehler vorwerfen! Ihr Garten erinnert immer an ein nicht aufgeräumtes Zimmer, nach einer besonders lustigen Cocktailgesellschaft. Doch ist er so voll Blumen, daß einem alles andere gleichgültig ist. Was tut es, wenn die Nemesia schon vor Wochen hätte herausgenommen werden müssen? Sie ist ja ohnehin kaum zu sehen, weil der Cosmos so prächtig blüht. Wen stört es, daß die Stengel der Kirchenlilie etwas unansehnlich sind? Sie sind doch durch die herrliche Rittersporntaude verborgen. Stehen auch viel abgeblühte Blumen in ihrem Garten, so sind doch weit mehr blühende da. Ich weiß, daß Fräulein W.s Schlingpflanzen zurückgeschnitten werden müßten, daß der Jasmin die Glyzinie erstickt und das Geißblatt die Clematis töten wird. Aber was schadet das? In Fräulein W.s Garten herrscht das Prinzip des «Überlebens der Tüchtigsten» – ein Prinzip, das sich in der Pflanzenwelt viel öfter bewahrheitet als in der Tierwelt.

Aber wie gesagt, ich wünschte, es gäbe mehr Gartenliebhaberinnen, die Fräulein W.s Eigenschaften hätten, da die meisten leider nur allzuoft an einer lästigen Ordnungsliebe kranken. Ich ereifere mich dabei, weil ich im Garten unter dieser Ordnungsliebe fast soviel gelitten habe, wie in meinem Arbeitszimmer. Eine Frau ist ebensowenig imstande einzusehen, warum man beim Schreiben eines Romans mindestens ein Dutzend Manuskripthaufen an verschiedenen Stellen im Zimmer und manchmal sogar auf dem Fußboden haben muß, wie sie die Notwendigkeit einsieht, daß man, um schöne Blumen zu haben, sich häufig unschöne Stellen im Garten gefallen lassen muß.

Zum Beispiel Schneeglöckchen. Wenn man jedes Jahr wieder Schneeglöckchen haben will, muß man unbedingt die Blätter daran lassen, nachdem sie abgeblüht sind. Diese sehen natürlich nachher struppig und braun aus ... das weiß man ja ... aber es liegt doch sicherlich etwas Schönes in dem Gedanken, daß die Blätter Sonne und Licht in sich aufnehmen und frischen Vorrat an Energie zu der in der Erde liegenden Knolle hinabsenden, um sie für die dunklen Wintertage aufzuspeichern. Die Frauen – ich schreibe natürlich nur von denen, die ich kenne – scheinen die Dinge nicht von diesem Gesichtspunkt anzusehen. Es kribbelt ihnen in den Fingern, bis sie die welken Blätter abgeschnitten haben. Und wenn man nicht sehr aufpaßt, tun sie es auch.

### III.

Nun muß ich aber wirklich mit diesem furchtbaren Räsonieren aufhören. Die Sonne scheint draußen so herrlich, und die Clematis sieht so wunderbar aus, daß ich am liebsten alles, was ich eben geschrieben habe, ausstreichen möchte. Ach, diese Clematis! Sie erinnert an einen silbernen Springbrunnen, der aus einer dunkelgrünen Schale emporsteigt und wie ein Sternennetz in der Sommerluft schwebt.

Doch jetzt ist keine Zeit, Reden über die Clematis zu halten. Auch nicht für Entschuldigungen. Denn mir ist gerade die Episode von Frau M. und ihren Feuerlilien eingefallen. Sollte der Leser einwenden, daß manche meiner Ansichten über Gartenliebhaberinnen übermäßig hart sind, so wird er jetzt vielleicht einsehen, daß sie angesichts der ständigen Nachbarschaft von Frau M. doch begründet sind.

Nun will ich die Geschichte von Frau M. und ihrer Feuerlilie erzählen.

Schon lange ärgerte mich Frau M.s überlegene Behauptung, daß sie alle ihre Blumen von Samen zöge. Ging man mit ihr durch ihren Garten, so trieb sie einen allmählich fast zum Wahnsinn durch ihre ständig wiederholten Erklärungen: «Alles aus einem Päckchen Samen für einen Penny ... aber natürlich muß man das verstehen ...», «Nur ein Päckchen Samen für einen Penny ... aber selbstverständlich ist eine gewisse Übung erforderlich.»

In diesem Herbst hatte mich die ewige Prahlerei mit den Samenpäckchen für einen Penny tatsächlich fast zur Verzweiflung gebracht. Ich hatte mir mit erheblichen Unkosten eine Staude Feuerlilien verschafft. Mit diesen Feuerlilien hatte ich aber keinen Erfolg gehabt. Als sie aufblühten, sahen sie blaß aus, von feurig war keine Rede. Es wäre vielleicht möglich gewesen, diesen Fehlschlag mit Würde zu ertragen, wenn ich nicht zufällig um diese Zeit Frau M. besucht und in ihrem Garten ein ganzes Beet voll prächtiger, großer Feuerlilien entdeckt hätte.

Sie blühten mit fast arroganter Pracht und hatten eine seltsam düstere Flammenfarbe. Ihre Stengel waren lang und kräftig. Die Blätter strotzten förmlich vor Gesundheit. Sie sahen wirklich feurig aus, und ich fühlte, wie ich bei ihrem Anblick feuerrot wurde.

Frau M. stand neben mir und platzte förmlich vor Stolz. Sie sang wieder das alte Lied von den Vorzügen ihrer Samenpäckchen für einen Penny. Nun sagte sie:

«Sie sind herrlich, nicht wahr?»

Ich drehte mich zu ihr um: «Sie wollen doch nicht sagen, daß Sie diese Feuerlilien ebenfalls aus einem Päckchen für einen Penny gezogen haben?»

«Aber selbstverständlich!» erwiderte Frau M. Dann, als ob sie plötzlich als Strafe für diese fürchterliche Lüge die geöffneten Tore der Hölle vor sich sah, fügte sie rasch hinzu: «Wenigstens aus einem Samenpäckchen. Ob es einen Penny gekostet hat, oder zwei oder vier, kann ich jetzt wirklich nicht mehr sagen.»

Diese letzte Einschränkung kam mir etwas verdächtig vor, da ich aus anderen Quellen wußte, daß Frau M. immer genau bis auf den Penny wußte, was sie bezahlte.

Doch meine Belustigung über ihre Bemerkung dauerte nicht

lange. Denn als ich Frau M. verließ, konnte ich den Gedanken an die Feuerlilien nicht loswerden. Sie stachelten mich zu einer wahren Wut an und bohrten sich förmlich in mein Gehirn. Ich konnte nachts nicht schlafen, so peinigten mich diese Feuerlilien. Sie verfolgten mich, als wäre ich ein Mönch aus dem Mittelalter, der vom feurigen Schwanz des Teufels gepeitscht wird.

Wochen vergingen. Der Herbst überfiel uns wie ein Wirbelwind. Dann legte sich eines Tages der Sturm, die Erde hielt den Atem an, und jene sonderbare Stille herrschte, in der man die unerbittlichen Schritte des heranmarschierenden Winters zu hören glaubt. Wieder einmal besuchte ich Frau M. Ich weiß nicht mehr, was mich dazu veranlaßte. Ich hielt es wohl für nötig, nach ihr zu sehen.

«Gnädige Frau ist im Garten», sagte das Mädchen, «irgendwo in der Nähe des Irisbeets.»

«Aha!» sagte ich mir. «Wenn sie in der Nähe des Irisbeets ist, dann ist sie nicht weit von den Feuerlilien.» Ich schritt durch den Salon, öffnete die Glastür und ging auf die kleine Terrasse hinaus. Während ich über den Rasenplatz schritt, sah ich mich um und suchte nach irgendeiner Unannehmlichkeit, die ich ihr über ihren Garten sagen konnte. Aber wie gewöhnlich war alles mustergültig. Ihre japanischen Anemonen waren prächtig (sie waren allerdings nicht eine Spur prächtiger als die meinen, aber sie waren ... nun, ich kann mir nicht den Kopf nach Eigenschaftswörtern zerbrechen ... sie waren eben prächtig. Doch eigentlich fallen einem die Adjektive ganz von selbst ein bei dem Anblick dieser zarten Blüten. Sie waren so rein, so schlicht und stolz wie aus Elfenbein geschnitzt, durch das ein blaßrosa Hauch schimmert ... sie waren zugleich kalt und hold, und das Herz jeder einzelnen Blume war mit dem feinsten Goldstaub bepudert, wie für irgendein herrliches, heimliches Fest geschminkt).

Ich wandte den Blick von den japanischen Anemonen ab, die prächtig waren, aber, wie gesagt, nicht prächtiger als vorhin festgestellt wurde. Eine violette Flut herrlicher Margueriten schien an meiner erhitzten Phantasie vorbeizuziehen. Auch Unmassen brauner majestätischer Margueriten und viele, viele Chrysanthemen sowie Haufen anderer Blumen, die gar nicht in meinem Garten wuchsen.

Ich ging weiter. Die Feuerlilien würden jetzt natürlich schon vorbei sein, so daß ihr feuriger Glanz mich nicht mehr ärgern konnte. Doch war die Erinnerung daran noch frisch genug, um Bitterkeit in mir zu erwecken.

Dann sah ich sie. Frau M. meine ich. Oder vielmehr ein Stückchen von ihr ... was ich wirklich sagen will, ist jedoch, daß Frau M. mir nur jenen Teil ihres Körpers zeigte, der sichtbar ist, wenn eine Dame in einem dicken Tweedrock gebückt steht, mit dem Kopf gegen Norden, während man sich ihm von Süden nähert. Doch war es nicht dieser etwas unkonventionelle Anblick von Frau M., der mein Herz in plötzlicher Freude hüpfen ließ. Nein, es war etwas ganz anderes ... etwas völlig Unerwartetes. Ich kam mir vor wie Sherlock Holmes, der am Ende eines besonders erfolglosen Tages plötzlich die Fingernägel eines siamesischen Zwillings in der Nähe der Leiche entdeckt hat, oder so etwas Ähnliches.

Das Bild steht mir noch heute klar vor Augen. Im Hintergrund das gelbwerdende Laub eines Kastanienhains. Eine dünne zartlilafarbene Rauchspirale, die gegen einen stahlblauen Himmel stieg und mir verriet, daß Frau M.s Gärtner trockenes Laub verbrannte. Leuchtend rote Beeren schimmerten wie Funken zwischen den Schatten gewaltiger düsterer Eiben. Im Vordergrund ein Streifen dunkler Erde, ein Bündel braungrüner Stengel, die einstmals Feuerlilien waren, die liebliche Rückansicht von Frau M. und ...

Und ...

Und mehrere große Blumentöpfe, an denen noch die Erde haftete; in einigen von ihnen stand sogar noch eine abgeblühte Feuerlilie!

Mit weit aufgerissenen Augen betrachtete ich diese Töpfe. Zuerst begriff ich nicht die volle Bedeutung meiner Entdeckung. Erst als sich Frau M. umdrehte und so feuerrot wurde wie ihre früheren Feuerlilien, wurde mir die ganze Ungeheuerlichkeit ihrer Sünde bewußt. Denn Frau M., deren Mund ständig Lügen über die Vorteile der Samenpäckchen gesprochen hatte, war bei der verächtlichen Tat ertappt worden, Topfpflanzen aus ihrer eigenen Rabatte zu entfernen, Topfpflanzen, die sie tatsächlich in Töpfen gekauft hatte. Nein, schlimmer als das ... die sie gekauft und dann mitsamt den Töpfen in die Erde gesteckt hatte! Eine

Handlung, die, wie mir jeder zugeben wird, so verwerflich ist wie der Mädchenhandel.

Ich leckte mir die Lippen. Es war wirklich ein unvergeßlicher Moment. Die ganze Untat lag vor meinen Blicken enthüllt. Auf einem, zwei ... drei ... nein, auf *vier* der Töpfe sah ich ein kleines Etikett. Die Etikette waren allerdings schon verblichen, aber mit dem geschärften Blick der Leidenschaft gelang es mir, den lateinischen Namen für Feuerlilie zu entziffern und auch den Namen der Firma, die sie geliefert hatte. Dann aber, als mir die ganze Schändlichkeit des von Frau M. verübten Betruges klar wurde, machte der Jubel einem Gefühl des Entsetzens Platz. Es war mir, als hätte ich einen Verbrecher, der seit Wochen seine Unschuld beteuert hatte, bei der Zerstückelung der Leiche ertappt.

Ich blickte Frau M. an. Sie blickte mich an. In diesem Augenblick war die Zeit wie erstarrt. Ich schaudere, wenn ich an die Schwingungen des Hasses, der Leidenschaft, der Furcht, des Triumphs denke, die in diesem Moment in der Luft gezittert haben müssen.

Ich sagte zu Frau M.:

«Sie säen wohl noch einige Feuerlilien, wie?»

Sie warf mir einen wütenden Blick zu.

Ich warf ihr einen nicht minder wütenden Blick zu.

Eine Kastanie fiel in dem fernen Hain zur Erde.

Ich verließ Frau M. Wir waren uns beide klar, daß ein kritischer Augenblick in unserem Leben eingetreten war. Die Lage war närrisch, unnatürlich, fast wie eine phantastische Geschichte von Kobolden. Aber wenn mein Leser einen Garten besitzt, wird er wissen, daß sie nicht nur glaubhaft ist, sondern unvermeidlich war.

Ich weiß nicht, wie ich mich in der Angelegenheit benehmen soll. Die Disharmonie ist noch immer nicht ausgeglichen. Sie ist sogar so wenig ausgeglichen, daß die einzige mögliche Lösung eine Heirat zwischen mir und Frau M. zu sein scheint.

## SECHZEHNTES KAPITEL

## EIN STRAUSS

### I.

Ich bin soeben eine Gesellschaft losgeworden, deren Teilnehmer, obwohl sie an und für sich sehr liebenswürdig und reizend waren, mir stets große Sorge verursachten, wenn sie allein zwischen den Blumenbeeten umherliefen. Der schlimmste Moment war vor ein paar Tagen, als ich entdeckte, daß einer meiner Gäste, eine Dame, meine Abwesenheit benutzt hatte, um eine Menge Blumen abzuschneiden, die nicht hätten abgeschnitten werden dürfen, und sie in Vasen zu stellen, in die sie nicht paßten, und an Plätze zu stellen, an die sie nicht gehörten. Als ich nach Hause kam, sah ich mich entsetzt um. Sie trat mit strahlendem Lächeln ins Zimmer: «Sieht das Haus nicht herrlich aus?» rief sie. Ich warf ihr einen Blick zu und ging in den Garten, um ihm mein Leid zu klagen.

Manche Frauen haben eine merkwürdige barbarische Auffassung von Blumenschmuck für Zimmer. Darum gebe ich jetzt einige nützliche Winke.

Es gibt zwei Hauptregeln, die man stets wahren muß, wenn man Blumenvasen füllt. Erstens muß man rücksichtslos mit den Blumen umgehen. Sie müssen gepufft und geschubst werden, bis sie so stehen, wie man will. Es hat keinen Zweck, mit einer Lilie in der einen Hand, einer Geranie in der anderen und einem Mona-Lisa-Lächeln um den Mund ziellos im Hause umherzuwandern. Man darf auch nicht die Vase zerstreut unter den Wasserhahn halten, während man den Rücken zu einer anmutigen Kurve beugt. Oder die Blumen ins Wasser fallen lassen und dann ein paar Schritte rückwärts gehen, um mit affektiert erhobenen Händen und halb geschlossenen Augen die Blumen aus der Perspektive zu betrachten. Nein, man muß sich dicke Lederhandschuhe anziehen, die Blumen fest in die Vasen stopfen und leise dabei fluchen. Ich werde später ausführlicher erklären, was ich meine.

Die zweite – und höchst wichtige – Regel ist, daß, wenn die Blumen wirklich gut aussehen sollen, man unbedingt eine Auswahl von Gefäßen haben muß. Die meisten Frauen haben ein oder zwei Regale, auf denen sie eine kümmerliche Anzahl von hohen und niedrigen Vasen, ein paar Schalen und einige fürchterliche Dinge stehen haben, deren einziger Vorteil es ist, daß sie Wasser aufnehmen. Dazu kommen vielleicht noch ein paar Drahtkäfige, die sich für keine Blumen eignen, und einige abscheuliche Glasblöcke mit Löchern, die wie Schirmständer aussehen.

Das ist natürlich alles vollkommen unbrauchbar. Man muß selbstverständlich Vasen in allen Größen, Formen und Arten haben, da es Blumen in allen Größen, Formen und Arten gibt. Da man aber dazu ein so großes Haus wie den Vatikan haben müßte, ist man gezwungen, einen Kompromiß zu schließen und so viele Vasen zu haben, wie nur möglich. Ich persönlich habe drei sehr große Schränke voll Glas- und Porzellanvasen, aber selbst dann bin ich auch oft in Verlegenheit, gerade das passende Gefäß zu finden.

## II.

Ich möchte mit meinen geliebten Winterblumen anfangen. Bei kalter Witterung mitten im tiefsten Winter kommt es manchmal vor, daß man das Gefühl hat, es gäbe überhaupt nichts Blühendes mehr im Garten. Wenigstens wird ein träger Mensch das behaupten. Er wird mit hochgeschlagenem Rockkragen einmal durch seinen Garten gehen, eine vereinsamte ganz steif gefrorene Goldlackblüte und ein verfrühtes erschrockenes Schneeglöckchen sehen und dann fluchend und sich die Hände reibend wieder ins Haus zurückgehen.

Hätte er wirklich auch nur diese eine Goldlackblüte und das eine Schneeglöckchen gefunden, dann hätte er mit etwas Geschicklichkeit eine ganze Menge mit ihnen anfangen können. Aber ich könnte wetten, daß noch außerdem sehr viel im Garten gewesen ist. Ich lebe in einer verhältnismäßig unfreundlichen Gegend Englands – in einer Fabrikgegend – und habe sehr wenig Schutz für meine Blumen. Trotzdem habe ich im zweiten Jahr schon, ehe ich mich so viel mit Winterblumen beschäftigte, am 7. Dezember, im

Freien, einen Blumenstrauß aus folgenden Blumen pflücken können. (Ich schreibe aus meinem Tagebuch ab):

1. Eine Rose. Sie sah zwar ein wenig angegriffen aus, aber sie war doch eine Rose. Sie war nicht ganz aufgeblüht, aber sie wird es im Wasser tun.

2. Einen Stiel Rittersporn, der durch einen großen Stein Schutz gehabt hatte.

3. Ein Schneeglöckchen.

4. Zwei oder drei Levkojen. Die Blätter waren vom Frost etwas schwarz geworden, und ein paar Blättchen der Blumenkrone waren beschädigt. Doch ich entfernte die Blätter und schnitt die beschädigten Blütenblättchen mit einer feinen Nagelschere heraus.

5. Ein Löwenmaul, das in einer geschützten Ecke wuchs.

6. Eine jener kleinen weißen Blumen, von denen man im Sommer Tausende auf den Wiesen sieht. Ich weiß noch immer nicht ihren Namen.

7. Einige gelbe Goldlackblüten. Sie wuchsen hinter einem Strauch. Ihre Stengel waren dick und kräftig und mit verdorrten Samenhülsen bedeckt, die ich entfernte. Die kleinen Blüten oben waren schmuck und schön.

8. Zwei Ringelblumen. Ganz besonders schöne Exemplare.

9. Eine verspätete Chrysantheme.

10. Einen Zweig Brombeeren.

11. Einige Stiefmütterchen. Sie hatten zwar kurze Stengel, aber ich verlängerte sie mit etwas Draht.

12. Eine Herbstmarguerite. Sie lag ganz platt auf der Erde, und ihre Blüten waren mit Schmutz bedeckt. Als ich sie gewaschen hatte, war sie vollkommen frisch.

13. Verschiedene Beeren.

14. Zwei Veilchen.

15. Eine gelbe Marguerite.

Das war kein schlechter Strauß für einen ungeschützten, verhältnismäßig ungepflegten Garten in einem kalten Winter. Natürlich kam ich zu diesen Blumen nur durch ein sehr gründliches Absuchen jedes Fußbreits Erde im ganzen Garten. Darin liegt für mich die Hauptfreude. Selbstverständlich gehe ich ebensogern wie jeder andere in den Garten, um nach fünf Minuten mit einem ganzen Armvoll weißen Flieders zurückzukommen. Aber dieses Suchen nach Winterblumen – dieses Abgrasen eines kahlen Bodens, der alle Elemente zum Feinde hat, dieses Suchen in der rasch zunehmenden Dunkelheit ist für mich eine viel größere Freude.

Doch die Hälfte der Blumen in der angegebenen Liste wäre von dem Durchschnittsmenschen übersehen oder abgelehnt worden, weil er nicht ahnt, welche Wunder man mit den Blumen erleben kann, wenn man sie erst im Hause hat. Er weiß nicht, daß eine fast erfrorene Rosenknospe sich in der Wärme erschließen wird, oder daß der häßliche Stengel einer Goldlackblüte sich verstecken läßt, wenn man sie in die Mitte eines Straußes tut. Auch weiß er nicht – und das ist das Allerwichtigste –, daß er selbst das kleinste Sträußchen mit Hilfe von Spiegeln um ein Vielfaches vergrößern kann.

Auf folgende Weise kann man seine winzigen Wintersträußchen vorteilhaft anbringen. Man läßt sich von einem Glaser drei ungefähr zwanzig mal fünfundzwanzig Zentimeter große viereckige Stückchen Spiegelglas schneiden. Daraus werden kleine Wandbrettchen hergestellt, und zwar nimmt man zwei der Glasplatten für die Seiten und eine für den Boden. Diese Wandbrettchen können in jede Ecke des Zimmers gehängt oder auf den Tisch gestellt werden, ganz wie man will. Man braucht sie nicht einfassen zu lassen oder zu bemalen, denn ein schlichter Spiegel sieht nicht häßlich aus – wenigstens nicht häßlicher als das Leben, das er widerspiegelt –, was vielleicht nicht viel sagen will.

Auf diese Wandbrettchen kann man seine winzigen Sträuße stellen. Sofort flammt der Spiegel in tausend bunten Farben auf. Aus der einsamen Goldlackblüte zaubert er eine Blütenschar und vervielfacht ihr Gold ins Unendliche. Der Rittersporn wiederholt sich in vielen reizenden Mustern ... Die Marguerite scheint tausend Augen bekommen zu haben. Man kann endlose Träume bei einem solchen Sträußchen spinnen.

Noch einen streng praktischen Wink möchte ich hinzufügen, nämlich, daß die Wirkung noch erhöht wird, wenn man das Sträußchen in einen bunt bemalten Topf stellt. Die schönsten bunt bemalten Töpfe fand ich in Neapel. Sie standen bei einem Kolonialwarenhändler und enthielten Marmelade. Ich machte mir nichts aus der Marmelade, aber die Töpfe waren köstlich, weil sie elfenbeinfarben waren, mit leuchtend gelben, blauen und roten Blu-

WINTER

men bemalt. Porzellangefäße für Wintersträußchen haben den Vorzug, daß das Porzellan die Stiele verbirgt, die oft plump und häßlich aussehen, weil man gezwungen war, die erfrorenen Blätter zu entfernen.

## III.

Vorhin drückte ich mein Mißfallen über die gläsernen «Schirm-ständer» aus, die anscheinend bei Damen so beliebt sind, wenn sie den Tisch mit Blumen schmücken. Vermutlich haben sie sie gern, weil sie Mühe sparen. Man kann fast alles in sie hineinstopfen, von einer Osterglocke bis zu einer Karotte. Sie sehen aber dann danach aus. Für die arme Blume ist es jedoch ebenfalls schlimm, denn die Damen, die diese Höllenmaschinen benutzen, stecken die Blume meistens so fest in das Loch hinein, daß der Stengel erdrosselt wird und gar kein Wasser aufsaugen kann.

Aus dieser Schwierigkeit habe ich einen Ausweg gefunden. Es mag kein neuer Gedanke sein, aber wenigstens ist er für mich neu, und ich gebe ihn hier wieder, falls er für jemand Wert hat. Schon lange ärgerte ich mich über diese «Schirmständer», aber auch über das Drahtnetz, das immer so aussieht, als ob sein eigentlicher Zweck darin bestünde, einen Braten zu verbergen. Das Drahtnetz ist höchstens für ein paar Blumensorten, die sehr viel Blätterwerk haben, zu gebrauchen, für Blumen mit blätterlosen Stielen wirkt es widerwärtig und ordinär.

«Warum kehrt man nicht zur Natur zurück?» fragte ich mich. «Warum nicht Erde gebrauchen?» Darum nahm ich eine Schale aus grünem, halb durchsichtigem Glas und füllte sie im Garten halb voll mit Erde. Dann trug ich sie ins Haus zurück und goß Wasser bis zum Rand darauf. Natürlich sah die Schale furchtbar aus – schmutzig und ekelhaft –, aber das störte mich nicht, denn ich wußte, daß die Erde in einer halben Stunde auf den Grund gehen würde. Nun kehrte ich wieder in den Garten zurück, pflückte einen Strauß schneeweiße Narzissen und steckte die Stiele in die Schale. Die Blumen standen herrlich aufrecht darin, genauso wie auf ihren heimatlichen Wiesen. Und richtig, nach einer halben Stunde war das Wasser wie Kristall. Durch das Wasser hindurch schimmerten die Stiele der Narzissen in der grünen Glasschale. Ich möchte noch hinzufügen, daß die Blumen zwei Tage länger frisch blieben als sonst.

Ich weiß, daß diese Idee nichts Besonderes ist. Sie kann nicht zu den großen Entdeckungen der Menschen gerechnet werden. Aber sie hat oft manche Probleme für mich gelöst und mir viele Stunden reiner Freude bereitet – was ich eigentlich nicht von allen Erfindungen sagen könnte, zum Beispiel von der Erfindung der Dampflokomotive oder der Buchdruckerkunst. Sie hat es zum Beispiel ermöglicht, daß ich die reine Schönheit eines Schneeglöckchensträußchens in einer Londoner Etagenwohnung genießen konnte. Ich besitze einige flache dunkelblaue Schalen, die sich wunderbar für Schneeglöckchen eignen. Im Keller meiner Londoner Wohnung habe ich immer einen Vorrat Blumenerde und bin nie glücklicher, als wenn ich Erde in die Schalen tue, Wasser darauf gieße, die Schneeglöckchen aus dem Seidenpapier nehme und jede Blume einzeln mit tiefster Ehrfurcht in die Schale stecke. Ein kleines silbernes Bläschen steigt durch den Schlamm empor, wenn ich die Stengel hineinstoße – ein kleines silbernes Bläschen, das platzt und nur das braune Wasser zurückläßt. Aber nach einer halben Stunde ist das Wasser wieder klar, und auf meinem Kaminsims strahlen die Schneeglöckchen. Sieht man sie von dem einen Ende des Zimmers an, dann schimmern sie silbern, vom anderen Ende rosa. In mancher Beleuchtung sehen sie sogar tiefblau aus. Warum sollte man außerhalb zu Abend essen, wenn man mit den Schneeglöckchen zu Hause bleiben und sich in stiller Einsamkeit an ihnen erfreuen kann? Ein paar Millionen Jahre waren zur Erschaffung eines Schneeglöckchens nötig. Da hat man entschieden das Recht, einige Stunden mit der Betrachtung dieses Ergebnisses zu verbringen.

Ich hatte eigentlich nicht beabsichtigt, eine Moralpredigt zu halten, aber die bloße Erinnerung an ein Schneeglöckchen wirkt in diesen glühenden Tagen wie eine weiße Fahne, die von mir fordert, daß ich meine Selbstbeherrschung einmal aufgebe.

## SIEBZEHNTES KAPITEL

# EIN PAAR BEMERKUNGEN ÜBER GROSSSTADTGÄRTEN

## I.

Wasserbecken, Liebesgötter, Plattenwege und Bänke, die an schönen Sommerabenden von mürrischen Dienern gescheuert werden, Kübel mit erschrocken aussehenden roten Geranien, die man erst ein paar Stunden vor der Cocktailgesellschaft dorthin gestellt hat. Ein kümmerlicher Weinstock, dessen rötliche halbverdorrte Blätter ein beredtes Zeugnis von dem Großstadtfieber, das ihn verzehrt, ablegen. Damen in Atlasumhängen, Damen, die auf Dachgärten lustwandeln und sich fragen, ob die hochstämmigen Buchsbäume Schutz gewähren gegen unbefugte Blicke. Halb verdursteter Goldlack, der vergeblich versucht, den Ruß von seinem Gesicht abzuschütteln ... und nur nach einem Schauer einen blassen Goldschimmer aufbringt, als hätte der Atem der Felder sein Gesicht gestreift. Eine schwindsüchtig aussehende Rose, die verängstigt vor dem Fenster eines warmen Bibliothekzimmers hängt. Platanen, die in Bloomsbury rauschen ... sorglos beglückt ... als ob ihr düsterer Hintergrund sie amüsierte ... als ob sie den Ruß und den Schmutz gern hätten, weil sie dann mit um so größerer Arroganz das blasse schöne Fleisch unter der Borke zeigen können. Herren, die aus den überheizten Räumen in die dunkle Kühle hinausgehen und einen angenehm gesunden Geruch von Schweiß und Erde zurücklassen.

So ungefähr stellt sich gewöhnlich der reiche Mann einen Stadtgarten vor. Da ich dieses Bild gezeigt habe, muß ich natürlich auch das konventionelle Bild der anderen Gärten zeigen: die Gärten der kleinen Leute.

Aber hier geht die Konvention flöten. Denn der Garten des kleinen Mannes in einer Großstadt ist ein rührender Beweis seiner Sehnsucht nach Schönheit und zeigt das kraftlose Verlangen nach

Freiheit – jener Freiheit, die er selbst in den matten, leisen Launen des Weinstocks sieht, der so mühsam nach seinem Schlafzimmer strebt. In diesen blumigen Gefängnissen findet er Befreiung ... ein Blumenkasten an seinem Fenster zaubert Visionen hervor, sogar in den mutlosen Blättern, die in einem einsamen Blumentopf ums Dasein kämpfen, findet er Ermutigung, Erlösung. Es gibt nichts Traurigeres und wiederum nichts Trostreicheres, als den Anblick dieser grünen Flecken in dunklen Londoner Gassen, als diese Oasen, die für manche Menschen der einzige Ersatz sind für die ihnen so fernen Wiesen und Felder.

## II.

Diese ewige Sehnsucht nach einigen grünen Blättern, die immer im Herzen der Armen schlummert, wurde mir einmal auf ganz erschütternde Weise zum Bewußtsein gebracht durch eine alte Aufwärterin, die ich früher einmal beschäftigte. Wir werden sie Frau Heath nennen. Wenn einer meiner Leser eine Abneigung gegen sentimentale Geschichten hat, so tut er gut, die folgenden Seiten zu überspringen. Ich kann die Begebenheit nicht wahrheitsgemäß erzählen, ohne daß sie sentimental klingt.

Ich litt damals gerade an akuter Geldknappheit und wohnte aus Sparsamkeitsgründen in einer Souterrainwohnung. Es war, als ich ungefähr zwanzig Bäume wöchentlich für meinen Wald bestellt hatte. Obgleich die Wohnung fast sonnenlos war, befestigte ich einige Blumenbretter an meinen Fenstern draußen und erzielte einen ganz ansehnlichen Blumenflor. Zum Beispiel hatte ich Geißblatt in einen Topf gepflanzt, das fabelhaft gedieh. Ich konnte es sogar dazu bringen, sich an den rußbedeckten Stäben vor meinem Fenster bis ganz oben hinauf zu ranken.

Eines Tages kam Frau Heath zu mir ins Zimmer. Sie drehte verlegen an ihrem Schürzenzipfel und sah aus, als ob man sie bei einem Verbrechen ertappt hätte.

«Ach, gnädiger Herr», sagte sie, «entschuldigen Sie bitte, aber ich habe einen kleinen Topf draußen auf Ihr Brett gestellt.»

«Einen Topf?»

«Jawohl, gnädiger Herr. Der Topf gehört mir, und ich wollte gern, daß er etwas Luft bekommt. Es sind Apfelsinenkerne drin.»

«Aber glauben Sie, daß sie wachsen werden? Es ist fast gar keine Sonne hier.»

«Jedenfalls viel mehr als dort, wo ich wohne, gnädiger Herr.»

«Und wenn es Nachtfrost gibt?»

«Wir könnten ein Stückchen Glas darüber legen, gnädiger Herr.»

Das taten wir auch. Mit der Zeit begann ich, mich für die Apfelsinenkerne zu interessieren. Wenn ich mit Blumen beladen von meinem Landhäuschen nach Hause kam, voll Erinnerungen an tausend Freuden, mußte ich gleich, ehe ich den Blumen Wasser gegeben hatte, dem Hinterhof einen Besuch abstatten, um nachzusehen, ob die Kerne schon angefangen hatten zu wachsen.

Eines Morgens weckte mich Frau Heath mit strahlender Miene.

«Sie sind durchgekommen, gnädiger Herr!»

Ich hatte gerade von Tigern geträumt, die versucht hatten, durch die Stäbe ihres Käfigs zu schlüpfen, und ich war etwas erschrocken. Doch sobald ich begriff, um was es sich handelte, zog ich meinen Schlafrock an und eilte hinauf. Ja, richtig, ich sah einen winzigen Trieb, der gerade die Spitze aus der Erde steckte.

«Aber sie werden wohl nie blühen, wie?»

«Nein, nicht in England, gnädiger Herr.»

«Nun also ...»

«Nicht in England», wiederholte sie, fügte aber geheimnisvoll hinzu: «Doch in Kalifornien werden sie blühen.»

«Wir sind aber ein kleines Ende von Kalifornien entfernt.»

Dann platzte sie mit ihrem Geheimnis heraus. Sie hatte eine Tochter, die in Kalifornien an einen jungen Farmer verheiratet war. Sobald es dem jungen Paar etwas besser ging, sollte sie nachkommen und bei ihnen bleiben. Sie strahlte förmlich, während sie mir von ihrer Ellen erzählte, von der Sonne in Kalifornien und der Farm. Geschäftig lief sie in die Küche und holte einige Ansichtskarten von der Gegend, in der Ellen lebte. Es waren hübsche Karten, mit Bildern von gewaltig großen Bäumen, die sich von einem unglaublich blauen Himmel abhoben.

Das war also die Erklärung für die Orangenkerne.

«Sie hat eine ganze Allee von Orangenbäumen, meine Ellen», sagte Frau Heath. «Aber sie hat doch keine englischen Orangenbäume! Wenn ich zu ihr fahre, nehme ich diesen Topf als

Überraschung mit. Dort in Kalifornien, bei der Hitze, werden sie schon blühen und Früchte bekommen ... Wer weiß, ob ich Ihnen nicht eines schönen Tages eine ganze Kiste voll schicke!»

Sie steckte die Postkarten in ihre Handtasche, strich sich die Schürze glatt und war wieder die respektvolle Aufwärterin, die wußte, was sich gehörte. Aber als sie mit dem schweren Tablett aus dem Zimmer ging, murmelte sie leise vor sich hin: «Wenn ich die Kerne da wachsen sehe, ist mir, als ob ich nicht so weit von meiner Ellen weg bin. Wir freuen uns auf den Sonnenschein dort. Ich und die Kerne.»

Aber sie sollte den Sonnenschein Kaliforniens nie sehen. Ein paar Monate später zog ich in eine andere Wohnung, und Frau Heath bekam eine andere Aufwartestellung. Ich sah sie ab und zu, wenn wir eine kleine Gesellschaft gaben und eine Hilfe nahmen. Aber allmählich verlor ich sie aus den Augen.

Ungefähr zwei Jahre später gab der Briefträger ein sehr beschädigtes, in durchweichtes Papier gewickeltes Päckchen in meinem Landhäuschen ab. Aus der einen Ecke sickerte etwas Erde heraus, und darum nahm ich es mit in den Garten, um es dort auszupacken. Als ich das Papier entfernt hatte, sah ich ein kleines Häufchen Erde, in dem zwölf winzige Orangenpflanzen steckten. Sie hatten kleine glänzende Blätter und dünne weiße Wurzeln. Man konnte noch ganz deutlich die Kerne sehen, aus denen sie entsprossen waren.

In dem Paket lag ein Brief. Er war von Frau Heath.

«*Sehr geehrter Herr!*
*Meine Ellen ist vorige Woche gestorben, als sie ihr erstes Kind kriegte. Das Telegramm kam vor drei Tagen. Frau Thomas von nebenan ist gekommen und hat mich zu Bett gebracht, da ich mich noch nicht wieder zurechtfinden kann.*

*Ich schicke Ihnen die kleinen Orangenbäume. Ich möchte sie nicht mehr sehen. Vielleicht werden sie eines Tages für Sie blühen.*

*Hochachtungsvoll,*
*Gehorsamst,*
*Frau Heath.*»

Die Orangenbäume sind gewachsen. Es sind schöne, kräftige Pflanzen mit großen, glänzenden Blättern.

Aber sie haben nie geblüht. Ich muß gestehen, ich hoffe, daß sie es nie tun werden.

# III.

Der erste wirkliche Stadtgarten, den ich besaß, war in Chelsea. Er war ungefähr sechseinhalb Meter breit und vier Meter lang, aber es wuchsen erstaunlich viele Blumen darin.

Im ersten Jahr verließ ich mich fast ausschließlich auf die Pennypäckchen, und zwar mit dem besten Erfolg. Einige der Päckchen kosteten nicht einmal einen Penny, dank der reizenden Sitte mancher populären Zeitschriften für Gartenpflege, ihren Lesern im Frühjahr jede Woche ein Gratispäckchen Samen zu schenken. Ich empfand immer eine eigenartige Freude bei diesen kleinen Gaben. Schon wochenlang vorher wurden sie angekündigt. In fetten schwarzen Überschriften stand: «Ein riesig großes Päckchen Samen karminroter Flachs wird jedem Käufer unserer Frühjahrsnummer kostenlos zugeschickt werden.» In den nächsten Nummern wurde diese Mitteilung wiederholt und einige Einzelheiten über den karminroten Flachs hinzugefügt – über seine Eleganz, sein schnelles Wachstum, seine Dankbarkeit. In der vorletzten Nummer wurde einem der Mund unglaublich wässerig gemacht, denn quer auf der ganzen ersten Seite war in blutroter Farbe der Flachs abgebildet ... man dachte, daß keine Blume schöner und liebenswerter sein könnte als dieser Flachs.

Aber man mußte noch eine ganze Woche warten! Die Tatsache, daß es sehr einfach sein würde, in die nächste Blumenhandlung zu gehen und so viel karminroten Flachssamen zu kaufen, daß er für den ganzen Hyde-Park ausreichte, kam einem nie in den Sinn ... oder fiel er einem ein, wurde er als eine unerhörte Undankbarkeit sofort verworfen. Was war gekaufter Samen im Vergleich zu dem Päckchen, das man geschenkt bekommen sollte? Nichts! Weniger als nichts!

Dann kam es endlich an! Das kleine Päckchen, das auf dem Titelblatt angeklebt war und herrlich klapperte, wenn man es schüttelte. Man mußte es sehr sorgfältig loslösen, weil das Papier dünn war, und es würde doch tragisch sein, wenn einige der Samenkörner verschüttet worden wären ... Mit welcher Sorgfalt wurden diese Samenkörner gesät! Mit welch unendlicher Gewissenhaftigkeit wurden die Vorschriften auf dem Päckchen befolgt ... und die Samen in so gute fette sonnige Erde gelegt wie nur möglich.

Ja, die Herausgeber solcher Zeitschrift für Gartenpflege sind kluge Leute, denn ihre Gaben stehen in gar keinem Verhältnis zu ihrem wirklichen Wert. Oft, wenn ich an den Zeitungsauslagen vorbeigehe, wo Zeitungen, Magazine und andere Zeitschriften hoch aufgestapelt liegen, bleibe ich stehen, und mein Blick fällt auf einen Stoß meiner Lieblingszeitschrift, von der jede Nummer ein Päckchen Samen am Titelblatt angeklebt hat. Ich träume dann von dem darin verborgenen Wunder, von der ungeborenen Schönheit, die versteckt unter dem Haufen wertlosen Papiers liegt ... und wünschte, daß ich einen Zauberstab besäße, mit dem ich diese Blumen zu plötzlichem Leben und Blühen erwecken und den Zeitungskiosk in einen Blumenladen voll karminroter und grüner Pracht verwandeln könnte.

## IV.

Außer den einjährigen Pflanzen hatte ich mehrere Kletterrosen und eine herrliche Syringe. Es war ein alter Strauch, und zuerst hielten wir ihn für tot, doch erholte er sich durch unsere liebevolle Pflege. Aber ich hatte noch aufregendere Dinge als die Syringe, zum Beispiel Fingerhut!

Ich habe niemals Fingerhut in einem anderen Londoner Garten blühen sehen, und ich kann mir gar nicht erklären, warum, da diese Pflanzen ausgezeichnet gedeihen, besonders die weiße Sorte. Sie brauchen nicht viel Sonne und lieben grobe Erde. Das einzige, was sie nicht vertragen können, ist zu viel Feuchtigkeit, besonders wenn sie jung sind. Um dies zu vermeiden, spanne ich ganz ungeniert an Regentagen und in den langen Regennächten Regenschirme auf. Die Leute hielten es für exzentrisch und affektiert, aber ich sehe nicht ein, warum es affektiert sein soll, eine so schöne Blume wie den Fingerhut schützen zu wollen, besonders wenn es so leicht ist. Ich würde jeder Dame einen Schirm anbieten, wenn sie den ihren zu Hause gelassen hätte. Fingerhutstauden können ihre Regenschirme nicht zu Hause lassen, weil sie keine besitzen. Ergo ...

Hat man eine hübsche Fingerhutstaude in seinem Hintergarten, dann kann man sich niemals langweilen. In ihren zarten Glöckchen vernimmt man das Echo all der süßen und lieblichen Geräusche des Landlebens. Außerdem sollen ihre Wurzeln, wenn sie gekocht und der Suppe beigemischt werden, die Kraft haben, deinen widerlichsten Feind binnen vierundzwanzig Stunden eines höchst unbehaglichen Todes sterben zu lassen, aber ich habe bis jetzt die Wahrheit dieser Behauptung noch nicht erprobt.

Stiefmütterchen muß man natürlich in seinem Garten haben. Nur möchte ich meine Leser dringend bitten, sich ihnen gegenüber wie eine Dame oder wie ein Gentleman zu benehmen, das heißt, jede verwelkte Blume sofort abzupflücken. Es ist schändlich, wie die meisten Menschen ihre Stiefmütterchen vernachlässigen. Abgeblühte Stiefmütterchen auf einer Pflanze zu lassen, ist genauso grausam, als wenn man eine Kuh ungemolken läßt. Es ist nicht nur grausam, sondern auch dumm, denn wenn man gewissenhaft jede abgestorbene Blume sofort entfernt, wird man dadurch belohnt, daß man fast das ganze Jahr hindurch blühende Stiefmütterchen hat.

Sobald man ein Stiefmütterchen in den Stadtgarten pflanzt, werden tausend Schnecken sich daraufstürzen und es zerfressen. Mit dem Töten der Schnecken kann man sehr viele Sommerabende auf das unangenehmste verbringen.

Andere widerstandsfähige Rabattenstauden, die man für Stadtgärten empfehlen kann, sind meiner Erfahrung nach folgende:

*Astrantia major*
*Campanula persicifolia*
*Funkia Sieboldiana*
*Lilium pardalinum*
*Pulmonaria angustifolia*
*Sedum spectabile*

Wenn einer meiner Leser nicht weiß, was das für Blumen sind und wenn er durch meinen flüssigen Stil eingeschläfert worden ist, kann er zur Abwechslung einmal selbst ein bißchen arbeiten und sie in einem Wörterbuch suchen.

Der etwas gereizte Ton dieses letzten Satzes ist der Tatsache zuzuschreiben, daß gerade, als ich die Liste machte, eine große bezaubernde Angorakatze in meinem Hintergarten auftauchte und meine einzige Geranie mit einer Energie beklopfte, die sie lieber für ein Spiel mit einer Maus hätte gebrauchen sollen.

# V.

Auf diese Weise kommen wir nun zu den Katzen. Oder vielmehr sie kommen zu uns. Von diesen engelhaften Geschöpfen muß notgedrungen früher oder später in jeder Unterhaltung über Stadtgärten die Rede sein.

Ich liebe Katzen zärtlich. Es macht mir gar nichts aus, wenn sie ihre entzückenden Krallen an meinem allerschönsten Lehnstuhl schärfen. Ich bringe es auch nicht übers Herz, sie auszuschelten, wenn sie mit ihrem kalten schnurrenden Näschen eine Nippsache von meinem Schreibtisch stoßen, weil ihr etwas verächtlicher Ausdruck, während sie die herunterfallende Nippsache betrachten, viel schöner ist als jede Nippsache. Aber man muß zugeben, daß ihre Reize in einem kleinen Stadtgarten nicht ganz am Platze sind.

In meinem kleinen Garten in Chelsea waren die Mauern niedrig und ließen darum ein Maximum von Sonne und Licht hinein. Doch waren die Mauern außerdem breit und hatten darum Platz für ein Maximum von Katzen. Es stellte sich bald heraus, daß die Mauer zwischen meinem Garten und dem Nachbargarten als die Promenade für alle Katzen Chelseas galt ... als eine Art Katzen-Piccadilly. Jeden Abend bei Sonnenuntergang tauchten dunkle Gestalten aus benachbarten Küchenfenstern auf, rekelten sich, gähnten und sprangen dann mit einem Satz auf die Mauer. Nachher schlenderten sie mit lässiger Grazie und gespielter Gleichgültigkeit in die Richtung meiner Gartenmauer. Je tiefer die Schatten wurden, desto mehr dunkle Gestalten tauchten auf. Sie hüpften graziös von den Zweigen der Bäume. Sie erschienen in dunklen Türeingängen, und ihre Augen spiegelten die letzten Strahlen der sterbenden Sonne wider. In der Ferne wirkten sie wie winzige Pünktchen, die vom Himmel gefallen waren. Bald war die ganze Mauer von einer langen Reihe dahindefilierender Katzenbuckel und buschiger Schwänze gekrönt, die gleichsam in einem seltsamen und geisterhaften Tanze hin und her glitten.

Aber erst nachdem sie mein Stückchen Mauer erreicht hatten, geruhten sie, das Schweigen zu brechen, einander zu begrüßen und ihre Stimmchen in Freude oder Kummer zu erheben. Warum sie stets mein kleines Stückchen Mauer dazu auserwählten, weiß ich nicht. Vielleicht, weil sich in jedem der benachbarten Gärten Bäume befanden, deren Zweige sich bei mir trafen und einen angenehmen Schutz gewährten. Vielleicht weil meine Mauer aus einem unbekannten Grund etwas breiter war als die anderen. Wie dem auch sei, bald entdeckte ich, daß es nur ein Mittel gab, sich ihrer zu entledigen, und dieses Mittel werde ich gleich verraten.

Zuerst versuchte ich alle die üblichen Methoden. Ich öffnete das Fenster und rief: «Huh! Verflucht! Ssstt!» und räusperte mich laut und vernehmlich. Das schien den Katzen aber außerordentlich zu gefallen. Ein Ausdruck träumerischer Verzücktheit trat in ihre Augen, und mit ernster Miene setzten sie sich wieder hin, als ob sie auf eine Fortsetzung warteten. «Husch! Hölle! Tausend Teufel! Brr! Ssstt!» brüllte ich. Es wird immer schöner, dachten die Katzen. Ihre großen grünen Augen wurden größer, und obgleich sie von Zeit zu Zeit ihre Pfoten betrachteten, wahrscheinlich um festzustellen, ob diese richtig manikürt wären, nahmen sie gleich darauf ihre verzückte und aufmerksame Haltung wieder ein. «Bah! Teufel noch mal! Bums! Psst!» schrie ich. Allmählich verrieten die Katzen Zeichen der Langeweile, sie sagten sich anscheinend, daß sie genug gesehen hätten; sie gähnten, erhoben sich und nahmen ihre Promenade wieder auf. Zerstreut knabberten sie im Vorbeigehen an der Syringe.

Ich versuchte es auch mit dem Werfen von Gegenständen. Doch hätte ich es mir nie verziehen, wenn ich eine schöne schwarze Katze getroffen hätte (ich hätte mir allerdings noch größere Vorwürfe gemacht, wenn es eine häßliche gewesen wäre). Da es mir aber trotz der größten Anstrengungen nie gelungen wäre, eine zu treffen, kann man dieses Manöver nicht als sehr erfolgreich betrachten.

Dann spannte ich ein Drahtnetz über die Samen. Sofort kamen die Katzen aus der ganzen Nachbarschaft überein, daß dies eine besonders große Aufmerksamkeit von mir sei. Das Drahtnetz, behaupteten sie alle einstimmig, sei grade die einzige Annehmlichkeit, die ihnen bisher gefehlt hatte. Einige von ihnen wippten darauf, als ob es eine Sprungfedermatratze wäre. Andere schliefen friedlich darauf ein. Ging man in den Hof, um gegen ihr Benehmen zu protestieren, so gähnten sie bloß, sahen einen mit schamloser Koketterie an und drehten sich dann mit einer Bewegung um, die zu sagen schien: «Ach, laß mich bloß schlafen!»

Tausend Teufel! Es dürfte Katzen nicht erlaubt sein, frei umherzulaufen und solch verführerischen Zauber auszuüben!

Doch trotzdem löste ich das Problem. Das Mittel klingt sogar noch verrückter als die Regenschirme für die Fingerhutstauden, aber es ist, weiß Gott, jetzt zu spät, um sich in diesem Buch den Kopf darüber zu zerbrechen, ob man für verrückt gehalten wird oder nicht. Das Mittel ist Sirup. Kleine Pfützen Sirup, die sorgfältig oben auf die Mauer geträufelt und allwöchentlich erneuert werden. Ich hatte ursprünglich beabsichtigt, die Katzen damit für immer zu verscheuchen. Sie sind die zimperlichsten Geschöpfe, die es gibt, und ich hoffte, daß, sobald sie in die klebrige Masse traten, sie die Pfoten schütteln, die Näschen rümpfen und nach Hause laufen würden. Sie würden mich für einen ganz gemeinen Rohling halten, aber das ließ sich nicht ändern.

Doch taten sie das, was ich von ihnen erwartet hatte, nicht. Katzen tun das übrigens nie. Sie näherten sich meiner Mauer, traten in meinen Sirup, blieben eine Sekunde erstaunt stehen, dann hüpften sie ein Stückchen fort, um sich die Pfoten abzulecken. Sie sprangen aber nie wieder auf meine Blumenbeete. Ich bin überzeugt, daß dies alles sehr merkwürdig klingt, aber es ist die Wahrheit.


VI.


Ich wünschte, man könnte mit Gartenfiguren so leicht fertig werden wie ich mit den Katzen. Doch bleierne Liebesgötter und kleine Mädchen aus Terrakotta haben die Fähigkeit, sich sogar in die Gärten der willensstärksten Leute hineinzudrängen.

Die Blumenläden der Großstadt sind verantwortlich für diese Ungetüme. Es gibt ein paar gute Blumenläden, in die man nur hineinzugehen und zu sagen braucht, man möchte eine Blumenrabatte angelegt haben, einen einfachen gepflasterten Pfad und ein Spalier an der Mauer am Ende des Weges. Der Auftrag wird ausgeführt und nichts weiter.

Der gewöhnliche Blumenladen jedoch ist ganz anders! Gibt

man dem Besitzer nur einen Fingerbreit Freiheit, wird der Garten im Handumdrehen wie die Grotte einer Rheintochter aussehen und derartig voll von Figuren stecken, daß kaum ein Plätzchen für die Pflanzen übrigbleibt. Man wird vielleicht in einer schwachen Stunde einwilligen, daß ein bleierner Liebesgott hineingestellt wird. Der Liebesgott wird gebracht und sieht aus wie ein mordshäßlicher Säugling, der in dem Augenblick zu Stein erstarrte, als er eine Blähung hatte. Man überlegt, daß ein schnellwachsender Efeu besorgt werden müsse, damit die Anstoß erregende Nacktheit bedeckt wird.

Aber man irrt sich. Der Ankauf des Amors hat zur Folge gehabt, daß dein Name in den Büchern der Firma als «melkende Kuh» eingetragen wird. Der Besitzer sitzt in seinem Laden, reibt sich die Hände vor Freude und denkt an all die anderen Ungetüme, die er in seinen Kellern und auf seinen Böden hat. Zum Beispiel fällt ihm der Storch aus Terrakotta ein, der in der Tschechoslowakei fabriziert wurde und ruhig hätte dortbleiben sollen. Er hat grüne Augen und steht auf einem Zementbaumstamm, der ach, so geschickt gefärbt worden ist, daß er fast wie wirkliches Holz aussieht. Und die Badeschale für die Vögel aus imitiertem Marmor mit vier aus Schmiedeeisen gemachten Spatzen, die am Rande sitzen, und – man verzeihe mir die Unfeinheit – sich offensichtlich in die Schale hinein übergeben wollen. Und die sehr, sehr neckischen Zwerge, die, wie man sie auch hinstellen mag, immer schrecklicher aussehen.

Natürlich darf die ländliche Bank mit dem kleinen, in die Lehne geschnitzten Gedicht nicht fehlen. Um keinen Preis darf sie fehlen. Schließlich dient sie verschiedenen Zwecken, nicht wahr? Sie ist «künstlerisch» – darüber kann kein Zweifel bestehen, da sie im Katalog unter der Rubrik «Künstlerischer Zubehör usw.» eingetragen ist. Sie ist auch nützlich, denn sobald man sich darauf setzt, können die Nachbarn einen richtig anglotzen, ohne sich die Hälse ausrecken zu müssen, wenn sie feststellen wollen, was man mit der Kapuzinerkresse macht. Außerdem wirkt sie inspirierend, da sie uns daran erinnert, daß ein Garten «ein liebenswertes Ding ist, gottlob».

# VII.

Aber nein ... ich darf mich nicht über dieses Gedicht lustig machen. Es mag sehr schön gewesen sein, ehe es in die Anthologien aufgenommen wurde. Außerdem brächte ich es nie übers Herz, jemand zu verspotten, der Gott für einen Garten dankt, und selbst wenn es nur für einen Hintergarten ist.

Denn Großstadtgärten haben einen eigenen, seltenen Zauber. Man steht mitten in seinem winzigen Gärtchen. Ringsumher sind Häuser, Schornsteine, Fenster, Rauchsäulen. Man weiß, daß sich kilometerweit kahle, öde Straßen hinziehen, auf denen kein Grashalm wächst. Die grünen Wiesen sind so weit fort, daß man das Gefühl hat, man werde sie nie wiedersehen ... man kommt sich vor wie ein Gefangener in der Zelle ... deren Grauenhaftigkeit noch durch die Tatsache erhöht wird, daß die Tür nicht zugeschlossen ist ... aus der man entkommen könnte ... aber wohin? In eine andere zweite Zelle und wieder in eine andere, bis man wie wahnsinnig endlose Straßen hinunterzurasen beginnt und schließlich erschöpft auf einen harten Bürgersteig neben einem Laternenpfahl niedersinkt.

Doch hier steht eine blühende Rose. Grün, stolz und lieblich. Es scheint fast, als ob ihre Blätter leuchten, einen solchen trostreichen Glanz strömen sie aus, während sie die düsteren Backsteine hinaufklettern. In der dunklen Erde rings um die Rose sind winzige Triebe und zarte Blätter, die eine begnadete Unabhängigkeit von der Zivilisation verkünden. Wenn der Wind weht, hört man sogar ein leises Rascheln in den Blättern, und schließt man die Augen, so kann man sich einbilden, man sei auf dem Lande. Man möchte sehen, was die Rose tut ... ihre Pläne erraten ... sich ihre Zeichnung einprägen. Dann sieht man plötzlich, was mit der Rose ist.

*Sie ist mit Meltau bedeckt.*

Für diejenigen, die der Ansicht huldigen, daß man unbedingt über alles lachen muß, ist es jetzt das einzig Richtige, über die kursiv gedruckten Worte zu kichern. Wenn ein Schriftsteller einen schön gebildeten Satz mit einem ungeschickten Schluß beendet ... oder anders ausgedrückt ... wenn er aus dem Zwielicht der Phantasie in das grelle Gaslicht des gesunden Menschenverstandes hinaustritt, bleibt einem Leser, der etwas auf sich hält, nichts anderes übrig als zu lachen, nicht wahr? Oder wenn er nichts Komisches daran findet, zu gähnen und an einer Olive, die noch in seinem Cocktail liegt, zu knabbern.

Doch wollte ich gar nicht, daß man über meine Bemerkung von dem Meltau lacht. Ist es gleichbedeutend mit dem Geständnis eines furchtbaren Fehlschlags, wenn man das zugibt? Ich bilde mir ein – allerdings ein wenig zweifelnd –, daß ein großer Künstler des Stils Komik und Tragik so geschickt aufeinanderfolgen lassen kann, wie ein New Yorker Küchenchef einen Eiskrem in Omelette zu hüllen versteht, so daß beides voneinander getrennt bleibt.

Und doch hatten Sie, lieber Leser, vielleicht dieselbe Empfindung wie bei der Bemerkung über den Meltau, nämlich, daß etwas Erstaunliches und sogar auch eine gewisse Schönheit darin liegt. Ich will nicht damit sagen, daß man den Meltau nicht rücksichtslos vernichten sollte, daß wir nicht, nachdem wir tief Atem geholt haben, Daumen und Zeigefinger ausstrecken und die scheußlichen kleinen grünen Insekten zerdrücken sollten, die aus der Hölle gekommen sein müssen, um diese Rose zu vernichten. Was ich aber wirklich sagen will – und beständig, bis zur Langeweile, wiederhole –, ist, daß der Meltau selbst eigentlich ein Wunder ist. Denn wer kann sagen, aus welchen Pesthöhlen er emporgestiegen ist? Welche Macht hat diese bleichen, kraftvollen Insekten beherrscht, daß sie von meilenweit her über öde Schieferdächer flogen (wenn das ihr Werdegang ist), durch die scharfen Dünste einer Million feindseliger Schornsteine, auf der Suche nach diesem Rosenstock?

Das ist das Wunder. Vielleicht kann es mir jemand erklären. Aber selbst wenn jemand es mir erklären könnte, werde ich niemals ganz das Gefühl der Ehrfurcht verlieren, das mich befällt, wenn ich jeden Frühling in meinem winzigen Garten stehe, auf das über mir ragende Dach blicke und den Meltau auf meiner Rose sehe. Denn der Meltau weiß, daß meine Rose eine wirkliche Rose und ebenso schön ist wie die, die in den bunten Vorstadtgärten blüht.

# EPILOG

Für dieses Buch gibt es eigentlich keinen Schluß. Denn kaum ist der Schlußstrich gezogen und das «Finis» daruntergesetzt, da wirft ein Blütenzweig seinen Schatten über die Manuskriptseite, ein zarter Duft weht durch das offene Fenster herein, und der Geist irrt wieder auf blumigen Wegen der Erinnerung umher.

Ich habe «Finis» geschrieben, und da ich jetzt an meinem Schreibtisch in London sitze, an einem nebligen Dezemberabend bei fest verschlossenen Fenstern, müßte man denken, daß kein Duft zu mir dringen, kein Schatten mich von meinem Ziel fortlocken kann. Doch – und das ist ein Phänomen, das wohl alle Gartenliebhaber kennen – der Garten ist trotzdem hier ... in diesem Zimmer ... mit all seinen Blumen und Blättern um mich, und alle Pfade schimmern in der Dämmerung.

Ein Gartenliebhaber ist niemals von seinem Garten getrennt, ganz gleich, wo er sich befindet. Dieser Trost versagt nie ... Wenn auch die Großstadt ihn umfängt und Schmutz und Ruß ihn umgeben, braucht er nur die Augen zu schließen, und er kann nach Herzenslust in seinem Garten umherwandern. Vielleicht wird man sagen, das sei nur eine ungeschickte Umschreibung der bekannten Dichterworte: «Steinmauern sind noch kein Gefängnis und Eisenstäbe noch kein Käfig.»

Doch war diese Betrachtung nicht überflüssig, denn es liegt etwas Sonderbares in der Fähigkeit, die wir Gartenliebhaber besitzen, uns ganz nach Belieben in unsere Gärten versetzen zu können. Manchmal habe ich – allerdings ein wenig zaghaft – mit anderen Gartenliebhabern über meine Erfahrungen in dieser Beziehung gesprochen, und sie haben nie etwas Sonderbares darin gefunden, da sie dasselbe erlebt haben. Hätte ich diese Versicherung nicht von ihnen erhalten, würde ich mir närrisch vorkommen.

Denn in schlaflosen Nächten brauche ich nur die Augen zu schließen, und ich kann in meinem Londoner Schlafzimmer meinen Garten genauso genießen, als wäre ich darin. Die Phantasie ist sogar manchmal entzückender als die Wirklichkeit, da ich mir jetzt die Jahreszeiten aussuchen kann. Welche soll es sein – Frühling oder Herbst? Soll ich einen Osterglockenvormittag wählen, wenn der Wind durch die gelben Wogen streicht, oder soll ich an einem nebligen Oktoberabend von einem Meer von Margueriten umgeben stehen in lautloser Stille, die nur von dem Fallen einer Kastanie in einem fernen Hain unterbrochen wird? In diesen ruhigen Nachtstunden kann man die Uhr der Zeit stellen, wie man will, und wie man die Zeiger auch dreht, sie zeigen immer auf Schönheit und Lieblichkeit. Schließe ich die Augen nur ein bißchen fester, so ist es die Zeit der Iris – ihr strahlendes Blau blendet einen förmlich –, in ihren azurnen Tiefen glitzern die Tautropfen wie Saphire, man kann sogar fast die Härchen auf jeder zarten kleinen Zunge zählen, so deutlich sieht man sie.

Ich drehe mich im Bett um ... der Schlaf lauert irgendwo an der nächsten Ecke ... aber ob man wach ist oder träumt ... was tut es? Denn hier in einer überirdischen Brise schaukeln sich die Schneeglöckchen ... niemals hat sich ihre rührende Unschuld so hold offenbart. Und selbst die Zimmerwände scheinen von den gelben Sternen des Jasmins zu flimmern ... und irgendwo ... ach, der Zeiger ist wieder weitergegangen ... irgendwo, weit weg, ist der Duft von Flieder ...

Dann kommt der Schlaf.

Zweifellos wird er auch zu meiner kleinen Gruppe geduldiger Leser kommen, wenn ich nicht bald schließe.

Darum muß ein Ende gemacht werden. Aber es ist eine schmerzliche Aufgabe, von dem Garten Abschied zu nehmen ... Oft, wenn das Auto schon draußen auf der Straße schnauft, bin ich zurückgelaufen, um einen letzten Blick in den Garten zu werfen ... da war eine Lilie, die ich vergessen hatte ... oder eine Glockenblume, die schon fast blau war ... oder eine Rose, die sich in den weichen Schatten an der Mauer versteckte. Verzweifelt laufe ich den Gartenpfad entlang, während das Auto von ferne rattert und pocht ... Der Frieden des Gartens senkt sich auf mich, die grünen Blätter umfangen mich, die Zeit und das Auto sind vergessen ... Suchte ich eine Lilie? Die süße Erde zittert von ungeborenen Lilien. Oder war es eine Glockenblume, die noch das zarte Grün ihrer Jugend hatte? Ach, der Himmel über mir ist ein wahres Glockenblumenfeld. Jetzt ist die richtige Zeit, im Grase zu liegen oder träge zwischen den Blumen zu wandern.

Suchte ich eine Rose im Schatten? Ja ... freilich ... denn jeder Schatten ist voll von Rosen ... es sind geisterhaft rote darunter und phantomhaft purpurne, ungeborene gelbe, und weiße von ungeahnter Reinheit – rote, die so leuchtend sind, daß sie den Blick verwirren, und über sie alle streicht ein Duft, der süßer ist als die Liebe selbst.

So träumt man und wandert umher ... und träumt wieder und wandert wieder. Aber noch immer steht das Auto draußen. Wir dürfen den Wagen nicht warten lassen. Ich muß meine Feder hinlegen. Sie müssen das Buch in die Leihbibliothek zurückschicken, und ich hoffe, Sie bekommen einen spannenden Edgar Wallace dafür, ein Buch, in dem sich *wirklich* etwas ereignet.

Aber ich warne Sie, ich werde mindestens noch sechs Bücher über Gärten schreiben. Listige Mädchen werden sie Ihnen zustekken, und nach den Titeln werden Sie niemals ahnen, daß es sich um Gärten handelt. Aber die Bücher werden sehr viel von Gärten erzählen.

Denn wie ich schon im Vorwort dieses kleinen Buches sagte: «Ein Garten ist die einzige Geliebte, die nie versagt und niemals verblüht.»

*Ein Geschenk für
alle Gartenfreunde:*

**Beverley Nichols
DAS DORF IM TAL**
Roman
296 Seiten mit 8 Zeichnungen
von Rex Whistler
ISBN 3-496-00788-5

**Beverley Nichols
GROSSE LIEBE
ZU KLEINEN GÄRTEN**

Roman. 8. Auflage
234 Seiten mit 9 Zeichnungen
von Rex Whistler
ISBN 3-496-00657-9

**Beverley Nichols
IN EIN HAUS VERLIEBT**
Roman. 2. Auflage
284 Seiten
ISBN 3-496-00658-7

*Jeder Band in Leinen
mit Schutzumschlag.*

**DIETRICH REIMER VERLAG · BERLIN**

# Ökologie, Umwelt, Wohnen

rororo sachbuch

C 2129/2